JACQUES DERRIDA
Une introduction

AGORA
Collection dirigée par François Laurent

MARC GOLDSCHMIT

JACQUES DERRIDA
Une introduction

POCKET

ISBN : 2-266-11574-X

À Elyah

INTRODUCTION

Commencer une introduction à la pensée de Jacques Derrida oblige à interroger la possibilité du projet même d'introduction et de ses intentions. En effet, Derrida est le philosophe qui nous a appris plus qu'aucun autre à questionner systématiquement les bords, les marges, les titres d'un texte, et à réinscrire ces marques dans le texte. Le titre de son ouvrage de 1972, *Marges – de la philosophie*, annonce ainsi le projet d'analyser « la » philosophie comme l'écriture qui dissimule et dévalue l'importance de ces lieux du texte qu'elle déclare « extérieurs » à elle-même [1].

Parler d'« introduction » implique que la lecture d'un texte soit une pénétration, une entrée depuis un dehors ; l'introduction suppose que le lecteur se situe à l'extérieur et que le passage à l'intérieur – la compréhension d'ensemble du projet, du sens et des enjeux – est réservé ou interdit, qu'il appelle en tout cas la présence et l'autorité d'un passeur. Le passeur, celui qui écrit l'introduction, est un sujet supposé savoir, qui aurait déjà frayé le territoire et l'aurait cartographié : il connaîtrait les chemins pour ne pas s'égarer et les « raccourcis » qui éviteraient aux lecteurs une errance interminable ; le projet d'introduction signifie donc un désir : celui d'accéder au centre et au cœur, muni des clés et des mots de passe, le désir de gagner du temps. Pas d'introduction en ce sens sans un maître qui puisse nous guider à travers le territoire dont il connaît les secrets, maître qui posséderait les passe-

1. « S'il y a *des* marges, y a-t-il encore *une* philosophie, *la* philosophie », *Marges – de la philosophie*, Minuit, Paris, 1972.

droits nécessaires pour nous faire entrer dans le texte en économisant le temps, c'est-à-dire le désir.

Mais la pensée de Derrida déjoue d'avance toute maîtrise. Il faut dire, au risque de décevoir, qu'elle invente une topologie très étrange de la pensée : les textes de Derrida dessinent un espace où le dedans et le dehors peuvent s'échanger, passer l'un dans l'autre, de telle manière qu'on ne sache plus ni où on est ni qui on est, puisque cet espace appelé « texte » traverse son lecteur tout autant que celui-ci le traverse. Comme tout texte qui s'explique avec le tout de la pensée occidentale et entame avec elle une lutte de géant (comme, par exemple, ceux de Nietzsche ou de Heidegger), la pensée de Derrida n'a pas de limites assignables : on ne peut ni tracer ses frontières ni donner une vision panoptique de son territoire, sauf à manquer la dimension nécessairement infinie et interminable de son travail.

Il faut donc affirmer qu'une introduction à la pensée de J. Derrida est véritablement impossible puisque le corpus des textes publiés et de ceux à venir n'est pas clos : véritable *work in progress*, les concepts qu'il invente ou ceux qu'il réinvestit sont en mouvement, leur signification est prise dans des stratégies de discours qui passent entre ses textes et ceux des autres, d'un texte à l'autre et entre les différentes strates des textes. Autrement dit, les concepts dont Derrida use n'ont pas l'unité, la simplicité et l'idéalité qui permettraient de les définir dans l'absolu, séparés des textes dont ils sont tissés et dans lesquels ils apparaissent, hors desquels ils sont incompréhensibles.

Pourtant, cette introduction impossible à la pensée de Derrida vient de commencer, de fait. Il y a donc ici une « contradiction performative » (ce qui est dit fait le contraire de ce qui est dit, ce qui est dit montre, à l'insu du texte que nous écrivons, le contraire de ce qui est dit) entre l'impossibilité d'introduire à la pensée de J. Derrida et la nécessité de le faire. Cette contradiction performative est peut-être le principe et l'origine de tout commentaire, elle produit une tension constitutive de toute lecture. Il s'agira alors seulement ici d'éviter la généralité, et de montrer comment les concepts et les problèmes signifient et agissent depuis l'immanence des textes. Ce livre n'est donc bien qu'*une* introduction, il est une introduction parmi d'autres, et surtout il reste fatalement au bord de ce qu'il introduit, tant les écrits de Derrida multiplient les « thèmes » et les concepts en nombre et avec une complexité tels que tout exposé synthétique ou exhaustif est un leurre. Une introduction par conséquent finie, c'est-à-dire une infime coupe du corps de cette pensée.

« Il n'y a pas de hors texte »

Dans le labyrinthe de la pensée de Derrida, le concept de « Texte », le problème des frontières et des limites du texte peuvent constituer un fil d'Ariane pour la lecture. En effet, Derrida repense et subvertit radicalement le concept de texte et l'idée de textualité, bouleversant par là nos pratiques les plus traditionnelles de lecture et de pensée. Dans *De la grammatologie*, au moment où Derrida parle de l'impossibilité pour l'écrivain de se situer simplement hors de la langue et de la logique du discours qu'il tient, autrement dit de surplomber le texte et d'être le tenant et l'aboutissant de son discours, on peut lire l'affirmation célèbre : « Il n'y a pas de hors texte [1] » ; le concept de texte général apparaît donc dans la pensée de Derrida en même temps que la limitation de la fonction d'« auteur ».

Comme le texte devient général (que tout ce qui est est dans le texte), ce qui est appelé « texte » permet de repenser le rapport entre le texte et le monde ou entre l'écriture et la vie. Le sens et la fonction du concept de texte sont aussi réélaborés par Derrida : le texte n'est tissé que de différences et de traces de traces, tout texte étant la transformation pratique d'un autre texte. À aucun moment on ne peut donc parler d'une absolutisation du texte chez Derrida ; il ne s'agit en ce sens pas d'une nouvelle théologie, d'une théologie du texte. Cette affirmation provocatrice – « il n'y a pas de hors texte » – est donc, de manière inapparente et discrète, une

1. *De la grammatologie*, Minuit, Paris, 1967, p. 227.

véritable déclaration de guerre à la pensée occidentale. C'est pourquoi elle est sans cesse falsifiée et caricaturée à des fins polémiques. D'un côté, on impute à Derrida un fictionnalisme intégral : s'il n'y a pas de hors texte, il n'y a alors plus aucune réalité, plus aucune possibilité de se référer à une identité stable ; il n'est donc plus possible de distinguer la vérité objective du mensonge puisque la dénotation, la référence du langage à la réalité, est interrompue. D'un autre côté, on confond cette pensée avec un nominalisme absolu, voire une sophistique postmoderne : vieux procès platonicien qu'on fait à tous les penseurs rigoureux du langage et de la littérature pour qui la signification est un phénomène intra-textuel et selon lesquels un texte signifie en se différenciant de lui-même, et en transformant d'autres textes. De tels penseurs sont accusés – Derrida l'est peut-être plus que tout autre – de prendre les noms pour des choses, et ainsi de perdre le sens des choses, donc des valeurs. Ces deux procès qui sont faits à Derrida dans le même esprit – un fictionnalisme intégral et un « nominalisme absolu » – ne peuvent, à la lecture, qu'aboutir à des non-lieux : s'il n'y a pas de hors texte, cela signifie aussi bien que le « texte » n'existe pas puisque tout ce qui existe est *dans* le texte. Il faut aussi comprendre combien et comment le concept de « texte » est transformé et travaillé aux fins de produire du jeu dans la phénoménologie et le structuralisme.

En effet, à la fin des années 1960, au moment où paraissent les premiers grands textes de Derrida, la scène philosophico-médiatique est marquée par l'apparition du structuralisme et par le retrait relatif de la pensée phénoménologique. Dans ce contexte, Derrida commence par marquer un écart irréductible avec ces deux traditions de pensée au point qu'on ne devrait plus pouvoir dire que ce qu'il tente appartient encore à l'une ou à l'autre de ces traditions, puisqu'il les travaille et les transforme radicalement l'une et l'autre. La déconstruction derridienne n'est pas en effet une autre phénoménologie, une phénoménologie de plus, ni non plus un néo- ou un post-structuralisme : elle tente plutôt d'élaborer une pensée singulière et solitaire.

La déconstruction du phénoménologique

L'affirmation « il n'y a pas de hors texte » annonce et produit un ébranlement général de la pensée en déplaçant le rapport entre le texte et ce qu'on croyait être la réalité ou les phénomènes (historiques, politiques, économiques, sexuels, etc.). L'enjeu de l'écart à la phénoménologie que Derrida trace n'est donc ni culturel ni de circonstance, il s'agit plutôt d'une réélaboration des questions les plus radicales de la philosophie : celles de la conscience et de phénoménalité des phénomènes, celles de l'être et du temps. Derrida élabore une autre pensée des phénomènes et de la réalité, une pensée qui engage une explication de fond avec la phénoménologie, c'est-à-dire avec la philosophie des phénomènes. Le concept de « phénoménologie », entendu au sens large, ne se limite en effet peut-être pas à la philosophie de Husserl ou de Heidegger, mais peut sans doute servir à définir la philosophie dans son ensemble : la philosophie n'a cessé de penser les phénomènes et la phénoménalité, que ce soit pour en chercher la vérité, le sens ou la force, pour les analyser ou pour agir sur eux. C'est *La voix et le phénomène*, écrit en 1967, qui « posait la question du privilège de la voix et de l'écriture phonétique dans ses rapports à toute l'histoire de l'Occident telle qu'elle se laisse représenter dans l'histoire de la métaphysique et dans sa forme la plus moderne, la plus critique, la plus originale : la phénoménologie transcendantale de Husserl[1] ».

La « réduction » du monde au texte par Derrida est donc une explication avec la phénoménologie, une explication qui s'éclaire si on la compare avec ce que Husserl appelle la « réduction phénoménologique ». La réduction phénoménologique est la méthode qui permet d'accéder à l'être des phénomènes, et d'aller de cette manière, comme le dit sans cesse Husserl, « droit aux choses mêmes » : elle reconduit les phénomènes à leur phénoménalité et le donné à sa donation : il s'agit en effet, pour la phénoménologie d'obédience

1. *Positions*, Minuit, Paris, 1972.

husserlienne, de décrire le comment de l'apparaître. Mais pourtant cette analogie entre la généralisation du concept de texte par Derrida et la méthode husserlienne de la réduction phénoménologique est trompeuse : les premiers livres de Derrida [1] ont en effet travaillé à déconstruire le principe fondamental de la phénoménologie de Husserl, le principe de donation absolue des phénomènes dans l'intuition originaire – principe par lequel la conscience constitue le sens des phénomènes en régime de réduction et assure ainsi la présence des objets, du monde et de la conscience à elle-même.

LA PHÉNOMÉNOLOGIE HUSSERLIENNE DE LA PRÉSENCE CONSCIENTE

Dans sa tentative de faire de la phénoménologie une « science rigoureuse », Husserl constitue une méthode : « la réduction phénoménologique » de l'attitude naturelle, c'est-à-dire la suspension de toute thèse et de tout jugement à l'égard du monde. En régime de réduction, tout ce qui est est reconduit à la conscience et décrit comme constitué « dans » la conscience en un sens « intentionnel ». La réduction phénoménologique, c'est-à-dire la reconduction des phénomènes aux vécus de conscience, est donc inséparable de la conscience pensée comme intentionnalité.

La « réduction » et l'« intentionnalité » signifient l'une et l'autre l'inclusion de tout ce qui est dans la conscience, inclusion non réelle mais intentionnelle. En ce sens, pour la phénoménologie comme science rigoureuse, tout ce qui est dans la conscience, et la conscience, dit Husserl, « constitue » le sens des phénomènes.

Comme l'explique magistralement Françoise Dastur, « l'objet est en effet "immanent au sens intentionnel" du sujet, ce qui veut dire que s'il ne lui est certes pas intérieur au sens réel, en tant que contenu dans la conscience sous forme d'image, il est néanmoins *présent* à la conscience

1. *L'origine de la géométrie*, PUF, Paris, 1962 ; *La voix et le phénomène*, PUF, Paris, 1967.

en tant que sens de la visée intentionnelle, c'est-à-dire en tant que corrélat objectif de l'acte de conscience. L'objet de la phénoménologie c'est donc maintenant la *corrélation* de l'intentionnalité de la conscience et de son sens objectif[1] ». Autrement dit : « Il n'y a pas de limite externe au pouvoir constitutif du sujet, ce qui le conduira [Husserl] dans les *Méditations cartésiennes* à définir l'ontologie, le discours sur l'être, comme étant identique à l'égologie, au discours sur le sujet[2]. »

Il faut comprendre que la donation de l'être des phénomènes, selon la phénoménologie comme science rigoureuse, n'est pas tant une donation de la conscience qu'une donation *à* la conscience ; c'est pourquoi Husserl analyse ce qu'il appelle les « synthèses passives » qui sont la passivité de l'activité de la conscience. La constitution du sens des phénomènes dans la conscience n'est en effet pas seulement active mais aussi passive, pas seulement créatrice mais aussi réceptrice ; c'est pourquoi Husserl est obligé de reconnaître une intentionnalité à même la *hylè* (en quelque sorte une intentionnalité et une synthèse de la « matière ») en deçà de la conscience et des phénomènes constitués. C'est par cette « phénoménologie *hylétique* » ou matérielle, que Husserl est un penseur rigoureux de l'altérité, qui est l'altérité de la matière et des phénomènes pour la conscience.

Françoise Dastur écrit à ce propos : « Sous l'intentionnalité "transversale" par laquelle la conscience se vise elle-même et constitue sa propre rétention et protention, Husserl reconnaît aussi que les contenus sensibles ou encore hylétiques auxquels la conscience objectivante donne sa forme ne sont pas, comme le croyait Kant, dans un pur état de dispersion, mais possèdent déjà en eux-mêmes le moment unitaire de la forme. Sous l'intentionnalité objectivante donatrice de sens, il y a une intentionnalité cachée qui est interne à la *hylè* elle-même, par laquelle celle-ci déploie sa propre continuité[3]. »

Malgré tout, on peut affirmer que la présence et la

1. *Husserl, Des mathématiques à l'histoire*, PUF, Paris, 1995, p. 43.
2. *Ibid.*
3. *Ibid.*, p. 67.

présence à soi de la conscience restent la valeur structurante de la phénoménologie husserlienne, car la présence revient à travers tout ce qui peut l'altérer et retarder la coïncidence à soi de la conscience. C'est pourquoi Husserl en vient à penser le temps lui-même comme non-coïncidence : « Le "temps", c'est précisément cette non-coïncidence ou ce non-recouvrement total du constituant et du constitué, du sujet et de l'objet, du moi et du monde, du voyant et du visible (...). C'est pourquoi à la fin du § 39 [des *Leçons pour une phénoménologie de la conscience intime du temps*], Husserl parle lui aussi de la non-identité du constituant et du constitué : il y a toujours une "avance", aussi minime soit-elle, du constituant sur le constitué, et c'est pourquoi ce dernier ne peut apparaître qu'au passé au regard de l'actualité instantanée du flux de conscience...[1]. »

Même s'il y a un retard du constitué sur le constituant, de la conscience sur le monde comme de l'activité sur la passivité, ce retard n'existe qu'au regard d'une téléologie de la constitution des phénomènes dans la conscience : il existe dans l'horizon d'une intentionnalité de signification remplie par une intuition, c'est-à-dire dans l'horizon de la présence consciente. La présence ponctuelle, aveugle et actuelle du flux de conscience, qui est le tenant et l'aboutissant de cette phénoménologie du retard et de la non-coïncidence à soi de la conscience, assure que l'identité du sens dans la conscience précédera toujours, en tant qu'horizon, la différence à soi de la conscience. La différence (le retard, la non-coïncidence) est alors toujours, dans la phénoménologie de Husserl, la différence de l'identité, la différence du sens et de la conscience.

L'élargissement derridien du texte au monde et du monde au texte ruine l'idée de présence à soi originaire de la conscience. La reconduction du monde au texte est un élargissement du concept de texte : celui-ci prend la dimension du monde, il va en quelque sorte « jusqu'aux étoiles » sans

1. *Ibid.*, p. 71.

aucun au-delà ; ce qui signifie aussi bien qu'il n'y a que du dehors et que le texte n'existe pas. Le texte devient ainsi le monde. La « réduction phénoménologique » devient elle-même textuelle, elle est reconduite au texte. Il n'y a donc pas d'accès aux choses mêmes dans leur immédiateté et leur naturalité en deçà et au-dehors des textes : la présence des choses est interminablement différée, et on n'accède jamais qu'à ce que Derrida appelle « différance » (qui est le concept le plus général pour l'écriture). C'est le texte, c'est-à-dire Tout, qui reconduit tout au texte, de la même manière que ce sont les textes qui se déconstruisent. La déconstruction est en ce sens inscrite dans la textualité comme sa ruine et en même temps comme son principe.

Limitation et ouverture du structuralisme

Comme l'écriture est une structure, on voit souvent revenir l'idée selon laquelle la pensée derridienne de l'écriture serait un « néo » voire un « hyper » ou un « post » structuralisme. Pourtant la pensée de Derrida ne partage aucun des traits communs qu'on trouve dans les textes dits « structuralistes ». Elle travaille et transforme au contraire tous ces traits.

QUELQUES TRAITS STRUCTURALISTES

Surgi dans les années 1960 en France, le structuralisme a toujours été associé aux travaux de Althusser, Barthes, Foucault, Jakobson, Lacan, Lévi-Strauss, et à ceux du groupe « Tel Quel » dont Derrida a été proche lors de ses premières publications. C'est sans doute C. Lévi-Strauss qui énonce les grands traits du structuralisme, dans un article qui date de 1945 : « l'analyse structurale en linguistique et en anthropologie [1] ». Comme l'indique ce titre, la linguistique et la phonologie sont à l'origine de la constitution des principes du structuralisme.

1. Repris dans *Anthropologie structurale*, Plon, Paris, 1958.

Lévi-Strauss commence par montrer l'analogie formelle entre les structures de la parenté et celles de la phonologie [1]. On doit alors sans doute pouvoir dire qu'il n'y a de structure que de ce qui est pensé comme langage : selon Lévi-Strauss, la parenté ou les représentations symboliques sont aussi structurées comme un langage. Toutes les pensées dites « structuralistes », indépendamment de leurs différences irréductibles et de leur hétérogénéité essentielle, partagent ce penchant pour l'analogie avec la linguistique, ainsi que d'autres traits communs : la structure comme combinatoire remplace le discours métaphysique de l'essence, l'analyse des phénomènes en termes de positions et de relations tente de déjouer l'empirisme, le sens est conçu comme un effet de fonctionnement de la structure et de déplacement des positions.

La structure devient sans doute, par tous ces traits, le Sujet véritable, cela fait du structuralisme un anti-humanisme et un athéisme de principe, puisque l'homme et Dieu sont privés des attributs du sujet au profit de la structure. À plus d'un titre, on peut dire alors que la structure occupe la place du sujet transcendantal kantien et qu'en ce sens elle répète et renforce ce qu'elle prétendait subvertir.

Dans les entretiens recueillis en 1972 dans *Positions*, on peut apercevoir comment Derrida tente de marquer et d'inscrire la limite du structuralisme en même temps qu'il travaille à produire l'ouverture de la structure sur ce qui l'excède. C'est d'abord le concept de texte qui constitue la limite du structuralisme comme savoir et comme science ; en effet le concept écrit de « différance » va délimiter la science structuraliste : « Le thème de la différance est incompatible avec le motif statique, synchronique, taxinomique, anhistorique, etc., du concept de structure [2]. » Le concept de structure induit un certain synchronisme, il est fatalement statique, anhistorique, taxinomique, même s'il a pour fonction de penser l'his-

1. Dans *Les structures élémentaires de la parenté*, PUF, Paris, 1949.
2. *Positions*, *op. cit.*, 1972, p. 39.

toire, la diachronie, le singulier et le changement de structure : il est surdéterminé par son nom. La « différance » introduit en effet dans la structure un autre jeu que celui de ses déplacements, un jeu qui ouvre structurellement la structure et qui ne peut donc plus être dit « structuraliste ». En même temps Derrida explique que la « différance » « n'est pas a-structurale : elle produit des transformations systématiques et réglées pouvant, jusqu'à un certain point, donner lieu à une science structurale [1] » ; le jeu de la « différance », s'il ouvre la structure, n'est pas a-structural parce qu'il a des effets de structure, il est structurant à défaut d'être structuré.

De ce point de vue, la critique structuraliste des textes « néglige les effets génétiques ou l'institution "historique", si vous parlez du texte lu et du nouveau texte qu'elle écrit elle-même [2] ». Il y a donc une cécité de la science structuraliste à l'égard de son écriture et de sa structuration par la « différance ». L'écriture doit au contraire être pensée comme une structure et le texte comme ce qui est produit génétiquement « par la transformation d'un autre texte [3] ». Par conséquent, le concept textuel de « différance », c'est-à-dire l'écriture des différences, leur production, « n'est ni simplement structuraliste, ni simplement génétiste, une telle alternative étant elle-même un "effet" de différance [4] ».

En pensant l'écriture comme « différance » ou comme « dissémination », Derrida fait alors signe vers ce qui n'est plus simplement structural ou génétique, vers ce dont la structure et la genèse sont des effets : le « jeu » qui « fissure la structure [5] » en la « produisant ». De ce point de vue, la « grammatologie » derridienne ne prétend pas être une science de l'écriture puisqu'elle « inscrit [la science de l'écriture] dans la transformation des textes et dé-limite la science [6] ». Les concepts de « différance » et de « dissémina-

1. *Ibid.*
2. *Ibid.*, p. 64.
3. *Ibid.*, p. 38.
4. *Ibid.*, p. 18.
5. *Ibid.*, p. 95.
6. *Ibid.*, p. 49.

tion » produisent ainsi la science structuraliste en même temps qu'ils la déjouent.

Si la pensée de Derrida part de la phénoménologie et du structuralisme, elle tente de penser leur limite et leur ouverture à partir de l'élaboration des concepts de « texte », de « traces », de « différance » et de « dissémination ». Un tel écart avec les deux traditions dominantes de l'époque ne donne pas lieu au brillant bricolage postmoderne que certains voudraient voir en lui : cet écart exige au contraire le plus patient travail d'anamnèse sans lequel ce qui structure et produit la tradition occidentale ne serait jamais transformé. La déconstruction derridienne n'est pas postmoderne car elle ne prétend pas, à l'inverse de la philosophie de Deleuze, oublier innocemment la tradition ; elle tente plutôt une anamnèse de l'immémorial, autrement dit de ce dont la tradition est l'oubli. Elle travaille à la mémoire de ce qui se dérobe inévitablement à toute entreprise de remémoration.

La déconstruction

Si on a pris l'habitude d'apparenter le travail de Derrida à ce qu'on appelle la « déconstruction [1] », il est nécessaire pour cette raison de préciser que Derrida ne déconstruit rien, et que la déconstruction n'est pas le projet philosophique arbitraire d'un auteur : elle est plutôt le principe de ruine qui est inscrit dans tout texte lors de son écriture, autrement dit, elle agit comme un virus inséminé à l'origine et qui démonte d'avance tout « montage » textuel ou institutionnel. En ce sens, la déconstruction n'est ni une critique ni une critique de la critique ; elle ne surmonte pas les textes dont elle parle. Elle n'est donc pas une théorie puisqu'elle ne sort pas des textes et ne les surplombe pas, elle n'est pas une philosophie

1. Le mot « déconstruction » apparaît pour la première fois dans la philosophie française en 1955, sous la plume de G. Granel traduisant le texte de Heidegger « Contribution à la question de l'être ». Granel choisit « déconstruction » pour traduire *Abbau* qu'il différencie de « destruction » pour traduire *Zerstreuung*.

de la philosophie. La déconstruction est à ce titre proche de la pensée de Merleau-Ponty en ce qu'elle est une « pensée du dedans », étrangère à toute position de « surplomb » caractéristique d'une pensée de survol.

On doit plutôt comprendre ce qu'on appelle « déconstruction » comme le « détraquage » de la dialectique, c'est-à-dire du discours et de la lecture qui veulent la maîtrise sans réserve du sens et de la signification, la maîtrise de ce qui arrive à la pensée. La maîtrise dialectique, telle qu'on peut la voir exemplairement à l'œuvre dans la pensée de Hegel, a pour ressort ce qu'on appelle « le travail du négatif » ; ce travail assure son pouvoir en assumant le négatif qui est « relevé » : en effet, la dialectique suppose que ce qui est pour elle négatif (dans l'histoire : l'événement, le mal) se mette à faire sens en se redoublant et en se supprimant ; le négatif est ainsi conservé comme supprimé, intériorisé, relevé dans le travail du deuil de l'histoire qu'est la dialectique. La déconstruction doit justement être comprise comme la paralysie de ce travail du négatif, c'est-à-dire comme le contre-mouvement à la maîtrise philosophique du sens qui conduit au « Savoir Absolu ».

Alors que la dialectique dans sa version hégélienne, c'est-à-dire spéculative et absolue, n'existe qu'en dépassant et en maîtrisant les oppositions de la philosophie – elle les conserve en les intégrant – la déconstruction est la tentative non de nier ces oppositions (ces négations) mais de les neutraliser après les avoir renversées. L'exemple le plus connu est celui de l'inversion, par Derrida, de la hiérarchie traditionnelle entre la parole et l'écriture, hiérarchie selon laquelle l'écriture est pensée comme un instrument et une technique inessentielle, dérivée de la parole vive et présente. Cette subordination métaphysique de l'écriture à la parole, et le système d'oppositions qu'elle régit, est appelée par Derrida « phonocentrisme » ou « phonologocentrisme ». Le « phonocentrisme » et ses présupposés structurent constamment la métaphysique. La déconstruction commence en effet par *inverser* la valeur des oppositions métaphysiques, et par surévaluer ce qui a toujours été sous-évalué afin de *neutraliser* ces oppositions, pour ensuite les *déplacer* et *créer* de nouveaux concepts : les concepts derridiens de vie, de mort, de littérature, de textes, d'écriture, de traces, de cendres, de spectres ont été conquis de cette manière.

Il s'agit donc d'une stratégie radicalement politique : déplacer et réélaborer ce qui a toujours été minorisé, opprimé, réprimé, méprisé, maîtrisé, faire apparaître que ce qui est dominé déborde et constitue ce qui le domine. La déconstruction est toujours à ce titre déconstruction du pouvoir en ses principes : « "Déconstruire" la philosophie serait ainsi penser la généalogie structurée de ses concepts de la manière la plus fidèle, la plus intérieure, mais en même temps depuis un certain dehors par elle inqualifiable, innommable, déterminer ce que cette histoire a pu dissimuler ou interdire, se faisant histoire par cette répression quelque part intéressée [1]. »

Si tant de concepts gagnent, dans la pensée de Derrida, la nouveauté d'un statut qu'ils n'avaient jamais eu auparavant, c'est que cette pensée laisse venir ce qui n'était ni pensable, ni envisageable dans le régime des oppositions métaphysiques ou dialectiques ; la déconstruction libère des phénomènes sans présent ni présence, même si on ne doit pas confondre son opération avec le projet phénoménologique husserlien d'un « retour aux choses mêmes », ni avec ce que Heidegger nommait « phénoménologie de l'inapparent ». Ce que la déconstruction libère et fait revenir est pensé par Derrida sous les concepts de « spectres » ou de « revenants » : ce ne sont ni les « choses mêmes » qui supposent une présence, ni l'inapparent qui suppose une métaphoricité inquestionnée (comme on le verra dans l'explication de Derrida avec la délimitation heideggerienne de la métaphore). La déconstruction des textes est alors la possibilité pour que quelque chose arrive à la pensée et à l'écriture.

Derrida montre en effet que la plupart des discours sont repris dans ce qu'ils prétendent subvertir et que, par conséquent, la systématicité de la métaphysique et de la philosophie est plus puissante que ce qui prétend la détruire ou lui échapper : toute résistance à la métaphysique est alors complice de ce à quoi elle résiste, au moment même où elle résiste, même dans ses gestes les plus subversifs. Derrida fait ainsi toujours

1. *Positions*, *op. cit.*, p. 15.

apparaître la duplicité des textes, l'ambivalence de leur texture et la conflictualité de leurs strates. Il montre que l'accomplissement de la métaphysique et l'écart à la métaphysique se doublent sans cesse l'un l'autre. Cette duplicité, cet être double des textes, est ce qui défait et déconstruit les textes au moment de les constituer, c'est ce qui fait la texture des textes. Mais « la dissimulation de la texture peut en tout cas mettre des siècles à défaire sa toile [1] », des siècles pour donner sa chance à l'autre, pour que l'autre arrive à la pensée et à l'écriture.

Il faut donc des siècles de délai pour que se déconstruisent « des corpus qui ne sont pas des textes littéraires, philosophiques ou religieux, mais des écrits juridiques ou des institutions, des normes ou des programmes [2] », c'est-à-dire pour que les textes disent autrement ce qu'on avait toujours cru qu'ils disaient et pour qu'il soit possible d'entendre en eux une parole autre. Derrida appelle cela « Tympaniser – la philosophie », et il demande : « Peut-on crever le tympan d'un philosophe et continuer à se faire entendre de lui [3] ? » Le travail d'écriture de Derrida désenchevêtre des textes pour les enchevêtrer autrement, s'exposant ainsi et nous exposant à la plus grande perturbation. La déconstruction de la métaphysique s'inscrit dans le texte métaphysique : la possibilité de tout autre chose est donc inscrite au cœur du même, et elle échappe à l'alternative du même et de l'autre. Le travail de Derrida n'est donc pas plus illisible que celui d'autres philosophes, il est autrement lisible et illisible. « En fait, vous savez, il faut surtout lire et relire ceux dans les traces desquels j'écris, les "livres" dans les marges et entre les lignes desquels je dessine et déchiffre un texte qui est à la fois très ressemblant et tout autre [4]... »

Le 6 janvier 2003

1. « La pharmacie de Platon », in *La dissémination*, Le Seuil, Paris, 1967, p. 258.
2. « Autrui est secret parce qu'il est autre », entretien avec A. Spire, *Le Monde de l'éducation*, n° 284, Paris, septembre 2000.
3. *Marges – de la philosophie*, *op. cit.*, p. III.
4. *Positions*, *op. cit.*, p. 12.

I

PRÉSENTATION DE L'ŒUVRE

1

LA HANTISE PHILOSOPHIQUE DE L'ÉCRITURE VERS UNE AUTRE PENSÉE DU TEXTE

PLATON

Les textes de Derrida lisant Platon font apparaître que la déconstruction n'est pas l'invention postmoderne du XXe siècle finissant, mais qu'elle a commencé bien avant lui ; les stratégies de lecture et d'écriture que la déconstruction élabore ne sont donc pas plus compliquées ni plus « obscures » que celles qu'on peut rencontrer chez un penseur comme Platon. Trois textes majeurs sont consacrés à Platon et Socrate : « La pharmacie de Platon » écrit en 1965 et repris en 1967 dans *La dissémination*, « Envois » dans *La carte postale, de Socrate à Freud et au-delà* en 1980, *Chora* en 1987.

Dans l'élaboration d'une problématique philosophique, l'explication avec Platon est toujours décisive, parce qu'il ne s'agit pas seulement de s'expliquer avec un penseur ou un « auteur », mais en quelque sorte avec le programme de la métaphysique occidentale. « Platon » est comme le logiciel d'exploitation de l'Occident (et au-delà), le logiciel dans lequel les autres logiciels peuvent s'ouvrir. On peut dire, en tout cas, que tout ce qui se pense, se dit, se perçoit, s'éprouve, se vit, a été, sinon prévu comme tel, du moins envoyé dans son principe par « Platon », même s'il n'est pas l'unique « envoi » qui définirait l'Occident. Ce qui existe et ce qui arrive n'est pas comme tel dans Platon, mais c'est plutôt

Platon qui est dans tout, qui est ce que nous ne cessons de répéter à notre insu, que nous le voulions et que nous le sachions ou non, et cela d'autant plus fatalement que nous ne le lisons pas. De ce point de vue, Derrida agit comme le « virus » qui va porter à sa plus grande intensité les contraintes du programme « Platon » et nous offrir ainsi une ouverture.

Dans « La pharmacie de Platon », Derrida s'intéresse au procès fait à l'écriture par l'écrivain Platon, et au mépris de la lettre qu'on rencontre dans le *Phèdre* ; ce procès va se retrouver de manière récurrente dans les autres textes de la tradition occidentale. On peut comparer la lecture déconstructrice de Platon par Derrida au jugement de Schleiermacher concernant le procès de l'écriture mis en œuvre dans le *Phèdre*. Le grand philologue allemand énonce un argument jugé « dérisoire » par Derrida. D'après cet argument, le *Phèdre* et le procès de l'écriture qu'on y trouve seraient le fait d'un Platon jeune et maladroit : « un vieil écrivain n'aurait pas condamné l'écriture comme Platon le fait dans le *Phèdre* [1] » ; Schleiermacher comprend donc de manière platonicienne la pensée de la lettre et de l'écriture à l'œuvre dans le *Phèdre* : il obéit à Platon dans la mesure où il pense que la scène sur le mythe de l'invention de l'écriture est un appendice au livre, un développement inessentiel qui ne saurait constituer ni organiser la pensée de Platon. Derrida remarque à l'inverse, et de manière très sophistiquée, que « Platon ne condamne pas simplement » l'écriture et que « le Phèdre joue aussi, dans son écriture, à sauver – ce qui est aussi perdre – l'écriture [2] ». La lecture de Derrida va donc faire apparaître que les effets du discours de Platon ne sont ni simples ni dépourvus d'ambiguïté et que les intentions du texte sont au moins doubles.

L'interprétation de Platon par Schleiermacher consiste à faire de l'écriture une question accessoire, secondaire et inessentielle ; cette interprétation, que Derrida retrouve aussi dans le texte de Rousseau [3], de Hegel, ou encore dans le *Cours de*

1. Cité dans « La pharmacie de Platon », *op. cit.*, p. 260.
2. *Ibid.*
3. Pour lequel « malgré son importance effective elle est une sorte de supplément contingent », *ibid.*, note p. 390.

linguistique générale de Saussure[1], est produite par la stratégie même de Platon quant à l'écriture et à la lettre. Derrida montre que cette stratégie, qui fait de l'écriture un supplément et de la pensée de l'écriture un appendice, atteste malgré elle l'importance de ce qu'elle tente de dévaluer : la dévaluation de l'écriture en atteste donc la valeur. Alors que la question de l'écriture ne semble occuper en effet que la dernière partie du livre que Platon lui consacre (le *Phèdre*), Derrida fait apparaître au contraire que « l'instruction du procès de l'écriture est appelée d'un bout à l'autre du *Phèdre*[2] », comme elle l'est d'un bout à l'autre de la pensée de Rousseau, de Hegel ou de Saussure.

LE *PHÈDRE* ET L'INVENTION DE L'ÉCRITURE

Le procès de l'écriture peut se lire dans le *Phèdre*, à la fin du livre. Avant cela, Socrate venait d'élargir le concept de « logographe » et donner à celui-ci le sens large d'écrivain (257c-258d) – aux VIe et Ve siècles, on entendait par « logographe » celui qui écrivait des plaidoiries et faisait usage de la rhétorique afin que les citoyens athéniens puissent défendre leurs droits devant les tribunaux. C'est à ce moment du texte que Socrate énonce le mythe de Teuth, l'inventeur de l'écriture (274b-275b) : Socrate compare le discours écrit à une image peinte (*graphein* signifiant écrire et peindre) qui ne peut se défendre elle-même ni répondre aux questions qu'on lui pose ; elle ne peut pas non plus choisir ses destinataires, privée qu'elle est de l'assistance de son père ou auteur.

L'écriture ne peut donc servir qu'à la remémoration ; en aucun cas elle ne saurait suppléer la mémoire véritable : la réminiscence des formes intelligibles. L'écriture, par conséquent, n'est qu'un jeu sans commune mesure avec le véritable enseignement qui ne peut se faire que par la Parole vive. Les discours écrits ne sont alors que des

1. Pour lequel « l'écriture est exclue ou réglée dans une sorte d'excursus », *ibid.*, note p. 390.
2. *Ibid.*, p. 261-262.

copies des discours écrits dans l'âme (276a). L'écriture est un jeu non sérieux si on le compare à la contemplation philosophique des formes intelligibles, elle est une activité inférieure comparée à l'enseignement oral de l'essence des choses dans la philosophie.

À Teuth, qui vient lui présenter l'écriture, le roi Thamous réplique : « Voilà maintenant que toi, qui es le père de l'écriture, tu lui attribues par complaisance un pouvoir qui est le contraire de celui qu'elle possède. En effet, cet art produira dans l'âme de ceux qui l'auront appris, parce qu'ils cesseront d'exercer leur mémoire : mettant en effet leur confiance dans l'écrit, c'est du dehors, grâce à des empreintes étrangères, et non plus du dedans, grâce à eux-mêmes, qu'ils feront acte de remémoration ; ce n'est donc pas de la mémoire, mais de la remémoration, que tu as trouvé le remède. Quant à la science, c'en est la semblance que tu procures à tes disciples, non la réalité. Lors donc que, grâce à toi, ils auront entendu parler de beaucoup de choses, sans avoir reçu d'enseignement, ils sembleront avoir beaucoup de science, alors que, dans la plupart des cas, ils n'auront aucune science ; de plus, ils seront insupportables dans leur commerce, parce qu'ils seront devenus des semblants de savants, au lieu d'être des savants [1]. »

Platon ne s'attarde pas sur l'écriture par hasard, car celle-ci est le lieu même de la question de la vérité et de la non-vérité. L'écriture n'est pas le support naturel et extérieur de la pensée, elle est justement ce que le philosophe rencontre comme son autre et comme l'autre de la philosophie, ce que par conséquent la philosophie tente de domestiquer et de s'approprier ; l'écriture constitue ce qui est inappropriable pour l'ordre philosophique, ce qui défie cet ordre dans sa constitution même alors qu'elle est en même temps l'élément dans lequel la philosophie a lieu. Le discours platonicien détermine l'écriture comme l'impensable : l'écriture est, pour Platon, « l'anti-substance elle-même : ce qui résiste à tout philoso-

1. *Phèdre*, trad. L. Brisson, Garnier-Flammarion, Paris, p. 178 (274e-275b).

phème, l'excédant indéfiniment comme non-identité, non-essence, non-substance...[1] ».

L'écriture résiste selon le texte de Platon à sa détermination par la philosophie ; la philosophie dévalue l'écriture à mesure que celle-ci l'inquiète et la parasite. La philosophie de Platon est donc contrainte de définir et d'arraisonner l'écriture, c'est-à-dire de lui assigner une vérité, alors qu'elle reconnaît au même moment que l'écriture se soustrait à toute détermination positive et n'est pas pensable selon l'opposition vérité/non-vérité. La vérité de l'écriture, autrement dit son identité philosophique, est selon le texte de Platon la « non-vérité » : la vérité de l'écriture est d'être sans vérité et d'essence paradoxale. L'écriture échappe ainsi à la vérité et en déstabilise le concept : c'est en cela qu'elle défie tout arraisonnement philosophique et déjoue sa maîtrise conceptuelle. Elle est donc ce qui menace la philosophie dans son principe et dans sa possibilité.

En ce sens il ne peut pas exister de théorie ni de philosophie de l'écriture, puisque l'écriture n'est proprement rien, rien par elle-même ; la ruse de la philosophie consiste alors à ressaisir l'écriture qui la menace, et à assurer sa maîtrise et sa domination à même sa défaillance. Cette ruse philosophique inverse la négativité de l'écriture (son absence d'essence et de vérité) en positivité, elle renverse sa puissance d'oubli (qui défait le sens philosophique) en remède qui participe à l'opération du sens. C'est pourquoi Derrida écrit que « cette ambiguïté du *pharmakon* [l'écriture est définie dans le *Phèdre* comme *pharmakon*, comme le "remède" qui empoisonne la mémoire en la suppléant], Platon veut la maîtriser, en dominer la définition dans l'opposition simple et tranchée : du bien et du mal, du dedans et du dehors, du vrai et du faux, de l'essence et de l'apparence[2] ».

En effet, si l'écriture n'était opposable à rien et si elle déjouait les oppositions métaphysiques sans qu'aucun recours ne soit possible, il n'y aurait alors pas de relève philosophique possible, pas de maîtrise ni de conceptualisation de l'essence

1. *Ibid.*, p. 265.
2. *Ibid.*, p. 304.

de l'écriture. La ruse philosophique du texte de Platon joue sur l'ambiguïté et la réversibilité de l'écriture *pharmakon*, qui de poison devient remède. De la même manière, elle inverse la fonction du poison qui fait mourir Socrate, « le père » de la philosophie : « la ciguë, cette potion qui n'a jamais eu dans le *Phédon* d'autre nom que *pharmakon*, est présentée à Socrate comme un poison mais elle se transforme, par l'effet du logos socratique et de la démonstration philosophique du *Phédon*, en moyen de délivrance, possibilité de salut et vertu cathartique [1] ».

Aux débuts de la philosophie, dans le texte de Platon, le problème de l'écriture devient le nerf de la guerre engagée contre la sophistique et contre la puissance politique de la rhétorique. Le problème de l'écriture et de la maîtrise de sa puissance a pour enjeu la distinction entre la philosophie et la sophistique, distinction sans laquelle la philosophie ne pourrait ni se différencier ni s'instituer. La sophistique est le mauvais usage de l'écriture, son usage irresponsable et innocent, donc coupable, elle est l'autre de la philosophie ; la philosophie au contraire est le procès de l'écriture, son usage responsable. « Ce réquisitoire contre l'écriture accuse au premier chef la sophistique ; on peut l'inscrire dans l'interminable procès entamé par Platon, sous le nom de philosophie, contre la sophistique [2]. »

PHILOSOPHIE ET SOPHISTIQUE

D'après la fable platonicienne et socratique, la philosophie commence lorsqu'on cesse d'expliquer les choses ou les étants – *onta* – par les choses, la *Phusis* par les éléments physiques ou corporels (par exemple l'air, l'eau, le feu, la terre chez Empédocle), comme le faisaient les physiciens présocratiques. La philosophie fait le détour par l'invisible, c'est-à-dire par le méta-physique. L'essence des choses est donc métaphysique, invisible, et non

1. *Ibid.*, p. 335.
2. *Ibid.*, p. 308.

physique, ce sont les formes intelligibles que Platon nomme « Idées ». L'invisible est la cause du monde et des choses visibles qui « participent » alors de leurs Idées. Le monde visible est celui où les formes intelligibles sont incarnées dans des corps, où elles sont méconnaissables, déformées par la matière qui est affectée par le devenir et le changement. Ce qui apparaît, le visible, n'a pas plus de réalité que les fantômes, puisqu'il ne peut durer sans s'altérer, alors que l'être est soustrait au temps et que les seules réalités – les Idées – sont incorporelles et éternelles. Les hommes prennent alors les apparences pour la réalité parce qu'ils n'ont jamais contemplé, de leur vivant, l'essence intelligible des choses ; l'illusion n'est donc pas accidentelle, elle est plutôt la structure de la perception.

Le philosophe, à l'inverse, s'élève à la contemplation de l'intelligible afin de redescendre l'enseigner aux autres hommes ; c'est de cette manière qu'il est légitimé à fonder la justice en politique. Les rhéteurs et les sophistes incarnent, quant à eux, un simulacre d'enseignement qui rivalise avec l'enseignement philosophique : ils ont un pouvoir sur les âmes grâce au discours et ils tirent celles-ci vers le bas en l'attachant au sensible, tandis que les philosophes travaillent au détachement et à l'élévation. C'est pourquoi la rhétorique et la sophistique désirent gagner le pouvoir par la séduction des âmes, alors que la philosophie se définit comme un désir infini de vérité. La philosophie s'institue donc avec Platon comme une lutte pour une autre politique de l'enseignement, orienté vers la vérité et non d'abord vers le pouvoir. Le philosophe se distingue du sophiste par son désir irréductible de distinguer philosophie et sophistique, alors que pour les sophistes la philosophie n'est rien de plus qu'un genre pervers de sophistique, puisque la sophistique est générale.

Si la dévaluation ontologique de la sophistique est ainsi constitutive de la philosophie, la signification pratique et politique de cette dévaluation aboutit à l'exclusion des poètes dramatiques hors de la Cité au livre X de la *République*.

Nietzsche comprend ce geste platonicien qui exclut les poètes hors de la cité comme un geste de rivalité artistique et mimétique à l'égard des poètes : Platon, poète inventant un genre littéraire incomparable (« le dialogue platonicien »), doit mettre ses semblables au ban de la Cité pour les vaincre. La philosophie accuse donc les poètes de mauvaise *mimésis* – *mimésis* des apparences et non de la chose – mais elle ne peut distinguer son propre mode d'énonciation de celui de la poésie dramatique, et le philosophe ne ressemble jamais autant au poète que lorsqu'il demande son exclusion.

« La pharmacie de Platon[1] » de Derrida élabore une lecture qui trouve peut-être sa possibilité et son ouverture dans une telle interprétation de la *République* de Platon par Nietzsche. Lorsque ce dernier montre que la philosophie platonicienne est contaminée par ceux à qui elle s'oppose : les sophistes et les poètes. Les frontières que Platon trace au moment d'instituer la philosophie (philosophie/poésie, vérité/art) se compliquent, et les places s'échangent.

Derrida montre ainsi que l'écriture est le problème constitutif mais secret de la philosophie, il fait apparaître que l'identité que la philosophie tente de conquérir est une identité abyssale et d'avance menacée de s'inverser en son contraire : *Le Sophiste* de Platon définit en effet la philosophie comme l'autre de la sophistique, comme l'autre de son autre ; la philosophie ainsi déterminée risque alors de n'être rien d'autre que le procès interminable de la sophistique. L'identité de la philosophie est en ce sens contaminée par son contraire et menacée de s'inverser en sophistique. C'est pourquoi les « contradictions » prolifèrent dans le texte de Platon qui n'est nulle part identique à lui-même ; ce texte tire en effet sa force et son intérêt d'être tissé de plus d'un fil et de plus d'un discours, il est tissé de ce qui le déchire. La déchirure du texte passe entre ce dont rêve le texte de Platon (« une mémoire sans signe, c'est-à-dire sans supplément. Mémoire sans *Hypomnesis*, sans *pharmakon*[2] »), et d'autre part ce que ce rêve trahit à travers son écriture.

1. Repris dans *La dissémination*, Le Seuil, Paris, 1972.
2. *Ibid.*, p.312.

Tout le travail de Derrida va donc consister à réévaluer de manière critique le concept d'écriture et à le transformer : à renverser stratégiquement et provisoirement la hiérarchie métaphysique qui dévalue et abaisse l'écriture par rapport à la présence de la parole vive, et ensuite à élargir et à transformer ce concept. Une telle stratégie de réévaluation et d'élargissement permet de relire l'histoire de la philosophie en faisant apparaître que la hantise de l'écriture a constitué celle-ci secrètement et à son insu.

Découvrir que quelque chose comme un « refoulement » ou une « répression » de l'écriture est au cœur de la constitution de la philosophie permet à Derrida d'interroger les textes philosophiques dans leur structuration secrète, et lui permet de faire apparaître que les philosophies sont d'autant moins réductibles à des théories ou à des thèses que leurs textes ne sont jamais tissés d'un seul tenant, ni écrits d'un seul fil. La distinction traditionnelle entre la forme et le fond ou entre le signifiant et le signifié devient alors absurde et manque ce qui fait qu'un texte est un texte.

Le texte pensé autrement

La pensée de l'écriture que livre le *Phèdre* est inséparable du problème de la traduction du *pharmakon*, puisque c'est par ce concept que ce texte pense l'écriture. Derrida remarque avec force que le problème de la traduction n'est pas extérieur au texte de Platon, mais qu'il est décisif pour la compréhension de la pensée à l'œuvre dans le *Phèdre* ; c'est en effet avec ce concept et sa traduction que se joue la possibilité de l'identification et de la définition de la philosophie. « Avec ce problème de traduction nous n'aurons affaire à rien moins qu'au problème du passage à la philosophie [1]. »

Derrida va montrer comment la traduction du *Phèdre* de Platon et les choix des traducteurs sont prévus, prédits, et comment la traduction est littéralement pré-inscrite dans ce

1. *Ibid.*, p. 267.

qu'elle traduit. Les frontières du texte, la délimitation entre le dehors et le dedans du texte ne pourront plus alors être conçues comme une limite simple et close. Le dehors est au contraire rigoureusement pris dans le texte qui s'ouvre et devient général ; Derrida généralise donc le concept de « texte » et fait apparaître que la traduction obéit au discours de Platon et de ses personnages : « Teuth aurait dénaturé le *pharmakon* (...) Il a fait ainsi passer un poison pour un remède (...) à traduire *pharmakon* par *remède* on respecte ce que le roi dit que Teuth a dit, le trompant ou se trompant ainsi [1]. » Si la traduction de *pharmakon* par « remède », des centaines d'années après l'écriture du *Phèdre,* est pré-scrite par le texte, alors les traducteurs de Platon font un choix philosophique qui obéit au texte qu'ils traduisent : ils traduisent le *pharmakon,* l'écriture, en traduisant *pharmakon* par remède.

Le problème de la traduction apparaît alors comme le problème même du *Phèdre*, puisque l'écriture et le texte sont définis par le roi Thamous comme des traductions. Teuth est accusé par le roi Thamous de faire passer l'écriture pour un remède, alors qu'elle est un poison selon le roi. Traduire l'écriture (le *pharmakon*) par « remède » c'est donc répéter le faux-monnayage attribué à Teuth par Thamous. Comment traduire cette traduction (du *pharmakon* en remède) sans obéir au roi et à sa traduction ? Le traducteur fait donc lui aussi passer l'écriture pour un remède et se laisse ainsi ventriloquer par le roi.

La traduction de *pharmakon* par *remède* est en effet « une neutralisation par la traduction du jeu citationnel [constitutif du dialogue et de la pensée de Platon], (...) et à la limite tout simplement de la textualité du texte traduit [2] » : en ce sens, la traduction est « un des effets du platonisme », elle n'est donc pas neutre pour la lecture ou la compréhension, elle n'est ni extérieure au texte ni objective. C'est en effet Platon qui rêve de neutraliser le texte et l'écriture : la neutralisation permettrait d'accéder à une pensée pure et non contaminée par la textualité, à une pensée dont le sens serait affranchi de

1. *Ibid.*, p. 296-297.
2. *Ibid.*, p. 297.

toute matérialité. Autrement dit, quand le traducteur traduit *pharmakon* par un mot unique, il neutralise le jeu de la pensée de Platon en effaçant la polysémie du mot, il est alors sous la loi et la dictée de Platon : il obéit à son texte et fait son jeu en dissimulant l'ambivalence de *pharmakon*, c'est-à-dire son être double, poison et remède. « Alors que le "pharmakon" n'est ni le remède, ni le poison, ni le bien ni le mal, ni le dedans ni le dehors, ni la parole ni l'écriture[1]. »

Traduire *pharmakon* par « remède » c'est manquer l'inversion (toujours potentielle selon Platon) du remède en poison, c'est donc faire disparaître que pour Platon l'écriture a une dimension essentiellement inquiétante. En redoublant de cette manière le geste platonicien d'effacement de l'écriture dangereuse, la traduction reproduit le sens de ce geste : elle confirme la volonté de maîtriser l'écriture dans sa définition et de surmonter son ambiguïté. Avec le travail de la déconstruction, la traduction trahit ce qu'elle dissimule dans son texte : l'inquiétude de la philosophie envers l'écriture.

L'écriture inquiète la pensée de Platon, et l'écriture de celui-ci tente donc de conjurer la menace qui est en elle et qui la hante comme sa source étrangère. Le *logos* philosophique a beau rêver qu'il pourrait être pur de toute écriture, la pensée philosophique a beau jeu de croire et faire croire qu'elle peut exister hors de toute textualité, elle ne cesse pourtant pas d'inclure en son for intérieur ce qu'elle veut exclure. « La pharmacie de Platon » fait ainsi apparaître que la pensée philosophique tente de s'immuniser contre son « dehors » intérieur ; l'écriture philosophique est donc contrainte de dissimuler l'opération d'exclusion de l'écriture qui la constitue comme philosophie et, en ce sens, elle est contrainte de « s'exclure d'elle-même[2] » : le texte de Platon s'écrit en s'immunisant de l'écriture, par l'écriture.

La pensée de Derrida entre de cette manière sur la scène philosophique par une découverte dont les conséquences philosophiques, littéraires et politiques, sont incalculables : l'écriture philosophique, orientée par la mise en œuvre de la

1. *Positions*, *op. cit*, p. 58-59.
2. *Ibid.*, p. 337.

vérité, est contrainte de s'effacer pour laisser la vérité apparaître ; c'est pourquoi la philosophie de Platon définit l'écriture comme une peinture fantomale sans essence et sans identité, une non-substance qui ne devrait plus ni entamer ni parasiter la présence et l'essence des choses, celle-ci se donnant dans la parole vive philosophique. Voulant exorciser de cette manière le démon de l'écriture, la philosophie de Platon le fait revenir : plus elle tente de faire disparaître l'écriture et de l'effacer, plus cet effacement laisse des traces et fait apparaître comment l'écriture est la matérialisation de la philosophie. Platon est en effet contraint, comme fatalement, de parler d'une « *inscription* de la vérité dans l'âme » ; il use alors d'une « métaphore empruntée à l'ordre même de ce qu'[...il] veut exclure, à l'ordre du simulacre. Emprunt rendu nécessaire par ce qui lie structurellement l'intelligible à sa répétition dans la copie [1] ». Platon révèle, en cherchant à le dissimuler, que la vérité intelligible n'existe qu'écrite, matérialisée dans le texte sensible.

Le texte de Socrate-et-Platon ne doit alors plus être conçu comme un texte clos sur lui-même parce qu'il n'est pas un « texte » au sens restreint du terme : ses effets excèdent de toute part la limitation traditionnelle des effets d'un texte. « Socrate tient registre (en cachette) de ce que l'autre, le torpilleur, lui a pillé, des fonds qu'il a détournés, de la fausse monnaie qu'il a fait imprimer à son effigie. À moins que ce ne soit ici l'effigie des deux plus grands faux-monnayeurs de l'histoire, compères préparant l'émission sur laquelle nous sommes encore branchés en y tirant des chèques et des traites à l'infini. D'avance ils imposent tout, ils taxent, ils oblitèrent les timbres à leur propre effigie... [2] » Nos pensées, nos paroles, nos actions, nos perceptions, nos affects proviennent en quelque sorte de cette matrice textuelle sur-puissante qu'est le texte « Socrate-et-Platon ». Ce texte est en ce sens *comme* le logiciel de nos vies et de notre monde.

Derrida fait apparaître comment ce texte programme la

1. *Ibid.*, p. 360.

2. *La carte postale, de Socrate à Freud et au-delà*, Aubier-Flammarion, Paris, 1980, p. 27.

conceptualité occidentale, et quelles contraintes structurent ce programme, il introduit ainsi du jeu dans le programme, et donc la possibilité de sa transformation. La monnaie frappée et diffusée par Socrate et Platon circule dans tous nos échanges et nous ne cessons de payer à notre insu par prélèvement automatique ce que nous devons à leur pensée. Comme nous n'avons pas contresigné le programme et les contraintes qu'ils nous ont légués et que nous les avons reçus sans en accuser réception, nous ne sommes pas libres de quitter ce jeu, ni d'en changer les règles. Mais c'est la dissémination de cette mémoire qui fait sa force selon Derrida, alors que Heidegger pense qu'un unique fil constitue le sens de ce qui nous est destiné : « l'histoire de l'être ». Là où il y a donc dissémination pour Derrida, il y a unicité d'un destin pour Heidegger.

Ce que Socrate et Platon écrivent, Derrida le défait, il révèle dans les textes des écarts infimes et infinis ; Socrate et Platon ne sont alors pas ce qu'ils prétendent être : ils ne sont pas des gardiens de la vérité enquêtant sur la fausse monnaie des sophistes (qui traduisent le mauvais en bon, le mal en bien, le faux en vrai, le mensonge en vérité, les simulacres en réalités, le poison en remède), mais ils sont aussi des faux-monnayeurs. La volonté philosophique de vérité n'immunise donc pas celle-ci de l'échange, de la circulation, des détournements, des malversations, des vols, des escroqueries puisque la contamination par tout cela a déjà commencé à l'origine : la contamination est inscrite dans la volonté de vérité même.

À force de vouloir constituer son corps propre, immunisé de tout dehors et de toute extériorité, la philosophie révèle qu'elle ne peut se passer de ce dehors qui la contamine et la parasite. La « logique » d'une telle contamination systématique mise au jour par Derrida oblige à repenser les lois de la textualité et montre comment le concept métaphysique de « texte » exerce sa contrainte et sa loi sur nos lectures. « Nous ne croyons pas qu'il existe, en toute rigueur, un texte platonicien, clos sur lui-même, avec son dedans et son dehors[1] »,

1. « La pharmacie de Platon », *op. cit.*, p. 339.

et plus loin : « Il n'y a pas d'ouvrage de Platon et il n'y en aura pas[1]. »

Il n'y a pas d'ouvrage de Platon, ou les paradoxes de la littérature

Cette citation paradoxale quant au corpus des textes de Platon laisse entrevoir tout l'intérêt et la nécessité de la pensée derridienne du texte. S'« il n'y a pas d'ouvrage de Platon », cela s'entend en plus d'un sens : 1/ il y a trop de fils, trop de tendances, trop de discours hétérogènes et de ventriloquie dans les ouvrages dits « de Platon » pour qu'on puisse, sans ridicule, attribuer rien d'identifiable et de définitif à une seule source et un seul « auteur », « Platon » ; 2/ les ouvrages dits « de Platon » sont, en un certain sens, « de Socrate » et écrits par lui ; 3/ Platon-et-Socrate structurent la pensée occidentale et constituent sa matrice, leurs ouvrages ne sont donc plus seulement des « ouvrages » ; 4/ « il n'y a pas d'ouvrage de Platon » est la citation d'une lettre de Platon, elle est donc extraite d'un « ouvrage de Platon ».

Platon s'autorise de Socrate comme il s'autorise de la vérité, et la question de savoir lequel des deux parle et écrit est la question « de fond » de leurs textes. Aucune lecture n'atteint autant que celle de Derrida la possibilité des textes de « Platon » lorsqu'il remarque : « Socrate, celui qui n'écrit pas comme disait Nietzsche (...) Il n'a rien compris à la catastrophe initiale, du moins à celle-ci car pour les autres il s'y entendait. Il a cru comme tout le monde que Socrate n'écrivait pas, qu'il venait avant Platon qui écrivait plus ou moins sous sa dictée et le laissant donc écrire tout seul, comme il a dit quelque part. De ce point de vue, Nietzsche a cru Platon et n'a rien renversé du tout. Tout le "renversement" [de Platon par Nietzsche selon l'interprétation fameuse et des plus douteuses de Heidegger. D'où les guillemets de Derrida qui met à distance et ne partage pas cette interpréta-

1. *Ibid.*, p. 387, repris treize ans plus tard dans les « Envois » de *La carte postale.*

tion] est resté compris dans le programme de cette crédulité[1]. »

On peut lire aussi : « L'héritier présomptif, Platon, dont on dit qu'il écrit n'a jamais écrit, il reçoit l'héritage, mais en tant que destinataire légitime il l'a dicté, il l'a fait écrire et se l'est envoyé » et ensuite : « Le rêve de Platon : faire écrire Socrate et lui faire écrire ce qu'il veut, sa dernière volonté, *his will*. Le *faire* écrire ce qu'il veut en le laissant (*lassen*) écrire ce qu'il veut. Devenir ainsi Socrate et père, donc son propre grand-père (PP) *et le tuer*[2]. » Cette lecture de Platon par Derrida, qui est plus et autre chose qu'une lecture, reproduit la stratégie de lecture que Stephen Dedalus propose d'*Hamlet* dans *Ulysse* de Joyce ; selon Stephen Dedalus, Hamlet est le grand-père de Shakespeare ; selon Derrida, Platon est le père de Socrate, donc le grand-père de « Platon ».

Dans *La carte postale*, après avoir imité ironiquement les grands exégètes de la tradition platonicienne qui argumentent sur l'authenticité de telle ou telle des lettres de Platon, Derrida offre un commentaire décisif de l'affirmation retorse de la lettre VI (« il n'y a pas d'ouvrages de Platon ») ; il écrit : « Il est vrai que Platon précise : il parle des ouvrages composés (*sungramma*). Il pourrait aussi avoir exclu les lettres, cette lettre bien sûr. Encore que la question reste ouverte du critère pour distinguer entre un livre et des lettres. Je ne crois pas à la rigueur d'un tel critère[3]. » Comme c'est dans un ouvrage de Platon qu'il est possible de lire « il n'y a pas d'ouvrage de Platon », au moment où cette affirmation est vraie, elle est fausse, puisqu'elle cesse d'être une affirmation de Platon. Mais à l'instant même où elle devient fausse, elle est vraie puisqu'il y a alors des ouvrages de Platon. Autrement dit, si Platon n'a rien écrit alors il a écrit ce qu'il a écrit ; et s'il a écrit, alors il n'a rien écrit. Telle est la terrible « logique » de la lettre VI remarquée par Derrida. Cette logique inquiète et déstabilise toute la philosophie de Platon en son existence même et dans son principe : si l'énoncé de la vérité devient

1. *La Carte Postale*, *op. cit.*, p. 19.
2. *Ibid.*, p. 59.
3. *La carte postale*, *op. cit.*, p. 68.

faux à l'instant de son énonciation, et vrai au moment où il se retire, le cœur de la philosophie platonicienne apparaît comme radicalement sophistique.

Que signifie un tel énoncé et quels sont ses effets dans l'œuvre et sur le texte de Platon ? Il n'affirme pas la disparition du vrai et du faux ni de la vérité et de la fausseté ; il ne dit pas non plus que l'énonciation est sans sujet et le discours sans auteur. Sa signification est plus inquiétante, il fait apparaître dans son acte même – il dit ce qu'il produit – que la vérité est comme le *pharmakon* : elle est fausse quand elle est vraie et elle est vraie lorsqu'elle est fausse. La vérité est donc ce qui échappe au sujet de l'énonciation et s'inverse à l'instant où elle est proférée : elle n'est donc pas transcendante ni extérieure à son texte, puisqu'elle n'est rien d'autre que le jeu d'inversion en son contraire, elle est l'échange incessant de son identité. La vérité n'est rien d'autre que le jeu de contradiction instantanée et infinie qui fait que ce qui est n'est pas ce qu'il est et qu'il est ce qu'il n'est pas ; le même est son autre au moment où il est lui-même, et il est lui-« même » à l'instant où il est son autre, c'est-à-dire toujours, et jamais : l'altérité générale est ainsi la condition de la distinction entre le même et l'autre, de la même manière que la différence est à l'origine de la scission de l'identité et de la différence. On rencontre donc, dans un ouvrage de Platon, une strate du texte capable d'affoler la rationalité philosophique qui se constitue au même moment dans une autre strate.

L'énoncé de la lettre VI signifie alors que Platon est l'effet de son texte plus qu'il n'en est la cause, qu'il est un des personnages de l'œuvre dont il est l'auteur : l'auteur est un personnage dont la fonction est spécifique. En ce sens, le texte de Platon pense rigoureusement, longtemps avant Lacan, que le sujet de l'énoncé signifie le retrait et l'absence du sujet de l'énonciation, autrement dit que l'énonciation est un effet sans cause. Les personnages écrivent les textes dont ils sont les personnages, et les énoncés énoncent ce qui les énonce.

Le travail de Derrida dans le texte de Platon déplace la pensée de l'écriture et de la littérature et on doit dire que l'« interprétation » du texte de Platon par Derrida n'est ni plus ni moins « littéraire » que la structure retorse des dialogues de Platon. C'est en effet dans le texte de « Platon » qu'on apprend que Socrate n'écrit pas et c'est par l'écriture que la parole de Socrate est rapportée. La parole de Socrate ne se donne donc que par l'écriture et dans des livres, elle n'existe que comme citation : sa possibilité est en ce sens « littéraire » et il n'est donc plus question du sujet de l'écriture qui ne peut s'inscrire dans son texte que par son retrait, comme le pense encore Lacan (« l'accès à l'écriture est la constitution d'un sujet libre dans le mouvement violent de son propre effacement et de son propre enchaînement [1] ») mais d'un effet de subjectivité produit par le texte. « Le sujet de l'écriture n'existe pas si l'on entend par là quelque solitude souveraine de l'écrivain. Le sujet de l'écriture est un *système* de rapports entre couches : (...) du psychique, de la société, du monde. À l'intérieur de cette scène, la simplicité ponctuelle du sujet classique est introuvable... [2]. » Ce travail de Derrida sur la pensée de l'écriture comme *pharmakon* est, on va le voir, inséparable de l'analyse de la logique du supplément à l'œuvre dans la pensée de Rousseau.

1. *De la grammatologie*, *op. cit.*, p. 193.
2. « Freud et la scène de l'écriture », *L'écriture et la différence*, *op. cit.*, p. 335.

2

LES PARADOXES DU SUPPLÉMENT ROUSSEAU

Dans *De la grammatologie*, paru en 1967, ouvrage dont la partie principale s'intitule « L'époque de Rousseau », et plus tard en 1972 dans « Le cercle linguistique de Genève » in *Marges – de la philosophie*, Derrida montre l'importance métaphysique de la pensée de Rousseau. L'angle d'entrée dans les textes est encore une fois oblique et déroutant, les chemins empruntés par la lecture n'ont jamais été frayés. Derrida découvre que le concept et la « logique » du « supplément » organisent et structurent la pensée de Rousseau à son corps défendant ; cette logique est complice et solidaire de présupposés qu'on rencontre dans le texte de Socrate et Platon.

En ce sens, on peut lire dans *De la grammatologie* : « L'histoire de la vérité, de la vérité de la vérité, a toujours été (...) l'abaissement de l'écriture et son refoulement hors de la parole pleine[1]. » Rousseau détermine en effet l'écriture comme « supplément » et répète de ce point de vue le geste platonicien : « Suppléer définit l'acte d'écrire (...) L'écriture est le supplément par excellence puisqu'elle marque le point où le supplément se donne comme supplément de supplément, signe de signe[2]... » Une telle pensée du « supplément »

1. *De la grammatologie*, *op. cit.*, p. 12.
2. *Ibid.*, p. 398.

maintient Rousseau prisonnier des contraintes conceptuelles, logiques et systémiques qui se sont constituées au cours de l'histoire de la vérité, mais Derrida met aussi au jour la nouveauté, la force et la nécessité de la pensée de Rousseau au sein de cette histoire. La situation de Rousseau au regard de la métaphysique et de l'histoire de la vérité n'est donc pas simple. Derrida déconstruit, dès ses premiers textes, l'unité d'*une* histoire et de *la* métaphysique. Quand il use de tels syntagmes, c'est toujours par nécessité pédagogique et à titre provisoire, afin de préparer des analyses différentielles de ce qu'on appelle « l' » histoire et « la » métaphysique.

ROUSSEAU, L'*ESSAI SUR L'ORIGINE DES LANGUES*

L'*Essai sur l'origine des langues*, publié à titre posthume en 1781, pose la question de savoir comment l'homme en est venu à parler et quelle est l'origine du langage. Rousseau va chercher à rendre compte du surgissement de la convention, c'est-à-dire de l'apparition commune et simultanée du langage et de la pensée à partir du « pur état de nature ».

Pour aller vite, on peut dire que ce ne sont pas les besoins (« la faim », « la soif ») qui font naître la parole ; ceux-ci au contraire éloignent les hommes les uns des autres. Ce sont les passions (« l'amour, la haine, la pitié, la colère ») selon Rousseau, et plus particulièrement la passion de la pitié, qui rapprochent les hommes et font naître en eux la nécessité de communiquer et de parler.

La pitié, ce sentiment naturel, pré-réflexif, dont même les bêtes « donnent des signes sensibles », nous porte vers autrui en tant qu'elle « nous met à la place de celui qui souffre [1] » ; elle « nous porte sans réflexion au secours de ceux que nous voyons souffrir ; c'est elle qui, dans l'état de nature, tient lieu de lois, de mœurs, et de vertu, avec

1. *Discours sur l'origine et les fondements de l'inégalité parmi les hommes*, La Pléiade, Paris, p. 156.

cet avantage que nul n'est tenté de désobéir à sa douce voix [1] ».

La pitié est donc cette voix d'avant toute voix qui est à l'origine de la voix et de la parole ; elle est cette parole intérieure, pré-reflexive, pré-articulée, à l'origine de toute articulation dans la voix et dans la parole.

Le privilège accordé à la voix – que Derrida nomme « phonocentrisme » – prend chez Rousseau la forme d'une pensée de la présence à la conscience (la fameuse « voix de la conscience ») ; ce privilège présuppose donc la « détermination du sens de l'être comme présence [2] » et il s'accompagne inévitablement d'une « réduction de la trace [3] », comme dans toutes les scansions de l'histoire métaphysique de la vérité. L'écriture comme trace est ce qui parasite, contamine, affecte la présence à soi (présence à soi qui n'a lieu nulle part de manière aussi accomplie que dans la présence vivante de la voix), elle est donc ce qu'il faut « réduire », effacer, ce dont il faut occulter l'effacement. Cette opération de réduction de la trace d'écriture s'opère chez Rousseau à travers le concept de « supplément ».

« Quel est le privilège de Rousseau dans l'histoire du logocentrisme [4] ? » La réponse que Derrida donne à la question annonce une analyse des plus raffinées et sophistiquées : « Rousseau répète le geste platonicien en se référant maintenant à un autre modèle de la présence : présence à soi dans le sentiment, dans le cogito sensible [5]. » Rousseau, comme Platon, pense l'écriture comme un artifice dangereux : « Ce recours [à l'écriture] n'est pas seulement "bizarre", il est dangereux. C'est l'addition d'une technique. C'est une sorte de ruse artificielle et artificieuse pour rendre la parole présente lorsqu'elle est en vérité absente [6]. » Le danger de l'écri-

1. *De la grammatologie*, *op. cit.*, p. 23.
2. *Ibid.*, p. 145.
3. *Ibid.*
4. *Ibid.*
5. *Ibid.*, p. 29.
6. *Ibid.*, p. 207.

ture inquiète d'autant plus Rousseau que celle-ci est, comme le cheval de Troie, introduite dans l'intériorité de la pensée avec une apparence de neutralité et d'innocence : cette inquiétude le contraint à retirer à l'écriture toute consistance ontologique comme l'avait déjà fait Platon : l'écriture est mauvaise, donc elle n'existe pas, elle n'est rien ; elle est mauvaise parce qu'elle n'est rien.

Dans *De la grammatologie,* Derrida fait alors apparaître l'équivalence, pour Rousseau, d'une série de maux à guérir qui sont pensés comme des « suppléments » et dont la dangerosité est inversement proportionnelle à leur nullité ontologique : l'écriture, la masturbation, la culture, le mal, l'histoire. Un supplément au sens du texte de Rousseau c'est « ce qui s'ajoute n'est rien puisqu'il s'ajoute à une présence pleine à laquelle il est extérieur[1] ». C'est cette volonté de réduire et d'effacer l'écriture qui se dérobe à la présence qui fait peut-être appartenir le plus sûrement le texte de Rousseau à la tradition métaphysique. « Le texte philosophique, bien qu'il soit en fait toujours écrit, comporte, précisément comme sa spécificité philosophique, le projet de s'effacer devant le contenu signifié qu'il transporte et en général enseigne. La lecture doit bien tenir compte de ce propos, même si en dernière analyse elle doit bien faire apparaître son échec[2]. » Ce double rapport de la philosophie à son écriture (par quoi elle tente d'effacer ce qui lui permet d'apparaître, d'effacer les conditions de son apparition) explique le rapport ambivalent et équivoque que Rousseau comme Platon entretiennent avec l'écriture ; ce double rapport n'est pas accidentel, mais constitutif de l'écriture philosophique. « Rousseau valorise et disqualifie à la fois l'écriture. À la fois, c'est-à-dire dans un mouvement divisé mais cohérent[3] », et c'est le concept de « supplément » qui assure au discours rousseauiste une cohérence sans cohésion, il lui permet de « dire en même temps le contraire sans contradiction[4] ». Ce concept de sup-

1. *Ibid.*, p. 237.
2. *Ibid.*, p. 229.
3. *Ibid.*, p. 204.
4. *Ibid.*, p. 254.

plément va donc porter de manière « économique[1] » toute la texture paradoxale de la pensée de Rousseau et situer le sens de celle-ci à la limite du pensable. Le texte de Rousseau tient grâce à la cheville conceptuelle précaire du « supplément » ; ce texte devient donc instable dès qu'on analyse cette cheville et sa fonction architectonique : elle est ce autour de quoi le texte rousseauiste est construit et aussi ce par où il se déconstruit. À travers ce concept paradoxal et intenable, on comprend comment la pensée de Rousseau, comme toute pensée, pense à la limite du pensable, puisque la logique de son discours n'obéit plus au principe rationnel du tiers-exclu : ce n'est pas sa non-contradiction qui assure sa cohérence et son semblant de systématicité, mais sa contradiction. Il lui faut se contredire quant à l'écriture pour être une écriture cohérente.

Le discours de Rousseau se déconstruit en effet dans sa détermination de l'art et de l'écriture comme *mimésis*, semblable à celle de Platon : « Rousseau est assuré que l'essence de l'art est *mimésis*. L'imitation redouble la présence. S'y ajoute en supplément (...) se déplaçant à travers le système de la supplémentarité avec une infaillibilité aveugle et une sûreté de somnambule. Rousseau doit à la fois dénoncer la *mimésis* et l'art comme supplément (suppléments qui sont dangereux quand ils ne sont pas inutiles, superflus quand ils ne sont pas néfastes, en vérité l'un et l'autre à la fois) et y reconnaître la chance de l'homme, l'expression de la passion, la sortie hors de l'inanimé[2] » et hors de l'animalité. Le concept de « supplément » rend ambivalent tout ce qu'il permet de penser : l'art, la *mimésis*, l'écriture ; avec le concept de supplément, nous n'avons donc ni simplement affaire à un mot ou à un concept, ni non plus simplement à une chose, mais à ce qui donne sa cohérence à la pensée de Rousseau en même temps qu'elle la rend instable et ambivalente.

Dès qu'on efface cette ambivalence, qu'on la réduit ou qu'on l'évite, on redouble le geste de Rousseau, et c'est le texte de cette pensée qu'on efface, qu'on réduit ou qu'on

1. *Ibid.*
2. *Ibid.*, p. 289-290.

évite. Refuser de voir combien les textes de Rousseau sont constitutivement déchirés entre ce qu'ils veulent dire et ce qu'ils disent, entre le rêve de Rousseau quant à l'écriture et l'échec de ce rêve (déchirés entre la constitution et la déconstruction des textes), c'est refuser de lire les textes : réduire les textes à des thèses et des doctrines dont l'unité ne serait jamais inquiétée ni exposée à ce déchirement, c'est se servir du nom de « Rousseau » comme d'un prête-nom.

Quel est donc le rêve de Rousseau ? Que « l'origine aura (it) dû être pure[1] » de toute écriture, de tout supplément. « Qu'est-ce que Rousseau dit sans le dire, voit sans le voir ? Que la suppléance a toujours déjà commencé[2]. » Que fait apparaître Derrida ? Que le rêve rousseauiste d'une pureté et d'une origine sans mélange ni supplément trahit la contamination de la pensée par l'écriture, la contamination de l'origine de la pensée, à l'origine. La hantise de Rousseau pour l'écriture et la logique de la supplémentarité lui fait dire ce qu'il ne voudrait pas dire et le contraint à révéler ce qu'il voulait effacer : la primauté de l'écriture et l'originarité du supplément.

La pratique de lecture que Derrida invente fait apparaître que « la suppléance aggrave le manque ». C'est pourquoi au moment où une écriture efface, réduit, dissimule, évite, et met dehors l'écriture, elle exclut la dimension matérielle, différentielle, falsifiante, parasitaire d'elle-même, elle se trahit à ce moment et aggrave ce qu'elle tente de faire disparaître ; elle laisse s'inclure ce qu'elle exclut et s'inscrire ce qu'elle essaie d'effacer. La pensée de Rousseau produit ainsi l'effet inverse de celui qu'elle recherchait. Le supplément de discours de Rousseau sur le supplément n'est donc pas un appendice ou un supplément, il est la pensée de Rousseau « en effet », c'est-à-dire ce qui fait et défait effectivement son texte.

Les stratégies d'écriture qui cherchent à faire passer l'écriture pour un supplément nous permettent d'apercevoir la textualité paradoxale du texte de Rousseau : « L'articulation est

1. *Ibid.*, p. 305.
2. *Ibid.*, p. 308.

le devenir-écriture du langage. Or Rousseau qui voudrait dire que ce devenir-écriture survient à l'origine, fond sur elle, après elle, décrit en fait la manière dont ce devenir écriture survient à l'origine, advient dès l'origine. Le devenir-écriture du langage est le devenir-langage du langage. Il déclare ce qu'il veut dire, à savoir que l'articulation et l'écriture sont une maladie post-originaire de la langue ; il dit ou décrit ce qu'il ne veut pas dire : l'articulation et par conséquent l'espace de l'écriture opère à l'origine du langage [1]. » L'analyse derridienne, ici comme ailleurs, ne se présente pas comme une psychanalyse des auteurs ou des textes, elle se tient au contraire au niveau de l'immanence textuelle du dire et du dit, elle ne se donne par conséquent à aucun moment le surplomb que pourrait procurer un savoir constitué comme une certaine psychanalyse pourrait prétendre l'être. Elle tire ses ressources de lecture des textes et de leur texture, et ce sont les textes qui (se) déconstruisent du même mouvement qu'ils se constituent.

En voulant (trop) exclure et séparer la présence de la représentation, l'être de l'apparence, l'origine du supplément, Rousseau, comme avant lui Platon, laisse apparaître que « le supplément est toujours le supplément d'un supplément. On veut remonter du supplément à la source : On doit reconnaître qu'il y a du supplément à la source [2] ». Autrement dit, la présence, l'être des choses, l'origine et la source ne sont pas purs mais entamés, parasités, contaminés par ce qui devrait leur rester extérieur et étranger : la représentation, l'apparence, le supplément, tout ce que le discours de Rousseau tente d'exorciser et dont il atteste par là même la présence.

Il s'agit de cette manière de faire apparaître que Rousseau veut maintenir dehors ce qui est déjà dedans, et situer après coup ce qui est toujours déjà là. L'effort de Derrida va donc consister à penser la contrainte et la nécessité qui s'exercent sur les discours et la pensée et qui les obligent à conjurer et à dissimuler le simulacre, le mensonge et le faux qui les habitent et les constituent pourtant par avance.

1. *Ibid.*, p. 326.
2. *Ibid.*, p. 427.

Le discours de Rousseau est donc double et ambivalent : le supplément et l'écriture menacent la vérité, mais représentent en même temps sa chance et sa possibilité historique. Le supplément d'écriture est inséparablement la possibilité du mensonge *et* de la vérité ; il n'y a donc pas de langage sans écriture, d'origine sans supplément ou d'être sans apparences ni simulacres.

La préséance du supplément

De telles analyses obligeraient à penser que le discours et le texte de Rousseau se déconstruisent comme d'eux-mêmes puisqu'ils font apparaître ce qu'ils veulent faire disparaître (la nécessité, à l'origine, du supplément d'écriture), ils produisent ainsi l'effet inverse de celui qu'ils disaient vouloir produire, ils veulent donc ce qu'ils ne veulent pas. En effet, non seulement le supplément est premier – il faut donc accepter de penser le paradoxe d'un supplément qui n'est supplément de rien, et la folie d'un second qui vient en premier – mais il se met du même coup à se multiplier et à proliférer, puisqu'il n'y a plus d'origine qui pourrait servir de référence pour distinguer l'original du supplément, ni pour en maîtriser la prolifération.

IL N'Y AURAIT PAS D'OUVRAGE DE ROUSSEAU

C'est aussi pourquoi Rousseau reproduit quasiment le texte de Platon qui disait : « Réfléchis donc à cela et prends garde d'avoir à te repentir un jour de ce que tu laissais aujourd'hui se divulguer indignement. La plus grande sauvegarde sera de ne pas écrire mais d'apprendre par cœur, car il est impossible que les écrits ne finissent par tomber dans le domaine public. Aussi, au grand jamais, je n'ai moi-même écrit sur ces questions. Il n'y a pas d'ouvrage de Platon et il n'y en aura pas. Ce qu'à présent on désigne sous ce nom est de Socrate au temps de sa belle jeunesse. Adieu et obéis-moi. Aussitôt que tu auras lu et relu cette lettre, brûle-la[1]. »

Rousseau écrit quant à lui à son éditeur : « Ainsi ses écrits, tels qu'il les a composés et publiés, n'existant plus que dans la première édition de chaque ouvrage, et qui depuis longtemps a disparu aux yeux du public, il déclare tous les livres anciens ou nouveaux, qu'on imprime ou imprimera désormais sous son nom, en quelque lieu que ce soit, ou faux ou altérés, mutilés et falsifiés, avec la plus cruelle malignité, et les désavoue, les uns comme n'étant plus son ouvrage, et les autres comme lui étant faussement attribués. L'impuissance où il est de faire arriver ses plaintes aux oreilles du public lui fait tenter pour dernière ressource de remettre à diverses personnes des copies de cette déclaration, écrites et signées de sa main (...)[2]. »

Cette analyse de Rousseau par Derrida peut être comparée à celle formulée par Deleuze à propos de Platon dans « Platon et le simulacre[3] ». En effet, Deleuze montre que dans sa chasse au sophiste et sa hantise du simulacre, Platon met tout en œuvre pour maintenir la distinction entre l'original et la copie, entre l'être des choses et l'apparence. Deleuze montre que l'opération de la sophistique consiste justement à faire proliférer les simulacres, c'est-à-dire l'apparence d'apparence – il appelle « puissance du simulacre » l'impossibilité de toute distinction entre l'original et la copie, entre l'être et l'apparence. Selon Deleuze, la pensée de Platon ne parvient pas à dissimuler qu'il n'y a que des simulacres et de la simulation, il ne parvient pas à arrêter le devenir-copie de l'original ni à empêcher que l'être ne devienne une apparence d'apparence. Loin de cette confusion généralisée qui permet à Deleuze d'affirmer joyeusement la puissance politique du nomadisme, l'analyse de Derrida se veut plus retorse et plus exigeante : à aucun moment il ne s'agit d'affirmer qu'il n'y

1. Platon, lettre VI, citée dans *La carte postale*.

2. Déclaration relative à différentes réimpressions de ses ouvrages, Paris, 23 janvier 1774.

3. *Logique du sens*, Minuit, Paris, 1969, pp. 292-307.

a ni source, ni origine, ni présence dans le texte de Rousseau ; il s'agit plutôt de faire apparaître que le supplément de l'origine est à l'origine de l'origine, et qu'il est toujours déjà là : il ne survient donc pas après coup et il n'y a que du supplément et de l'après-coup à l'origine. La *préséance* est donc la temporalité paradoxale du supplément et de la supplémentarité.

Tout le secret de l'opération du supplément (et de l'opération de lecture de Derrida) tient donc dans la logique temporelle folle de la préséance ; préséance que Derrida laisse entrevoir par une marque de grammaire étrange : « L'origine aura(it) dû être pure. » La pureté de l'origine est en effet conjuguée par Rousseau au futur antérieur (« aurait »), c'est le futur d'un passé et d'une antériorité, c'est donc un futur passé ; il y a en ce sens un retard de la pureté sur l'origine et l'impureté devient alors l'origine de la pureté, si bien que la pureté désirée par Rousseau ne peut être alors que rétrospective. Le futur antérieur (infléchi ironiquement par Derrida en conditionnel passé : « it » entre parenthèses) signifie que la pureté de l'origine, à l'origine, aurait dû être la condition inconditionnelle de tout et de tout supplément, mais elle devient conditionnelle et conditionnée par le supplément et par l'artifice de l'écriture. À l'origine de l'origine il y a le supplément de supplément, l'origine n'étant rien d'autre qu'un supplément de supplément.

On voit ici « à l'œuvre » une des ressources les plus fréquentes de la déconstruction : l'écart et le délai temporel surviennent dès l'origine et ils diffèrent toute immédiateté. Le temps est alors, comme dirait Hamlet, « hors de ses gonds », « *out of joint* ». L'après vient donc avant l'origine qui, elle, survient après coup, avec un retard et un délai qui lui sont constitutifs. Cette préséance du supplément ou de l'écriture entame irréversiblement la pureté et l'originarité de l'origine ; toute chronologie est alors renversée, ainsi que la hiérarchie rousseauiste des valeurs qui se fondait sur l'ordre chronologique.

3

LOGOCENTRISME ET ETHNOLOGIE
LÉVI-STRAUSS

Le livre de Derrida, *De la grammatologie*, se compose de deux parties, et la deuxième, qui s'intitule « nature, culture, écriture », occupe les trois quarts du livre. Le premier chapitre de cette partie est consacré à « la violence de la lettre : de Lévi-Strauss à Rousseau », et précède deux chapitres concernant plus spécifiquement le texte de Rousseau : « ... ce dangereux supplément... » et « Genèse et structure de l'*Essai sur l'origine des langues* ».

Dès l'entame du chapitre, Derrida réaffirme que la tradition occidentale s'est constituée dans son rapport à l'écriture et dans une relation de défense à celle-ci : « La métaphysique a constitué un système de défense exemplaire contre la menace de l'écriture. Ou qu'est-ce qui lie l'écriture à la violence ? Que doit être la violence pour que quelque chose en elle s'égale à l'opération de la trace [1] ? » C'est parce que l'écriture est conçue par la métaphysique occidentale comme une menace qu'elle est associée, chez Lévi-Strauss comme chez Rousseau, à une certaine violence.

À l'intérieur de ce système d'exclusion métaphysique, l'ethnologie lévi-straussienne se spécifie comme « phonologisme » : « Le *phonologisme*, c'est sans doute, à l'intérieur de la linguistique comme de la métaphysique, l'exclusion ou

1. *De la grammatologie*, *op. cit.*, p. 149.

l'abaissement de l'écriture. Mais c'est aussi l'autorité accordée à une science (la phonologie) qu'on [Lévi-Strauss] veut considérer comme le modèle de toutes les sciences dites humaines. En ces deux sens le structuralisme de Lévi-Strauss est un phonologisme[1]. »

Ce qui intéresse particulièrement Derrida, c'est la relation de l'ethnologie lévi-straussienne à la pensée de Rousseau : « Lévi-Strauss ne se sent pas seulement *accordé* à Jean-Jacques, son héritier par le cœur et ce qu'on pourrait appeler l'affect théorique. Il se présente aussi souvent comme le disciple moderne de Rousseau, il le lit comme l'*instituteur* et non seulement comme le prophète de l'ethnologie moderne[2]. » La question que se pose alors Derrida vis-à-vis de ce « rousseauisme déclaré et militant » est la suivante : « Dans quelle mesure l'appartenance de Rousseau à la métaphysique logocentrique et à la philosophie de la présence – appartenance que nous avons déjà pu reconnaître et dont nous avons à dessiner la figure exemplaire – assigne-t-elle des limites à son discours scientifique[3] ? »

Dans *Tristes Tropiques*, écrit en 1955, l'épisode intitulé « La leçon d'écriture » permet à Lévi-Strauss de montrer que les Indiens Nambikwara sont « un peuple sans écriture ». Les Nambikwara « utilisent plusieurs dialectes, plusieurs systèmes selon les situations[4] » et « l'emploi du nom propre est chez eux interdit », remarque Lévi-Strauss. Derrida découvre au contraire, dans *De la grammatologie*, que l'effacement du nom propre, loin d'être le fait d'un « peuple sans écriture », comme l'affirme Lévi-Strauss, est la structure universelle de l'écriture ou du *graphein* : « Il y a écriture dès que le nom propre est raturé dans un système. Il y a "sujet" dès que cette oblitération du propre se produit, c'est-à-dire dès l'apparaître du propre et dès le premier matin du langage[5]. »

1. *Ibid.*, p. 151.
2. *Ibid.*, p. 154.
3. *Ibid.*, p. 155.
4. *Ibid.*, p. 158.
5. *Ibid.*, p. 159.

D'un ethnocentrisme à l'autre

À partir de là, Derrida conteste la pertinence, la rigueur et la réalité du concept ethnologique de « peuple sans écriture ». L'innocence et la non-violence des Nambikwara avant la pénétration de l'écriture dans leur société sont la marque la plus sûre du logocentrisme de Lévi-Strauss, elles signent l'appartenance de son ethnologie à l'ethnocentrisme le plus profond : « Si l'on cesse d'entendre l'écriture en son sens étroit de notation linéaire et phonétique, on doit pouvoir dire que toute société capable de produire, c'est-à-dire d'oblitérer ses noms propres et de jouer de la différence classificatoire, pratique l'écriture en général. À l'expression de "société sans écriture" ne répondrait donc aucune réalité ni aucun concept. Cette expression relève de l'onirisme ethnocentrique de l'écriture. Le mépris de l'écriture, notons-le au passage, s'accommode fort bien de cet ethnocentrisme.[1] » Le concept « vulgaire », « ethnocentrique » de l'écriture, celui à partir duquel Lévi-Strauss comprend le rapport et l'usage de l'écriture chez les Nambikwara, est défini par le refus d'accorder « la dignité d'écritures aux signes non alphabétiques » rencontrés chez ces Indiens d'Amérique latine.

Non seulement le discours de Lévi-Strauss sur l'écriture des Nambikwara est fondamentalement ethnocentrique, mais il est surtout animé par une eschatologie métaphysique de la présence pleine, eschatologie qui débouche sur un effacement des différences, voire des antagonismes ethnologiques. Comme l'écrit Lévi-Strauss : « S'il est vrai que la nature a expulsé l'homme et que la société persiste à l'opprimer, l'homme peut au moins inverser à son avantage les pôles du dilemme, et rechercher la société de la nature pour y méditer sur la nature de la société[2]. » Étudier les Nambikwara ne signifie pas s'intéresser à leur différence ni à leur singularité, mais faire apparaître leur « mêmeté » et leur appartenance à l'humanité. Il ne s'agit plus alors d'un ethnocentrisme relatif mais en quelque sorte d'un ethnocentrisme total.

1. *Ibid.*, p. 161.
2. C. Lévi-Strauss, *Tristes Tropiques*, Plon, Paris, 1955, p. 245.

Derrida commente cette méthode et ce projet lévi-straussien : « Les peuples européens ne sont pas seulement étudiés comme l'index d'une bonne nature enfouie, d'un sol natif recouvert, d'un "degré zéro" par rapport auquel on pourrait dessiner la structure, le devenir et surtout la dégradation de notre société et de notre culture. Comme toujours, cette archéologie est aussi une téléologie et une eschatologie ; rêve d'une présence pleine et immédiate fermant l'histoire, transparence et indivision d'une parousie, suppression de la contradiction et de la différance[1]. »

Le texte de Lévi-Strauss « installe incontestablement une prémisse – la bonté ou l'innocence des Nambikwara – indispensable à la démonstration qui suivra de l'intrusion de la violence et de l'écriture[2]. » L'ethnologue prend donc le contre-pied de « ceux qui, jésuites, missionnaires, protestants, ethnologues américains, techniciens de la ligne, ont cru percevoir de la violence ou de la haine chez les Nambikwara » ; ils « ne se sont pas seulement trompés, ils ont probablement projeté sur eux leur propre méchanceté[3] ». L'idée de la bonté des Nambikwara – autorisée par un concept ethnocentrique de l'écriture selon lequel ce peuple serait « sans écriture » – s'oppose à la « projection » de la méchanceté occidentale sur les Indiens. On a donc affaire à un fantasme ethnocentrique (celui de Lévi-Strauss) opposé, selon Lévi-Strauss, à une « projection » ethnocentrique (celle des jésuites, des missionnaires...) ; Derrida fait ainsi apparaître dans l'ethnologie des Nambikwara le jeu d'un ethnocentrisme contre un autre. La question se pose alors de savoir si l'ethnologie peut s'affranchir de l'ethnocentrisme et comment elle le peut. Derrida met justement dos à dos deux thèses : celle de la méchanceté et celle de la bonté des Nambikwara. « Jamais (...) un philosophe rigoureux de la conscience n'aurait si vite conclu à la bonté foncière et à l'innocence virginale des Nambikwara sur la foi d'une relation empirique. Du point de vue de la science ethnologique, cette relation est aussi surprenante que pouvait

1. *De la grammatologie*, *op. cit.*, p. 168.
2. *Ibid.*, p. 171.
3. *Ibid.*, p. 170.

être “navrante”, c’est le mot de Lévi-Strauss, celle du méchant ethnologue américain [1]. » L’ethnocentrisme de Lévi-Strauss est d’autant plus profond et irréductible qu’il se pense comme un anti-ethnocentrisme : « ethnocentrisme dans la conscience d’un progressisme libérateur [2]. »

Il apparaît que l’ethnocentrisme éminemment retors du texte de Lévi-Strauss vient limiter la science ethnologique à son corps défendant : « L’ethnocentrisme traditionnel et fondamental qui, s’inspirant du modèle de l’écriture phonétique, sépare à la hache l’écriture de la parole, est donc manié et pensé comme un anti-ethnocentrisme. Il soutient une accusation éthico-politique : l’exploitation de l’homme par l’homme est le fait des cultures écrivantes de type occidental. De cette accusation sont sauvées les communautés de la parole innocente et non oppressive. » C’est l’écriture qui introduit la violence dans la société, elle est essentiellement un instrument d’oppression, d’exploitation et d’asservissement : l’ethnocentrisme dénoncé par Lévi-Strauss reste aveugle à cette intrusion de la violence par l’écriture, parce qu’il ignore la bonté originaire des Nambikwara. Mais comme le montre Derrida, c’est un autre présupposé ethnocentrique – la bonté des Nambikwara – qui permet d’affirmer que l’écriture n’est qu’un instrument d’oppression. La posture ethnocentrique de Lévi-Strauss est en quelque sorte de second degré par rapport à l’ethnocentrisme simple des « jésuites, missionnaires, protestants, ethnologues américains... », elle s’efface elle-même : « Le partage entre peuples à écriture et peuple sans écriture, si Lévi-Strauss en reconnaît sans cesse la pertinence, est aussitôt effacé par lui dès lors qu’on voudrait par ethnocentrisme lui faire jouer un rôle dans la réflexion sur l’histoire et sur la valeur respective des cultures. On accepte la différence entre peuples à écriture et peuple sans écriture, mais on ne tiendra pas compte de l’écriture en tant que critère de l’historicité ou de la valeur culturelle. On évitera en apparence l’ethnocentrisme au moment même où

1. *Ibid.*, p. 178.
2. *Ibid.*, p. 175.

il aura opéré en profondeur imposant silencieusement ses concepts courants de la parole et de l'écriture [1]. »

Après avoir en effet distingué les peuples sans écriture des peuples à écriture, Lévi-Strauss neutralise cette différence et efface ainsi son ethnocentrisme ; il peut alors présenter celui-ci sous la figure de l'anti-ethnocentrisme : s'il y a des sociétés sans écriture, elles ne sont pas pour autant des sociétés sans histoire, il y a seulement entre elles des différences de température, il y a des sociétés « froides » et des sociétés « chaudes ». L'écriture n'est alors plus le critère de l'historicité d'une société. Lévi-Strauss peut ainsi effacer son ethnocentrisme en contestant l'évaluation et la hiérarchisation des cultures.

Le nom de l'écriture

Derrida montre le caractère décisif de l'épisode intitulé « La leçon d'écriture » qu'on peut lire dans *Tristes Tropiques* : « Le chef Nambikwara apprend l'écriture de l'ethnographe, il apprend d'abord sans comprendre, il mime l'écrire plutôt qu'il ne comprend sa fonction de langage ; ou plutôt il comprend sa fonction profonde d'asservissement avant de comprendre son fonctionnement, ici accessoire, de communication, de signification, de tradition d'un signifié. Mais la leçon d'écriture est aussi la leçon de l'écriture ; enseignement que l'ethnologue croit pouvoir induire au cours d'une longue méditation, lorsque, luttant dit-il contre l'insomnie, il réfléchit sur l'origine, la fonction et le sens de l'écriture [2]. »

On peut lire aussi ce qu'écrit Lévi-Strauss : « On se doute que les Nambikwara ne savent pas écrire ; mais ils ne dessinent pas davantage, à l'exception de quelques pointillés ou zigzags sur leurs calebasses. Comme les Caduveo, je distribuai pourtant des feuilles de papier et des crayons dont ils ne firent rien au début ; puis un jour, je les vis tous occupés à tracer sur le papier des lignes horizontales ondulées. Que voulaient-ils donc faire ? Je dus me rendre à l'évidence : ils écrivaient, ou plus exactement, cherchaient à faire de leur

1. *Ibid.*, p. 177-178.
2. *Ibid.*, p. 178.

crayon le même usage que moi, le seul qu'ils pussent alors concevoir, car je n'avais pas encore essayé de les distraire avec mes dessins. Pour la plupart l'effort s'arrêtait là ; mais le chef de la bande voyait loin. Seul, sans doute, il avait compris la fonction de l'écriture. »

Derrida remarque que Lévi-Strauss avait déjà rapporté cette scène dans sa thèse sur les Nambikwara : *La vie familiale et sociale des Indiens Nambikwara*, en 1948. Mais dans cette thèse il n'omettait pas de dire que les Nambikwara donnèrent un nom à l'acte d'écrire : « Ils appelèrent d'ailleurs l'acte d'écrire iekariukedjutu, c'est-à-dire "faire des raies...". » Derrida commente ainsi la signification de cette incise dans la thèse de Lévi-Strauss : « Il est bien évident que la traduction littérale des mots qui veulent dire "écrire" dans les langues des peuples à écriture réduirait aussi ce mot à une signification gestuelle assez pauvre. » C'est effectivement l'effet produit par le syntagme « faire des raies » qui traduit littéralement le nom indien de l'écriture.

Derrida poursuit : « C'est un peu comme si l'on disait que telle langue n'a aucun mot pour désigner l'écriture – et que par conséquent ceux qui la pratiquent ne savent pas écrire – sous prétexte qu'ils se servent de ce mot qui veut dire "gratter", "graver", "griffer", "écorcher", "inciser", "tracer ", "imprimer", etc. Comme si écrire, en son noyau métaphorique, voulait dire autre chose. L'ethnocentrisme n'est-il pas toujours trahi par la précipitation avec laquelle il se satisfait de certaines traductions ou de certains équivalents domestiques ? Dire qu'un peuple ne sait pas écrire parce qu'on peut traduire par "faire des raies" le mot dont il se sert pour désigner l'acte d'inscrire, n'est-ce pas comme si on lui refusait la « parole » en traduisant le mot équivalent par "crier", "chanter" ou "souffler"[1] ? »

De la leçon qu'il tire de « la leçon d'écriture », Lévi-Strauss dégage une première signification : « L'apparition de l'écriture est *instantanée*. Elle n'est pas préparée. Un tel saut prouverait que la possibilité de l'écriture n'habite pas la parole (...) L'écriture avait donc fait son apparition chez les Nam-

1. *Ibid.*, p. 189.

bikwara mais non point comme on aurait pu l'imaginer, au terme d'un apprentissage laborieux[1]. » Pour Derrida, on sait « que ce caractère de soudaineté appartient à tous les phénomènes de diffusion ou de transmission de l'écriture. Il n'a jamais pu qualifier l'apparition de l'écriture qui a été au contraire laborieuse, progressive, différenciée dans ses étapes. Et la rapidité de l'emprunt, quand il a lieu, suppose la présence préalable de structures qui le rendent possible[2]. » La scène de l'écriture de Lévi-Strauss n'est donc « pas la scène de l'*origine*, seulement celle de l'*imitation* de l'écriture[3]. »

La deuxième signification qui est dégagée de l'épisode est la suivante : « Puisqu'ils ont appris sans comprendre, puisque le chef a fait un usage efficace de l'écriture sans en connaître ni le fonctionnement ni le contenu par elle signifié, c'est que la finalité de l'écriture est politique et non théorique, "sociologique plutôt qu'intellectuelle"[4]. » Lévi-Strauss précise : « Si mon hypothèse est exacte, il faut admettre que la fonction primaire de la communication écrite est de faciliter l'asservissement. » Derrida fait un premier commentaire concernant la fonction politique de l'écriture : « On sait depuis longtemps que le pouvoir de l'écriture aux mains d'un petit nombre, d'une caste ou d'une classe, a toujours été contemporain de la hiérarchisation, nous dirons de la différance : à la fois distinction des groupes, des classes et des niveaux du pouvoir économico-technico-politique, et délégation de l'autorité, puissance différée, abandonnée à un organe de capitalisation. L'écriture a bien une fonction politique, mais Lévi-Strauss assimile cette dimension irréductible de l'écriture à un instrument d'oppression, d'aliénation, d'exploitation et d'asservissement. »

Derrida conteste cette assimilation et cette confusion : « Dans le texte, Lévi-Strauss ne fait aucune différence entre hiérarchisation et domination, entre autorité politique et exploitation. La note qui commande ces réflexions est celle d'un anarchisme confondant délibérément la loi et l'oppres-

1. *Ibid.*, pp. 184-185.
2. *Ibid.*, p. 185.
3. *Ibid.*
4. *Ibid.*

sion. L'idée de loi et de droit positif, qu'il est difficile de penser dans leur formalité, dans cette généralité que nul n'est censé ignorer avant la possibilité de l'écriture, est déterminée par Lévi-Strauss comme contrainte et asservissement. Le pouvoir politique ne peut être que le détenteur d'une puissance injuste. Thèse classique et cohérente, mais ici avancée comme allant de soi, sans que le moindre dialogue critique soit amorcé avec les tenants de l'autre thèse, selon laquelle la généralité de la loi est au contraire la condition de la liberté dans la cité [1]. » Comment Lévi-Strauss peut-il alors se réclamer et s'autoriser de Rousseau, qui est le tenant le plus classique de cette autre thèse ?

Derrida accorde à Lévi-Strauss que l'écriture est constitutivement violente, mais, à la différence de Lévi-Strauss, il ne réduit pas l'écriture à une possibilité d'asservissement et il ne peut croire au mythe d'une parole originairement non violente, qui serait antérieure et extérieure à l'écriture : « En rappelant dans cette introduction que la violence n'a pas attendu l'apparition de l'écriture au sens étroit, que l'écriture a toujours déjà commencé dans le langage, nous conclurons comme Lévi-Strauss que la violence est l'écriture. Mais pour être issue d'un autre chemin, cette proposition a un sens radicalement différent. Elle cesse d'être appuyée au mythe du mythe, au mythe d'une parole originellement bonne et d'une violence qui viendrait fondre sur elle comme un fatal accident [2]. »

L'explication de Derrida avec Lévi-Strauss aboutit au problème de la signification archi-éthique de l'écriture et à la différence entre Rousseau et Lévi-Strauss. « L'éthique de la parole vive serait parfaitement respectable, tout utopique et atopique qu'elle est (c'est-à-dire déliée de l'*espacement* de la différance comme écriture), elle serait respectable comme le respect lui-même si elle ne vivait pas d'un leurre et du non-respect de sa condition d'origine, si elle ne rêvait pas dans la parole la présence refusée à l'écriture, refusée par l'écriture. L'éthique de la parole est le *leurre* de la présence maîtrisée [3]. »

1. *Ibid.*, p. 191.
2. *Ibid.*, p. 195.
3. *Ibid.*, p. 201.

L'écriture, entendue comme dérobement de la présence, est l'origine de l'éthique, et la maîtrise de la présence est un leurre.

« Reconnaître l'écriture dans la parole, c'est-à-dire la différance et l'absence de la parole, c'est commencer à penser le leurre. Il n'y a pas d'éthique sans présence de l'*autre* mais aussi et par conséquent sans absence, dissimulation, détour, différance, écriture. L'archi-écriture est à l'origine de la moralité comme de l'immoralité. Ouverture non éthique de l'éthique. Ouverture violente [1]. » L'éthique comme rapport à l'autre ne suppose pas la présence pleine et transparente des individus les uns aux autres par la parole, mais elle exige au contraire de penser l'impossibilité de la maîtrise de cette présence. Si la maîtrise de la présence avait lieu, il n'y aurait plus d'éthique ni de rapport possible à l'altérité de l'autre. L'éthique suppose donc ce que Derrida nomme « archi-éthique » et qu'il pense comme « absence, dissimulation, détour, différance, écriture » de la présence. L'archi-écriture est la possibilité de la morale comme de l'immoralité, elle est la violence qui peut devenir asservissement ou libération ; elle n'est donc pas écriture au sens restreint du terme, opposée à la parole, mais écriture générale.

À la différence du texte de Lévi-Strauss, celui de Rousseau pense le leurre de la présence pleine et maîtrisée de la parole : « Uni au mépris de l'écriture, l'éloge de la portée de la voix est donc commun à Rousseau et à Lévi-Strauss. Néanmoins, dans des textes que nous devons lire maintenant, Rousseau se méfie aussi de l'illusion de la parole pleine et présente, de l'illusion de présence dans une parole qu'on croit transparente et innocente. C'est vers l'éloge du silence qu'est alors déporté le mythe de la présence pleine arrachée à la différance et à la violence du verbe [2]. » Autrement dit, le texte de Rousseau pense le dérobement de la présence pleine dans la parole. Derrida situe donc son travail dans la descendance de la subversion de la présence produite par le texte de Rousseau, mais c'est l'ouverture des questions heideggeriennes qui rendra possible le commencement de ce travail.

1. *Ibid.*, p. 202.
2. *Ibid.*

4

LA DÉCONSTRUCTION DE L'HUMANISME MÉTAPHYSIQUE HEIDEGGER

Les analyses de Derrida comptent parmi les rares lectures à même de prendre la mesure de la pensée de Heidegger et du bouleversement qu'elle a produit dans la philosophie : lire Heidegger à partir des présupposés de sa pensée, comme le fait Derrida, est la condition nécessaire pour que la déconstruction ait lieu. Nombreuses sont les prétendues analyses que défait par avance la puissance de l'axiomatique heideggerienne, elles échouent avant même d'avoir aperçu les rives de cette pensée, faute d'avoir pris en considération les règles de son jeu. Le travail de Derrida part au contraire de la détermination de l'être de l'homme comme *Dasein* chez Heidegger et des difficultés, voire des contradictions, qu'une telle détermination engendre. Les textes qui rythment son œuvre (des *Fins de l'homme* en 1968 à *Apories* en 1996, en passant par les trois textes recueillis dans *Heidegger et la question*, « La main de Heidegger » en 1983, « Différence sexuelle, différence ontologique » en 1985, « De l'esprit, Heidegger et la question » en 1987) analysent inlassablement comment Heidegger « reste pris dans l'humanisme métaphysique le plus profond » qu'il prétendait pourtant « détruire » ou « déconstruire » – le concept de « déconstruction » (*Abbau*), avant d'être thématisé par Derrida, se rencontre en effet dans le texte de Heidegger et dans celui de Freud.

S'il est impossible de restituer ici la complexité de la stratégie discursive mise en œuvre par Derrida dans son explication avec Heidegger, cette complexité nous fait cependant comprendre que seule la lecture la plus savante peut résister et subvertir une axiomatique d'une puissance équivalente à celle de Heidegger. Seule une fidélité excessive à une pensée permet en réalité de s'en libérer et d'ouvrir cette pensée à l'avenir.

Être et Temps, autrement que la métaphysique

En 1927, dans son ouvrage le plus décisif (*Être et Temps*), Heidegger engage une explication avec la tradition occidentale qu'il nomme « métaphysique ». La métaphysique, pensée par Heidegger comme le mouvement unifié de la tradition, est définie comme « oubli de l'être » c'est-à-dire comme oubli de la « différence ontologique » entre l'être et l'étant. L'étant est ce qui est (l'animal, la chose, le *Dasein* c'est-à-dire l'être de l'homme), alors que l'être ne se donne qu'à même les étants et n'est pas. L'être est en ce sens un non-étant : un né-ant, un Rien, qui n'est pas rien ; l'être n'est pas et la confusion entre l'être et l'étant, autrement dit l'oubli de la différence ontologique, est proprement l'oubli de l'être ou « métaphysique » : l'oubli est en ce sens le nom de l'être. Lorsque les théologies conçoivent Dieu non comme un étant mais comme être suprême, ou bien quand Descartes pense l'être sous la figure d'un étant (l'ego dans l'acte de la cogitation), ils oublient la différence ontologique entre l'être et l'étant ; la pensée de Descartes comme les théologies qui pensent Dieu comme être oublient l'être et sa question. De la même manière, la détermination de l'homme comme espèce animale et comme vivant dans la science biologique fait appartenir cette dernière à la tradition métaphysique qui oublie la différence entre l'être de l'homme (*Dasein*) et l'être de l'animal. Du point de vue de la question de l'être, la science n'est donc pas moins métaphysique que la philosophie ou la théologie.

La thématisation et l'élaboration de la question de l'être ne peuvent alors avoir lieu que sous la figure d'une analyse de l'existence de cet étant privilégié qu'est le *Dasein*. En effet, le *Dasein* est « cet étant pour lequel il y va en son être de l'être », il est l'« étant exemplaire » en ce qu'il est le seul qui puisse penser et poser la question de l'être. La question de l'être, autrement dit la question de la pensée, va donc se lire à même l'analyse de l'existence du *Dasein* et à travers elle. Dans cette perspective, la métaphysique ne pense pas l'être, elle est l'oubli de la pensée. C'est pourquoi Heidegger s'autorise à dire de la science, qui occulte l'être des choses et n'a rapport qu'à des objets de représentation, qu'elle « ne pense pas, et ce n'est pas son problème ». L'oubli de l'être n'est pas un accident de la pensée, une défaillance ou une erreur, mais il est ce qui arrive à la pensée « de prime abord et la plupart du temps », il est la manifestation dans la pensée de l'« impropriété » (*uneigentlichkeit*) de l'existence du *Dasein*.

La pensée de l'être est ainsi appropriée à l'existence proprement dite, comme la métaphysique et l'oubli de l'être – qu'on rencontre sous la figure de la philosophie, de la science ou de la théologie – sont des manifestations de l'existence inappropriée et impropre du *Dasein*. La pensée est donc un mode de l'existence, car c'est l'existence qui pense et se rapporte à l'être qu'elle occulte ou qu'elle désocculte en se rapportant à elle-même. La science, la philosophie, la religion sont ainsi dérivées de l'existence impropre, elles sont des manifestations « propres » de l'existence impropre. Elles ne sont alors pas d'abord des élaborations conceptuelles ou théoriques, mais des manifestations existentielles, et en ce sens, c'est toujours d'abord l'existence qui (se) pense.

Si la philosophie appartient à la métaphysique, on peut alors dire que la pensée, à la différence de la philosophie, est incluse dans la métaphysique sans lui appartenir. La pensée de l'être, que Heidegger voit à l'œuvre d'abord dans l'art et la *Dichtung* (le Poème comme essence de l'art), ne peut en effet pas ne pas continuer à être incluse dans la métaphysique à laquelle elle n'appartient pourtant déjà plus. Autrement dit, on ne peut pas plus sortir de la métaphysique qu'il n'est possible de la dépasser ou de s'en affranchir ; il n'y a pas de dehors à la métaphysique, seulement des bords externes.

La pensée n'a donc lieu qu'à la frontière de la métaphysique, et il n'y a de pensée que de la limite : « Rien de ce que je tente n'aurait été possible sans l'ouverture des questions heideggeriennes. Et d'abord, puisque nous devons dire ici les choses très vite, sans l'attention à ce que Heidegger appelle la différence entre l'être et l'étant, la différence ontico-ontologique telle qu'elle reste d'une certaine manière impensée dans la philosophie. Mais, malgré cette dette à l'égard de la pensée heideggerienne, ou plutôt en raison de cette dette, je tente de reconnaître dans le texte heideggerien qui, pas plus qu'un autre, n'est homogène, continu, partout égal à la plus grande force et à toutes les conséquences de ses questions, je tente d'y reconnaître des signes d'appartenance à la métaphysique ou à ce qu'il appelle l'onto-théologie. Heidegger reconnaît d'ailleurs qu'il a dû, qu'on doit toujours emprunter, de manière économique et stratégique, les ressources syntaxiques et lexicales du langage de la métaphysique au moment même où on la déconstruit. Nous devons donc travailler à reconnaître ces prises métaphysiques [1]... » Il y a toujours différentes strates dans un texte, qui n'est jamais nulle part homogène ni identique à lui-même.

Comme le répète inlassablement Heidegger, le *Dasein*, défini comme l'étant qui a rapport à l'être, a pourtant « de prime abord et la plupart du temps » un non-rapport à l'être. Autrement dit, l'existence impropre est l'existence « normale », elle est la règle des existences, et l'analytique du *Dasein* est l'analytique de la quotidienneté. L'existence propre n'est que l'origine occultée par l'existence impropre, elle est ontologiquement pervertie et déchue dans l'existence impropre. Le *Dasein* ne peut alors poser la question de l'être, qui est la question de la pensée, que du milieu de la quotidienneté et de l'existence impropre. La question de l'être n'est rien d'autre pour le *Dasein* que la question du rapport de l'existence à elle-même, c'est-à-dire la tentative de l'existence pour s'approprier ce qu'elle est. La question de l'être

1. *Positions*, *op. cit.*, pp. 18-19.

ne peut donc jamais devenir la question de l'être lui-même, en tant que tel, car cette question ne peut être séparée de l'étant et de l'existence « exemplaire » qu'est le *Dasein* ; et les autres étants ne sont donc pas exemplaires parce que, selon Heidegger, il n'en va pas en leur être de l'être. Du point de vue de l'élaboration de la question de l'être comme analytique de l'existence du *Dasein*, les animaux n'auraient pas de rapport ontologique à l'être ni à sa question, et ils ne décideraient pas du sens de l'être. La question de l'être ne peut prendre la figure que de la question et de l'analyse de l'existence finie du *Dasein*. Le caractère apparemment circulaire d'une telle analytique du *Dasein* se complique d'autant plus qu'elle est l'analyse du rapport du *Dasein* à la mort et à la mortalité.

En effet, si pour le *Dasein* il y va en son être de l'être, c'est qu'il y va aussi en son être du néant, du non-étant ; le rapport existentiel du *Dasein* à l'être est le rapport du *Dasein* à son pouvoir être le plus propre : son pouvoir ne plus être là ou son « ne plus pouvoir être là », autrement dit sa mort. Si l'existence impropre est une absence de rapport à la mort, l'existence propre est rapport au non-rapport qu'est la mort, car il n'y a pas de rapport possible à la mort en tant que telle, pas plus d'ailleurs qu'à l'être en lui-même. Il ne peut y avoir de rapport qu'à un non-rapport, de rapport qu'à ce que Derrida nomme une « aporie ».

La déconstruction de l'humanisme métaphysique

Derrida montre, à travers des travaux qui s'étendent sur plus de trente ans, comment la radicalité de la pensée de Heidegger ne permet pourtant pas à celle-ci de se soustraire à ce qu'elle prétend déconstruire ; le texte de cette pensée continue d'appartenir à ce dont elle prétend démonter les présupposés : l'humanisme métaphysique « le plus profond ».

La stratégie de Derrida ne consiste pas à opposer à Heidegger ce qu'il a plus qu'aucun autre décomposé : il ne s'agit pas de soumettre le texte à des questions qu'il aurait destituées par avance. Dès 1968, le travail que Derrida engage à l'égard des textes de Heidegger est des plus exigeants : « Il ne s'agit pas ici d'enfermer le texte heideggerien dans une clôture qu'il a mieux que tout autre délimité [1]. » Il ne faut donc pas oublier que « c'est même contre l'humanisme qu'est dirigée la "destruction" de la métaphysique ou de l'ontologie classique [2] » qu'on peut voir à l'œuvre dans *Être et Temps*. Derrida va donc montrer que celui qui a délimité la métaphysique et en a fait apparaître les principes répète pourtant ce qu'il délimite. Une telle répétition signifie que la pensée est soumise à des lois et à des contraintes qui structurent d'avance tous les discours et toutes les positions, tous les engagements et toutes les stratégies.

Ainsi le projet de Heidegger est menacé de ruine par lui-même, il ne parvient en effet jamais à s'élaborer au niveau de radicalité exigé par sa propre entreprise de « destruction » de la métaphysique : il s'éloigne du discours métaphysique le plus traditionnel mais est aussitôt ramené au port de l'humanisme métaphysique le plus profond. Derrida, analysant *Être et Temps* et « La lettre sur l'humanisme », écrit dans un texte où il interroge conjointement le contexte français des lectures existentialistes-humanistes de Heidegger, et la possibilité démocratique de questionner les présupposés de l'humanisme : « De même que le *Dasein* – l'étant que nous sommes nous-mêmes – sert de texte exemplaire, de bonne "leçon" pour l'explicitation du sens de l'être, de même le nom de l'homme reste le lieu ou le fil conducteur paléonymique qui relie l'analytique du *Dasein* à la totalité du discours traditionnel de la métaphysique [3]. » Autrement dit, énoncé de manière économique, « on voit donc que le *Dasein*, s'il *n*'est *pas* l'homme, *n*'est pas *autre chose* que l'homme ». Le *Dasein* n'est pas l'homme et la question de l'être n'est pas ontologique au sens métaphysique. Il faut comprendre que l'humanisme de Heidegger « se veut certes non métaphysique [4]. » La déconstruc-

1. « Les fins de l'homme », in *Marges*, *op. cit.*, p. 147.
2. *Ibid.*, p. 140.
3. « Les fins de l'homme », *Marges*, *op. cit.*, p. 150.
4. *Heidegger et la question*, « Geschlecht II », Champs-Flammarion, Paris, 1990, p. 193.

tion fait apparaître que l'humanisme non métaphysique de Heidegger est fondamentalement métaphysique et qu'il obéit aux contraintes traditionnelles auxquelles il tente de se soustraire. La tentative de Heidegger est pourtant loin d'être vaine puisqu'elle ouvre peut-être la possibilité d'une pensée autre que métaphysique.

La pensée heideggerienne du *Dasein* et de l'être de l'homme se tient donc sur le fil qui délimite la métaphysique et par rapport auquel il n'y a pas de dehors. Heidegger repense l'essence de l'homme en remontant en deçà de tous les concepts traditionnels qui déterminent l'homme, mais ne peut pourtant pas passer au-delà de la métaphysique, ni en deçà.

C'est pourquoi le texte de Heidegger « autorise » et produit d'une certaine manière les plus graves contresens qui sont commis sur son sens et son projet. Ce texte reste en ce sens complice de ce qu'il prétend « détruire » parce qu'il ne déconstruit pas mais réinvestit les présupposés humanistes de la métaphysique : « Dans la question de l'être, telle qu'elle est posée à la métaphysique, homme et le nom de l'homme ne sont pas déplacés [1]. » Derrida montre alors que la lecture anthropologiste et humaniste de Heidegger (notamment la traduction de *Dasein* par « réalité-humaine » qu'on rencontre chez Sartre) n'est ni un accident ni une erreur d'interprétation, mais qu'elle est inévitable et résulte du rapport compliqué de Heidegger à la métaphysique. « C'est la subtilité et l'équivoque de ce geste qui ont évidemment autorisé tous les gauchissements anthropologistes dans la lecture de *Sein und Zeit* [Être et Temps], notamment en France [2]. » L'appartenance de la pensée de Heidegger à l'humanisme métaphysique le plus profond est inséparable de la question de l'animalité.

1. *Ibid.*, p. 153.
2. *Ibid.*, p. 151.

L'animal, parasite de la logique du propre

En effet, le problème de l'animalité, déterminant pour la cohésion de la pensée de Heidegger, complique et inquiète la stratégie de distinction et d'appropriation du *Dasein.* La thèse de Heidegger sur l'animal met en jeu le concept de monde. Heidegger écrit en effet que la pierre est sans monde, que l'animal est pauvre en monde, et que l'homme est formateur de monde (notamment dans l'*Introduction à la métaphysique*). Derrida commente : « l'animal peut avoir un monde puisqu'il accède à l'étant, mais il est privé de monde parce qu'il n'accède pas à l'étant comme tel et dans son être [1] », autrement dit « l'animal n'a pas de monde, l'animal a un monde. Et donc l'animal a et n'a pas d'esprit [2] ». La situation de l'animal dans l'axiomatique de Heidegger produit alors des tensions qui déconstituent le dispositif de cette pensée.

Encore une fois, la clarté de la langue et de la pensée de Derrida révèle dans le texte de Heidegger ce qui se dérobait au regard : qu'il y a deux discours « incompatibles » contenus en un seul. L'animal a un rapport au monde, mais un rapport autre, un rapport au monde qui ne peut être que déterminé privativement par rapport à ce qui sert d'étalon pour prendre la mesure de l'animalité : l'être-dans-le-monde du *Dasein.* Derrida remarque que « les difficultés s'accumulent déjà entre deux valeurs incompatibles dans leur "logique", celle du manque [de monde], et celle de l'altérité [d'un rapport autre au monde] ».

L'animal est donc impensable selon la logique mise en place par Heidegger, il inquiète et déstabilise cette pensée dans son ensemble et, par conséquent, déstabilise les fondements de l'humanisme ; car s'« il n'y a pas de *Dasein* animal, puisque le *Dasein* se caractérise par l'accès au "comme tel" de l'étant et à la possibilité corrélative du questionnement [3] », si l'animal n'est pas un *Dasein*, il n'est pas non plus déter-

1. *De l'esprit, op. cit.*, p. 65.
2. *Ibid.*, p. 64.
3. *Ibid.*, p. 70.

minable ontologiquement et de manière positive à l'intérieur du discours de l'humanisme métaphysique. En effet, l'humanisme et la pensée de Heidegger ont et n'ont pas rapport à l'animal ; l'un comme l'autre pensent et ne pensent pas l'être de l'animal, puisqu'ils ne parviennent pas à déterminer son être autrement que relativement à l'être de l'homme. Si Heidegger prétend penser le temps « à partir du temps », jamais il ne revendique la même exigence en ce qui concerne l'animal, jamais Heidegger ne tente de comprendre l'animal à partir de l'animal. Ainsi, lorsqu'on lit l'analytique existentiale dans *Être et Temps* – la question de l'être élaborée comme analyse de l'existence du *Dasein* – et qu'on essaie de comprendre la nature du statut accordé à l'animal, « on ne sait plus quelle modalité d'être réserver à l'animal [1] ».

Les difficultés éprouvées par Heidegger pour penser l'animal sont des signes de la limitation de la pensée heideggerienne de la vie et du vivant. Dans « Différence sexuelle, différence ontologique », Derrida écrit qu'on se demande « alors ce qu'est l'être d'une vie qui n'est que vie [une vie animale], qui n'est ni ceci ni cela, ni *vorhanden* ni *Dasein*. Heidegger n'a jamais élaboré cette ontologie de la vie, mais on peut imaginer les difficultés qu'elle aurait accumulées [2] ».

L'incapacité du texte de Heidegger à déterminer l'être de l'animal, comme à penser l'être de la vie, rend problématique ce qu'il dit de la mort et ce qu'il ne parvient pas à en dire. Si l'analytique du *Dasein* est en effet une analytique de la mortalité et du rapport à la mort, la limitation de ce qu'elle dit de la mort et l'impossibilité dans laquelle elle se trouve de déterminer l'être de la vie comme de la mort déstabilisent la pensée de Heidegger et déconstruisent son texte. « Qu'est-ce que la mort pour un *Dasein* qui n'est pas défini de façon essentielle comme un vivant ? » Il s'agit par conséquent « de se demander quel contenu sémantique on peut donner à la mort dans un discours pour lequel l'expérience de la mort reste sans rapport à la vie du vivant [3] ».

1. *Ibid.*
2. *Ibid.*, p. 168.
3. *Ibid.*, p. 70.

La prétention de Heidegger à élaborer une ontologie fondamentale à partir d'une analytique existentiale, autrement dit une ontologie générale à partir de l'ontologie du *Dasein*, est ici ruinée dans son principe. Quand Derrida écrit, à propos des « difficultés » dans lesquelles est pris le texte de Heidegger, qu'elles « font peser sur l'ensemble de sa pensée les conséquences d'une grave hypothèque [1] », cela ne signifie pas que cette pensée serait réfutée par les difficultés qu'elle produit, mais plutôt qu'elle est « hypothéquée », qu'elle ne s'appartient plus et qu'elle doit alors être repensée à partir d'une pensée de la vie, de la mort, de l'animal.

Les difficultés qu'engendre la pensée de Heidegger ne diminuent pas l'intérêt de ce qu'il dit mais en augmentent au contraire la force et l'originalité : on peut le vérifier avec la « logique de la présupposition [2] » que Derrida voit à l'œuvre dans les textes de Heidegger. C'est cette logique qui fait que si le *Dasein* peut « décéder » (*verenden*), c'est-à-dire mourir d'un point de vue légal et juridique, c'est *d'abord* parce que et en tant qu'il est « mortel » ; ce n'est donc pas en tant que vivant que le *Dasein* a rapport à la mort, puisqu'il n'est pas *d'abord* (logique de la présupposition) un vivant et que le vivant comme tel (par exemple l'animal) ne meurt pas, n'a pas rapport à la mort. De ce point de vue, la logique de la « présupposition » est ce qui tient séparée la mort de la vie. Non seulement l'analytique du *Dasein* est présupposée par les discours bio-logiques, mais « l'ontologie du *Dasein* est préalable en droit et logiquement à une ontologie de la vie [3] ». C'est pourquoi toute bio-logie et toute détermination biologique du vivant ou de l'homme appartiennent, selon Heidegger, à la métaphysique en tant qu'elle oublie l'être du *Dasein* différent de l'être du vivant.

Dans *Apories*, Derrida commente longuement une logique qui recèle en son économie beaucoup de difficultés. Heidegger écrit en effet : « La bête n'en est pas non plus capable [de l'expérience de la mort comme mort]. Mais la bête ne peut

1. *Ibid.*, p. 71.
2. *Apories*, Galilée, Paris, 1996, p. 57.
3. *Ibid.*, p. 60.

pas non plus parler. » Derrida feint de protester et envisage « qu'il n'y ait pas de lien essentiel et irréductible entre les deux, entre le "comme tel" et la parole, et qu'un être puisse se rapporter à la mort elle-même sans langage, et justement là où le mot se brise ou fait défaut[1] ». Mais il concède aussitôt que le texte de Heidegger répond par avance à cette « objection » : « Mais Heidegger ne manquera pas de rappeler, comme il le fait toujours, que cette défaillance ou ce suspens appartiennent encore à la possibilité du langage[2]. »

C'est en poussant jusqu'à ses limites l'argument de Heidegger que celui-ci se renverse et se déconstruit. Derrida se fait en quelque sorte plus « heideggerien » que Heidegger afin de l'être moins : faut-il que « la croyance à une expérience de la mort comme telle, comme le discours accréditant cette croyance à une expérience de la mort elle-même et comme telle, dépende au contraire d'une capacité de parler et de nommer, mais au lieu de nous donner une assurance de plus quant à l'expérience de la mort comme mort, en vienne alors à perdre le comme tel dans et par le langage qui procurerait ici une illusion : comme s'il suffisait, et ce serait l'illusion ou le phantasme, de dire la mort pour avoir accès au mourir comme tel[3] ».

Derrida repense et différencie donc les trois phénomènes que Heidegger identifie : dire la mort, avoir rapport à la mort comme telle, mourir. Dire la mort, affirme Derrida, ce n'est pas avoir accès au mourir comme tel : le langage ne garantit en effet pas l'accès à l'être de la mort, puisque le *Dasein*, pas plus que l'animal, n'a accès à la mort comme telle. Le rapport à la mort *comme telle* est impossible, et le rapport à ce non-rapport est impossible (alors que pour Heidegger le *Dasein* se définit justement comme l'étant à même d'avoir rapport à ce non-rapport). Derrida résiste avec force au discours traditionnellement métaphysique de Heidegger sur l'animal : « ... les animaux ont un rapport très signifiant à la mort, au meurtre et à la guerre (donc aux frontières), au deuil

1. *Ibid.*, p. 71.
2. *Ibid.*
3. *Ibid.*

et à l'hospitalité, etc., même s'ils n'ont pas rapport à la mort comme telle et au "non" de la mort comme telle. Ni du même coup à l'autre comme tel, à la pureté comme telle de l'altérité de l'autre comme telle [1] ». Pour Heidegger la mort est la possibilité de l'impossibilité, alors que pour Derrida elle est l'impossibilité de toute possibilité.

La mort interdit rigoureusement tout rapport comme tel à ce qu'elle est ; on ne fait pas l'expérience de la mort, aporie philosophique bien connue : quand je suis vivant elle est absente, et quand elle est là je ne suis plus là ; je ne la rencontre donc jamais. En ce sens, il n'y a jamais ni mort ni mourir comme tels, car la mort est sans présence et sans vérité, elle ne révèle rien, même pas son rien à révéler. Le mourir n'est donc pas le mouvement d'appropriation de soi dans l'épreuve de la différence d'avec soi. Pour Derrida, il ne peut donc plus y avoir aucun privilège de l'homme sur l'animal, ni de l'être de l'homme sur l'être de l'animal. Selon Heidegger, au contraire, l'animal a rapport à la mort, mais pas comme telle, et Derrida proteste : « Mais l'homme non plus justement ! Ni l'homme en tant que *Dasein*, de façon très rigoureuse [2]. » La mort comme la déconstruction signifient que l'homme est ontologiquement comme l'animal, il n'a aucun privilège et n'a pas de propre. Le « rapport » à la mort ne permet jamais au *Dasein* de s'approprier ce qu'il est, mais on ne peut pas non plus dire qu'il aurait rapport à la mort proprement dite. Le *Dasein* ne s'approprie pas ce qu'il est à travers le mouvement d'expropriation qu'est le mourir.

C'est donc la logique du texte de Heidegger qui produit les problèmes qui le déconstruisent, et ce sont les présupposés humanistes de ces textes qui se ruinent, comme d'eux-mêmes. Derrida écrit : « Mais il [Heidegger] a un besoin essentiel de cette distinction entre l'authentique et l'inauthentique [le propre et l'impropre], comme entre les différentes formes du finir que sont le mourir proprement dit, le périr, le décéder. Or de telles distinctions se trouvent menacées, dans leur principe, elles restent en vérité impraticables dès lors qu'on admet

1. *Ibid.*, p. 132.
2. *Ibid.*

qu'une possibilité ultime n'est autre que la possibilité d'une impossibilité[1]. » La pensée de la mort comme « possibilité d'une impossibilité » (Heidegger) ménage au *Dasein* le privilège d'un rapport à la mort comme telle : le privilège d'un rapport à l'impossibilité du rapport. Mais une telle pensée de la mort a, au même moment, toujours déjà commencé à se retourner en son contraire et en son impossibilité : la mort comme impossibilité d'une possibilité.

La déconstruction du proprement mourir signifie donc la ruine du propre du *Dasein* comme de l'homme : les animaux meurent aussi. Derrida fait apparaître l'incapacité de l'humanisme à déterminer et à penser l'être de la vie – y compris dans sa version la plus subtile, l'ontologie du *Dasein*. En effet, le *Dasein* ne peut pas témoigner de la mort. Par contre, en tant que vivant et mourant, il peut attester du mourir qu'est la vie : « C'est aussi en tant que vivant ou mourant – demeurant en vie – qu'il atteste l'être-pour-la-mort[2]. » C'est donc vers une pensée de l'être de la vie et du vivant que Derrida nous oriente et avec laquelle il désoriente la tradition de l'humanisme métaphysique. Ce qui reste à penser et qui appartient à l'avenir de la pensée, c'est l'être de la vie : « On se demande alors ce qu'est l'être d'une vie qui n'est que vie, qui n'est ni ceci ni cela, ni *vorhanden* ni *Dasein*. Heidegger n'a jamais élaboré cette ontologie de la vie, mais on peut imaginer les difficultés qu'elle aurait accumulées[3]... » L'impossibilité d'une telle ontologie de la vie marque la limite de l'axiomatique et du « système » heideggerien. Cette limite est inséparable de ce qui reste pour Derrida comme « questions ouvertes » dans et par le texte de Heidegger.

1. *Ibid.*, p. 135.
2. *Ibid.*, p. 96.
3. *Ibid.*, p. 168.

L'esprit et le nazisme

Dans *De l'esprit* – dont la première version est une conférence prononcée en 1987 lors du colloque « Heidegger, questions ouvertes » qui a réuni quelques-uns des lecteurs les plus avertis et les plus critiques de Heidegger – Derrida indique en effet quels sont pour lui les quatre fils entrelacés, les « questions ouvertes » de la pensée de Heidegger où se tient en réserve l'avenir de cette pensée et de sa lecture : 1/ « la question, la question de la question, le privilège apparemment absolu et longtemps non questionné du *Fragen* [questionnement] [1] », c'est-à-dire l'identification, par Heidegger, de la pensée à la question et au questionner ; 2/ « le caractère "traditionnellement philosophique" [2] » de l'affirmation de Heidegger quant à la technique : « l'essence de la technique n'est pas technique » et aussi de son « désir de non-contamination » de la pensée et de la parole par la technique. Derrida fait l'hypothèse que le *Geist* (qu'il faut selon Heidegger sauver et qui est ce qui sauve la pensée et la parole de la contamination par la technique) « ne se laisserait pas sauver de cette contamination [3] » ; 3/ le discours sur l'animalité, l'embarras de Heidegger au moment où il doit déterminer l'être de l'animal ; les difficultés qu'il rencontre quand il tente de penser la différence d'être entre l'homme et l'animal, différence qui se décide dans le rapport de ces deux étants à la mort, à la parole et à la technique. C'est le discours de Heidegger sur l'animalité qui permet à Derrida de montrer que cette pensée « laisse intacts, abrités dans l'obscurité, les axiomes de l'humanisme métaphysique le plus profond, je dis bien le plus profond [4] » ; 4/ « la pensée de l'*épochalité* » qui permet à Heidegger « la forclusion de certaines pensées, notamment celles du judaïsme et celle de Spinoza et qui suppose une téléologie cachée [5] », c'est-à-dire une conception

1. « De l'esprit », repris dans *Heidegger et la question*, *op. cit.*, p. 20.
2. *Ibid.*, p. 21.
3. *Ibid.*, p. 22.
4. *Ibid.*, p. 23.
5. *Ibid.*, p. 24.

finaliste de l'histoire de la pensée et de l'histoire de l'Occident. L'histoire ainsi pensée selon le schème de l'épochalité ne suivrait alors qu'un fil, un fil unique, celui de l'oubli de l'être et de sa question.

La complexité stratégique et discursive de ce que tente Derrida ne peut pas, comme on peut l'entrevoir avec ces questions, être restituée ici. L'analyse de la « destruction » heideggerienne de la métaphysique par Derrida passe en effet par des stratégies longues et compliquées, qui ne sont ni réductibles ni disponibles dans des thèses ou des positions.

De l'esprit est consacré à montrer que l'« esprit », qui n'est pas un des « grands mots » de Heidegger, et dont aucun lecteur n'a par conséquent jamais analysé la fonction organisatrice dans cette pensée, « aimante (...) de son premier à son dernier mot » l'œuvre de Heidegger. Ce texte de Derrida commence par remarquer les trois scansions du discours de Heidegger quant au *Geist* : en 1927, dans *Être et Temps*, il est prescrit d'« éviter » le mot « esprit » (*Geist* en allemand). En 1933 au contraire, transgressant ce qu'il avait prescrit d'éviter six ans plus tôt, « Heidegger élève un hymne à l'esprit [1] » dans les textes de son engagement dans le nazisme. Et en 1953, dans sa lecture du poète Trakl, il prescrit d'éviter *geistig* (spirituel). Derrida va alors se demander « comment expliquer qu'entre ces deux avertissements [1927, 1953] Heidegger ait fait un usage fréquent, régulier, marqué sinon remarqué, de tout ce vocabulaire, y compris de l'adjectif *geistig* [2] ».

Selon Derrida, Heidegger « a *mentionné* son *usage* possible [de *Geist*] comme ce qu'il fallait exclure. Puis, deuxième temps, il s'en servira à son compte mais avec des guillemets, comme s'il mentionnait encore le discours de l'autre, comme s'il citait ou empruntait un mot dont il tenait à faire un autre usage. Ce qui compte le plus c'est la phrase dans laquelle s'opère cet entrelacement substitutif, en vérité inextricable, d'"usage" et de "mention" [3] ». Une complication analogue à celle-ci existait déjà dans le rapport de l'analytique du *Dasein*

1. *Ibid.*, p. 8.
2. *Ibid.*, p. 12.
3. *Ibid.*, p. 43.

à l'homme et au nom de l'homme, comme « Les fins de l'homme » l'avait fait apparaître vingt ans plus tôt, puisque le *Dasein* n'est pas l'homme mais n'est pas autre chose que l'homme.

Engagé en effet dans un travail philosophiquement révolutionnaire et conceptuellement créateur, Heidegger tente de mettre à distance des concepts qu'il est obligé de « mentionner », alors même qu'il prétend ne plus en faire usage. Mentionnant un concept, il mentionne en même temps l'usage de ce concept qui ne serait pas le sien et qu'il éviterait ; au moment où il mentionne un concept il ne peut qu'en faire usage, inévitablement, indémêlablement. Il fait donc ce qu'il dit ne plus faire et ne pas vouloir faire. Cette contamination inévitable de la mention par l'usage est une des contraintes les plus puissantes du langage et de la pensée.

En 1953, dans son commentaire de Trakl, dans le texte où Heidegger prétend pouvoir distinguer *geistlich* (dont il fait usage) de *geistig* (qu'il ne ferait que mentionner, parce que *geistig* appartiendrait encore à la métaphysique « platonico-chrétienne »), il continue pourtant à son insu – c'est la loi du langage – à utiliser ce qu'il ne voudrait que mentionner. Une telle distinction, élaborée en 1953 pour mettre à distance la métaphysique platonico-chrétienne, est alors ruinée inévitablement. L'enjeu de l'entrelacement indémêlable d'« usage » et de « mention », mis au jour par Derrida, est donc plus qu'un problème terminologique, puisqu'il met en jeu, comme on va le voir, la détermination du nazisme par Heidegger et le sens de son engagement.

Heidegger impute son engagement dans le mouvement national-socialiste – sa prise en charge en 1933, pour quelques mois, de la fonction de Recteur de l'Université de Fribourg, et la tenue de plusieurs discours ambivalents – à la persistance de l'esprit et du spirituel (au sens de *geistig*) dans sa pensée ; autrement dit il explique et se décharge de la responsabilité de ce qu'il appelle son « erreur [1] » par l'appartenance de ses discours à la métaphysique platonico-chrétienne. L'analyse de Derrida fait apparaître la contamination

1. « Qui pense grandement, il lui faut se tromper grandement. »

inévitable de *geistlich* par *geistig* dans le texte de 1953 sur le *Gedicht* de Trakl ; cette contamination signifie donc que la pensée de 1953 est solidaire de celle de 1933 et que la fameuse *Kehre* (le tournant) de la pensée de Heidegger, située dans les années 1934-1935, est une ruse de Heidegger.

Si la *Kehre* est une fable, c'est toute la pensée de Heidegger qui est solidaire de l'engagement de 1933, et toute la pensée heideggerienne de l'esprit (*Geist*, *geistlich*, *geistig*) qui est contaminée, entamée, complice de l'engagement dans le nazisme. Derrida écrit : « *Geistig* est le mot qui, vingt ans plus tard, sera opposé à *geistlich*. Ce dernier n'aurait plus rien ni de platonico-métaphysique, ni de christiano-métaphysique, alors que *geistig*, dira alors Heidegger en son nom et non dans un commentaire de Trakl, reste pris dans les oppositions métaphysico-chrétiennes de l'ici-bas et du là-bas, du bas et du haut, du sensible et de l'intelligible [1]. »

Les lois du monde médiatique, journalistique et même universitaire demandent et exigent des prises de position politique massives et frontales, elles ne peuvent donc que très mal s'accommoder de la subtilité et de la discrétion de telles analyses politiques : elles vouent le travail de Derrida à une grande solitude. Pourtant la pensée du nazisme ouverte et rendue possible par Derrida n'a pas de commune mesure avec les condamnations et les leçons de morale qui viennent de toute part : ces dernières sont d'autant plus dominantes qu'elles sont politiquement et philosophiquement faibles. Ce que Derrida fait apparaître produit au contraire la plus grande inquiétude, par exemple lorsqu'il écrit : « La pensée du *Geist* et de la différence entre *geistig* et *geistlich*, ni thématique ni athématique (...) décide peut-être du sens même du politique comme tel [2]. » On peut alors se demander si on peut se sauver du nazisme par l'esprit et le spiritual (*geistlich*). Peut-on même se sauver du nazisme si l'esprit, le spirituel et le spiritual sont complices du pire ?

Il ne suffit donc pas de condamner le nazisme et l'engagement de Heidegger pour penser ce qui est arrivé avec ces

1. *Ibid.*, p. 43.
2. *Ibid.*, p. 17.

événements. Derrida pose sans doute les questions les plus inquiétantes qu'on peut poser aujourd'hui sur le nazisme, sur Heidegger, et sur le rapport de la démocratie au nazisme, il fait apparaître que la situation de la pensée de Heidegger par rapport au nazisme est double et contradictoire du fait que ce dernier « élève un hymne à l'esprit » et fait un usage récurrent de tout ce vocabulaire « spirituel » entre 1927 et 1953. « D'une part, Heidegger confère la légitimité la plus rassurante et la plus élevée à tout ce dans quoi et à tous ceux devant qui il s'engage, à tout ce qu'il cautionne et consacre ainsi à une telle hauteur. On pourrait dire qu'il spiritualise le national-socialisme[1]. » L'analyse de Derrida n'innocente donc pas Heidegger mais détermine la teneur de sa responsabilité, elle montre que son engagement dans le nazisme n'est pas accidentel, mais qu'il est au contraire fatal et fatalement double.

« D'autre part, en prenant le risque de spiritualiser le nazisme, il a pu vouloir le racheter ou le sauver en le marquant de cette affirmation (la spiritualité, la science, le questionnement, etc.). Cela du même coup démarque l'engagement de Heidegger et interrompt une appartenance. Ce discours semble ne plus appartenir au camp "idéologique" dans lequel on en appelle à des forces obscures, à des forces qui, elles, ne seraient pas spirituelles mais naturelles, biologiques, raciales, selon une interprétation précisément non spirituelle de "terre et de sang"[2]. » Par conséquent le geste par lequel Heidegger surestime le nazisme et lui attribue la valeur la plus haute est aussi, inséparablement, ce par quoi il n'appartient plus au nazisme en tant que racisme et politique biologique. Pour le dire plus vulgairement, ce que ne fait jamais Derrida, le « nazisme » de Heidegger n'est pas « nazi ».

L'enjeu de telles analyses n'est pas seulement le rapport de Heidegger au nazisme, mais aussi le rapport de la possibilité de la pensée à la démocratie et au nazisme. Un livre comme celui de Farias, *Heidegger et le nazisme*, a pour but non dissimulé d'interdire de penser un tel enjeu et une telle

1. *Ibid.*, p. 51.
2. *Ibid.*, pp. 51-52.

complication – ce livre fut, selon toute vraisemblance, traduit et publié d'abord en France, en vue de discréditer les travaux à l'époque les plus « responsables », ceux de Derrida et de Lacoue-Labarthe – *De l'esprit* parle plutôt de la stratégie retorse de Heidegger et de la possibilité de résister au nazisme : « Quel est le prix de cette stratégie ? Pourquoi se retourne-t-elle fatalement contre son "sujet", si on peut dire et comme c'est le cas de le dire, justement ? Parce qu'on ne peut se démarquer du biologisme, du naturalisme, du racisme dans sa forme génétique, on ne peut s'y opposer qu'en réinscrivant l'esprit dans une détermination oppositionnelle [ce qui, justement, pour Heidegger, définit et condamne *geistig* et sauverait *geistlich*], et en faisant de nouveau une unilatéralité de la subjectité fût-ce sous sa forme volontariste ; la contrainte de ce programme reste très forte, elle règne sur la plupart des discours qui, aujourd'hui et pour longtemps encore, s'opposent au racisme, au totalitarisme, au nazisme, au fascisme, etc., et le font au nom de l'esprit, voire de la liberté de l'esprit, au nom d'une axiomatique – par exemple celle de la démocratie ou des "droits de l'homme" – qui, directement ou non, revient à cette métaphysique de la subjectité[1]. »

Derrida montre donc que « la métaphysique de la subjectité » (celle que Heidegger déconstruit dans *Être et Temps* et qu'il réinvestit à son insu en 1933, quand il participe au nazisme en le spiritualisant et qu'il s'en éloigne du même coup) structure en même temps l'engagement de Heidegger dans le nazisme et les discours démocratiques d'opposition au nazisme et à l'engagement de Heidegger ; en effet les condamnations de l'engagement de Heidegger, qui se font au nom de la démocratie, des droits de l'homme et de la raison, refusent la plupart du temps l'analyse du nazisme et de la stratégie redoutablement compliquée de l'engagement de Heidegger : l'intention de telles condamnations, travesties dans le manteau de l'indignation morale, est d'interdire de penser de tels phénomènes.

À propos de la communauté de logique à l'œuvre dans les

1. *Ibid.*, p. 53.

discours « démocratiques » et dans les discours que Heidegger engage dans le nazisme (l'élévation de l'esprit et de son nom), Derrida parle de contamination « terrifiante[1] ». La métaphysique du nazisme est en effet de la même « famille » que celle des discours et des politiques qui le condamnent et le combattent. Le nazisme n'est en effet pas apparu *ex nihilo*, il n'est pas une barbarie, mais il est né au cœur même des démocraties occidentales et de l'Europe. Les analyses de Derrida ne confondent donc rien, elles sont au contraire l'ouverture d'un questionnement et des discours les plus résistants au nazisme, elles travaillent dans le sens de la plus grande exigence démocratique : elles montrent que des discours qui se combattent politiquement le font à partir des mêmes logiques. Derrida n'est donc ni antidémocrate ni fasciste comme font semblant de le croire ses détracteurs les plus violents, mais cherche au contraire un régime de la démocratie plus radical et plus exigeant. Les positions prises au nom des droits de l'homme et de la démocratie, qui s'opposent au fascisme, aux totalitarismes et aux racismes, sont structurées par les mêmes contraintes et la même métaphysique que le fascisme et les totalitarismes. On peut par conséquent s'inquiéter de la simplicité et du caractère frontal des attaques dont Heidegger et son engagement sont l'objet et se demander quel régime démocratique est produit par la simplification, le refus de l'analyse et la condamnation morale. Pour Derrida, l'écart par rapport à la spiritualisation heideggerienne du nazisme, et à la contamination du *Geist*, du *geistig* et du *geistlich* par la métaphysique de la subjectité, passe par une déconstruction de l'humanisme. Les engagements politiques de Heidegger sont la manifestation pratique de l'insuffisance de la destruction heideggerienne de la métaphysique.

1. *Ibid.*

La contamination de la parole par la littérature

Le discours et les positions politiques de Heidegger sont inséparables de sa pensée de la langue et de la littérature ; le rapport à la langue et la question de la littérature sont pour Heidegger de la politique « au sens le plus haut ». Heidegger dévalue la littérature comme écriture depuis une interprétation de la technique et de l'essence de la parole au sens propre (de la « littérature » au sens large). Le principe de cette dévaluation et de cet abaissement est fondamentalement philosophique ou métaphysique, il situe la pensée de Heidegger dans la continuité d'une tradition en deçà de laquelle il prétend au contraire remonter.

Dans « *Geschlecht* II, la main de Heidegger », Derrida analyse la pensée heideggerienne de la littérature. Ainsi, Heidegger écrit que l'homme a « la main », alors que l'animal « possède des organes de préhension [1] ». Derrida commente cette affirmation en montrant que Heidegger laisse indéterminé et impensé l'être de l'animal : « Dogmatique dans sa forme, cet énoncé traditionnel présuppose un savoir empirique ou positif dont les titres, les preuves et les signes ne sont pas montrés [Heidegger ne « prouve » pas ce qu'il dit de l'animal, mais il l'induit de manière empirique et donc pré-phénoménologique ; l'autorité de ses énoncés n'est donc jamais légitimée] ; comme la plupart de ceux qui parlent en philosophes ou en personnes de bon sens, Heidegger ne tient pas grand compte d'un certain “savoir zoologique” qui s'accumule, se différencie et s'affine au sujet de ce qu'on regroupe sous ce mot général et confus d'animalité [2]. »

En effet, si l'animal n'a pas rapport à la mort comme telle parce qu'il ne parle pas, c'est aussi pour cette raison qu'il n'a pas de mains : il est privé du rapport phénoménologique aux choses mêmes. Pour Heidegger, la main et la parole offrent l'une et l'autre à l'homme le rapport (phénoménologique) à l'être des choses : « La co-appartenance essentielle (*Wesenzusammengehörigkeit*) de la main et de la parole, dis-

1. « Lettre sur l'humanisme ».
2. *Apories*, *op. cit.*, p. 192.

tinction essentielle de l'homme, se manifeste en ceci que la main manifeste, justement, ce qui est caché[1]. »

Heidegger distingue la vertu phénoménologique de *la* main d'une part (l'homme a la main au sens où il peut avoir rapport aux choses en tant que telles), de la fonction instrumentale et technique *des* mains d'autre part. *La* main décèle et découvre l'être des choses que *les* mains cèlent et recouvrent. C'est pourquoi « les mains c'est déjà la dispersion organique ou technique[2] ». La dévalorisation des techniques instrumentales d'écriture (supposée non instrumentale) devient inévitable, elle se fait au nom de l'écriture à la main : « La machine "dégrade" (*degradiert*) le mot ou la parole qu'elle réduit à un simple moyen de transport (*Verkehrsmittel*), à l'instrument de commerce ou de communication[3]. » La machine à écrire, les techniques de télécommunications, l'écriture et la littérature « au sens restreint » instrumentalisent le langage et n'ont plus de rapport à l'essence de celui-ci qui est de dire l'être, de le montrer : ils en perdent donc la dimension phénoménologique. Le texte de Heidegger, sur la main de l'homme et sur l'animalité, est donc solidaire de la pensée de la technique et de la politique, ils sont inséparables d'une dévaluation de la littérature.

Avec la machine d'écriture ou de littérature, c'est l'essence phénoménologique de la parole qui est perdue, et avec elle la possibilité de révéler l'être des choses, de le déceler ou de le désocculter. Cette dévaluation de la littérature se fait au nom de la *Dichtung* (« il faut libérer la *Dichtung* de la littérature », écrit Heidegger), c'est-à-dire en un certain sens de la poésie (de la poésie générale de la langue), répète d'une certaine manière le geste platonicien de dévaluation de la poésie dramatique au nom de la vérité alors même que Heidegger prétendait « déconstruire » ce geste métaphysique.

La pensée de Heidegger, sous le dehors de la plus grande subversion, apparaît à la lecture de Derrida comme la confirmation et la répétition la plus épurée et la plus subtile de la

1. *Ibid.*, p. 201.
2. *Ibid.*, p. 205.
3. *Ibid.*, p. 201.

métaphysique occidentale. C'est « la valorisation du langage parlé (...) constante, massive chez Heidegger[1] » qui « explique, en particulier, la disqualification de la littérature, opposée à la pensée et à la *Dichtung*, mais aussi à une pratique artisanale et paysanne de la lettre[2] ». Cette conception « phonocentriste » de la littérature – l'abaissement de la trace écrite au nom de la présence de la Parole vive – inscrit Heidegger dans l'horizon de la métaphysique de la présence. La « destruction » heideggerienne de la métaphysique est donc la répétition la moins classique, la plus radicale, et sans doute aussi la plus perverse, de la métaphysique.

La dévaluation générale de l'écriture et de la littérature est en effet le trait commun de toutes les métaphysiques de la présence. On la rencontre chez Platon au début de la philosophie, chez Rousseau, et elle persiste de manière encore plus insistante et plus dissimulée chez celui qui travaille à « détruire » cette métaphysique : Heidegger. La dévaluation de l'écriture « prend sens à l'intérieur de cette interprétation générale de l'art d'écrire comme destruction croissante du mot ou de la parole. La machine à écrire n'est qu'une aggravation moderne du mal. Celui-ci ne vient pas seulement par l'écriture mais aussi par la littérature[3] ». Derrida travaille alors à repenser l'écriture et la littérature de manière à les soustraire à leurs déterminations philosophico-métaphysiques ; ce sont donc l'institution de la philosophie et les présupposés les plus persistants de la métaphysique qui se jouent, se rejouent et se déjouent avec la question de l'écriture littéraire. La conquête d'une pensée autre de l'écriture et de la lettre passe par des frayages et des subversions que la déconstruction derridienne partage avec la psychanalyse.

1. « Les fins de l'homme », in *Marges*, p. 159, note.
2. *Ibid.*, p. 159.
3. « La main de Heidegger », *Heidegger et la question*, *op. cit.*, p. 202.

5

RÉVOLUTION DE LA PSYCHANALYSE
LE PRIVILÈGE DE FREUD

L'attention à la pensée et aux textes de Freud, l'intérêt pour les avancées de la révolution psychanalytique et pour sa force déconstructrice traversent tous les travaux de Derrida. Dès ses premiers écrits une analyse de la pensée de Freud est engagée : elle fait apparaître que cette pensée est des plus subversives, et qu'elle est en mesure d'inquiéter les présupposés les plus persistants de la tradition métaphysique, bien que, dans le même temps, Freud ne parvienne pas à s'affranchir des principes qu'il subvertit. Les plus grandes audaces de Freud sont retenues en deçà de ce qu'elles découvrent. Selon Heidegger, Kant aurait reculé dans la seconde édition de la *Critique de la raison pure* devant l'audace de ce qu'il découvrait dans la seconde édition : la finitude ontologique de l'homme ; pour Derrida, au contraire, les avancées de Freud sont aussi ses retards, car il n'est pas possible d'affranchir une pensée et une écriture – un texte – des contraintes métaphysiques qui le constituent.

La psychanalyse, une déconstruction limitée

Il n'est donc pas pertinent de penser que « la » déconstruction serait une sorte de psychanalyse de la philosophie, une mise au jour de ce que la philosophie ou la métaphysique refoulerait et enfouirait en elle ; Derrida soumet plutôt les différentes stratégies psychanalytiques, leurs histoires et leurs enjeux, à la plus rigoureuse analyse ; il n'emprunte donc aucun concept à la psychanalyse, ni aucune de ses logiques, sans les réélaborer, les transformer et leur faire subir les plus grands déplacements. La pensée derridienne de la trace est sans doute impensable sans l'élaboration freudienne de l'hypothèse de l'inconscient, mais elle est aussi très différente de cette élaboration ; le rapport de Derrida aux textes et à la textualité a sans doute été rendu possible par des découvertes comme celles de Freud, mais il est aussi très différent de ces découvertes.

Dans *De quoi demain...*, série d'entretiens publiés en 2001 avec l'historienne de la psychanalyse E. Roudinesco, au chapitre intitulé « Éloge de la psychanalyse », Derrida explique clairement comment il perçoit la dépendance de la psychanalyse à l'égard de la philosophie et de la tradition métaphysique, et comment la pensée de la trace constitue un déplacement par rapport aux « méthodes » de Freud : « De 1963 à 1965, j'ai élaboré la pensée de la trace qui commandait une déconstruction du logocentrisme et du phallocentrisme [la différence sexuelle pensée à partir de la primauté symbolique du phallus]. C'est alors que j'ai commencé à percevoir et à analyser la dette de Freud à l'égard de la métaphysique [1]. »

Les découvertes freudiennes concernant l'hypothèse de l'inconscient, le refoulement, le travail du deuil et la mélancolie ne parviennent jamais à conquérir la pensée de la trace qu'elles appellent pourtant de part en part. La pensée freudienne appartient donc encore à la métaphysique en ce qu'elle ne parvient pas à penser ce qu'elle découvre et qui est l'excès de la trace écrite sur le logocentrisme et la primauté de la parole vivante. « Si la psychanalyse est impensable hors de cette tradition philosophique, celle-ci rend possible la psychanalyse mais la limite du même coup [2]. » On rencontre donc un souci commun de ruiner les présupposés de la métaphysique de la présence consciente dans la pensée derridienne de

1. *Ibid.*, p. 275.
2. *Ibid.*

la trace et dans la pensée freudienne de l'inconscient, mais il y a aussi un écart infime et infini entre ces deux pensées, puisque la pensée de la trace travaille à déconstruire ce qui rend possible et en même temps limite la psychanalyse ; le travail de Derrida constitue une généralisation rigoureuse des découvertes freudiennes, destinée à libérer la psychanalyse de ce qui la retient en deçà de ce qu'elle découvre.

La proximité de la déconstruction avec la psychanalyse freudienne commence en effet à se tisser dès les travaux de Derrida sur la phénoménologie husserlienne de la conscience : « J'ai senti la nécessité proprement déconstructrice de remettre en question le primat du présent, de la présence pleine, dès lors aussi de la présence à soi et de la conscience[1]. » C'est pourquoi la situation de la pensée de la trace au regard de celle de l'inconscient n'est pas simple : « La problématique de la trace, grand principe de contestation, levier stratégique de la déconstruction, il était indispensable de la situer au-delà et au bord de la psychanalyse[2] », c'est-à-dire au bord et en même temps au-delà des principes de la psychanalyse.

La maîtrise du soi déjouée. Au-delà d'*Au-delà...*

L'explication avec la psychanalyse s'engage avec la lecture d'un des textes les plus décisifs et les plus étonnants de Freud : *Au-delà du principe de plaisir*, publié en 1920 et repris dans les *Essais de psychanalyse*. Dans « Spéculer – sur Freud », Derrida met en effet au jour les paradoxes engendrés par la souveraineté du « principe de plaisir » qui gouverne la psyché inconsciente : « Voici l'objection [que fait Freud à la souveraineté du principe de plaisir], si le principe de plaisir était absolument dominant, si sans contestation possible il était le maître absolu, d'où viendrait le déplaisir dont témoigne l'expérience de façon aussi peu contestable ? Nous souffrons, dit cette expérience[3]. » La souffrance n'est-elle pas en

1. *Ibid.*
2. *Ibid.*, p. 276.
3. *Ibid.*, p. 300.

effet une objection et une limitation de la souveraineté du principe de plaisir ? La souffrance et le déplaisir psychiques ont-ils une source étrangère et extérieure à la psyché, témoignant ainsi que la psyché n'est pas maître chez elle et que son principe peut être vaincu, ou attestent-ils plutôt que le principe de plaisir et la psyché ne sont pas simples mais se divisent sans cesse ?

C'est le mécanisme constitutif de la psyché, le refoulement (l'inconscient, d'un point de vue dynamique c'est le refoulé), qui complique ce que le Moi éprouve. « Le refoulement bouleverse la logique implicite en toute philosophie : il fait qu'un plaisir peut être – pour le Moi – ressenti comme un déplaisir[1]. » Le refoulement inverse la signification du déplaisir et du plaisir, puisque le Moi (l'instance « organisatrice » de la psyché selon Freud) peut prendre du plaisir et se délecter inconsciemment d'un déplaisir conscient, et inversement souffrir d'un plaisir conscient. Avec le travail inconscient du refoulement, les mots perdent leur signification conventionnelle ; la folie que la pensée freudienne de la psyché représente aux yeux de la logique philosophique ou scientifique apparaît ici dans toute son ampleur : l'hypothèse de l'inconscient et le mécanisme du refoulement déstabilisent la science et la philosophie dans leur principe même puisque l'expérience vécue cesse d'être le critère de la signification du plaisir et du déplaisir ; si les affects n'ont pas la signification que leur donne l'expérience consciente, la conscience n'est plus présente à elle-même et les processus psychiques sont sans sujet. La souffrance apparente, symptomatique, pourra alors signifier à l'analyse la « réalisation » d'un désir inconscient, puisque ce qui est déplaisir pour un système de l'appareil psychique (la conscience) peut être du plaisir pour un autre (l'inconscient).

Cette subversion des principes de la philosophie et de la science par la psychanalyse freudienne est la subversion de leur dimension phénoménologique, au sens où « toute philosophie parlant du sujet ou de l'affect serait phénoménologique par essence[2] ». La psychanalyse et le refoulement

1. *Ibid.*, p. 309.
2. *Ibid.*, p. 308.

inconscient produisent donc une désignification généralisée de tous les phénomènes de la vie affective et subjective, tous les mots sont ainsi désémantisés et perdent leur sens : il en va de même pour la signification des phénomènes qui ne se constituent dès lors plus dans la conscience. En psychanalyse, les symptômes et la souffrance qui les accompagnent répètent des conflits passés : le Sujet est donc animé par une « compulsion de répétition » dont il n'est pas maître et qui gouverne sa vie. Dans *Au-delà du principe de plaisir*, Freud se demande si la « compulsion de répétition » n'est pas une objection à la souveraineté du principe de plaisir.

La souveraineté du « principe de plaisir » signifie que la psyché inconsciente est à l'origine de tout ce qui pourrait lui arriver, puisque c'est elle qui détermine le sens de ce qu'elle éprouve (ainsi du plaisir et du déplaisir). Elle s'approprie à l'origine ce qui lui est étranger et qui lui vient de l'autre. Comme le montre Derrida, « l'autorité du P.P. [principe de plaisir] est toujours incontestée. Le P.P. est l'auteur de tout ce qui paraît lui échapper ou s'opposer à lui [1] ». C'est la pensée freudienne du propre qui se joue, avec le problème de la souveraineté du principe de plaisir et c'est alors qu'apparaît la pertinence du concept derridien de « différance ». Freud appelle en effet « principe de réalité » l'obligation où se trouve l'appareil psychique de se représenter ce qui est réel et désagréable. La satisfaction du plaisir doit alors emprunter des détours et différer son accomplissement, puisque ce principe exige de négocier avec la réalité et de satisfaire le plaisir dans des formations de compromis. Freud pense cette éducation de la psyché à la réalité comme une modification du principe de plaisir par le principe de réalité ; Derrida montre que, dans le texte de Freud, le principe de réalité est l'instrument du principe de plaisir, non pas une modification mais la seule manifestation possible du principe de plaisir.

En effet, si le P.P. est souverain, le déplaisir n'est que le plaisir différant de lui-même, il n'est que le délai et le relais du plaisir ; le plaisir n'est donc ni simple ni identique à

1. *Ibid.*, p. 309.

lui-même, il n'est pas le même que lui-même, il est donc aussi la « cause » psychique de la souffrance et du déplaisir. Derrida montre alors à quel point la pensée de Freud est paradoxale et déconstruit la métaphysique de la présence à soi de la conscience : « et si le plaisir ne se produisait qu'à différer de lui-même, s'il n'arrivait qu'à cette condition [1] », le déplaisir serait alors la tactique du plaisir pour revenir à soi ; le principe de réalité expose la psyché à l'insatisfaction et au délai, il serait le supplément du principe de plaisir et non un principe concurrent ou contradictoire, ni une simple modification de ce principe. Autrement dit, ce serait le principe de plaisir qui différerait la présence du plaisir, le plaisir n'existant que différé de lui-même ; le plaisir psychique ne serait alors rien d'autre que la différance de la présence du plaisir dans le déplaisir et la souffrance.

L'analyse d'*Au-delà...* de Freud par Derrida permet donc de repenser ce que les premiers travaux sur la phénoménologie de Husserl avaient permis de découvrir : l'idée que « le propre est la tendance à s'approprier [2] ». Le propre n'est rien d'autre que la tendance et le mouvement d'appropriation de soi qui ne préexiste pas à soi, et il est toujours aussi un mouvement de désappropriation (processus double et ambivalent que Derrida nomme « exappropriation »). « Le propre n'est pas le propre et s'il s'approprie c'est qu'il se désapproprie – proprement improprement. La vie la mort ne s'oppose plus en lui [3]. » Freud oppose les pulsions de vie – pulsions créatrices dont l'énergie est d'origine sexuelle – aux pulsions de mort – pulsions destructrices, originairement tournées contre les objets puis retournées contre soi, comme dans la mélancolie. C'est cette pulsion de destruction, retournée contre soi, qui se traduit paradoxalement par la tendance de la psyché à se conserver dans son état et à s'orienter vers l'état anorganique qu'est la mort, et cela du fait que le plaisir psychique s'obtient par la réduction de la quantité d'excitation et des tensions : la pulsion de mort obéit en ce sens au

1. *Ibid.*, p. 426.
2. *Ibid.*, p. 379.
3. *Ibid.*

principe de plaisir, elle est la tendance conservatrice de l'appareil psychique qui oriente l'être vivant vers l'état anorganique (même s'il reconnaît aussi une tendance à la conservation dans les pulsions sexuelles). La pulsion de mort est la modalité pulsionnelle par laquelle le Moi s'affirme et se conserve. Dès lors que la pulsion vers la mort est comprise comme le mouvement de la maîtrise et de constitution indéfinie du propre, cela signifie que la maîtrise se déconstruit dans le mouvement même où elle s'assure – Freud fait d'ailleurs l'hypothèse que la mort surviendrait à l'organisme de lui-même plutôt que de causes extérieures.

La déconstruction derridienne porte sur la logique du propre, elle est une pensée de la vie sans présence, une « philosophie » de la vie comme économie de la mort, et la pensée du texte est bien entendue une pensée de la vie. « L'organisme (ou toute organisation vivante, tout "corpus", tout "mouvement") se conserve, s'épargne, se fond à travers toute sorte de relais différenciés, de destinations intermédiaires, de correspondances à court ou long terme, de court ou moyen courrier. Non pas pour se garder de la mort ou contre la mort, seulement pour éviter une mort qui ne lui reviendrait pas, pour couper à une mort qui ne serait pas la sienne ou celle de soi [1]. »

Le mouvement d'appropriation de soi ne « consiste » en effet en rien d'autre que de se donner la mort afin que cette mort ou cette destruction de soi ne viennent que de soi. L'épreuve de la réalité, qui est l'épreuve de la différance et du retard dans la satisfaction du désir (l'épreuve d'un déplaisir), n'est donc pas en contradiction avec la souveraineté du principe de plaisir, elle est même bien au contraire le principe de plaisir à l'œuvre. Le principe de réalité est donc le supplément et l'instrument du principe de plaisir, il en assure la souveraineté.

1. *Ibid.*, p. 378.

La psychanalyse comme déconstruction de la souveraineté. Psyché et politique

La maîtrise se déconstruit par le mouvement même où elle se constitue puisque la psyché se conserve dans son état par sa tendance à la mort : elle éprouve du plaisir en diminuant en elle la quantité d'excitation qu'elle ne parvient pas à lier ; autrement dit elle tend à se conserver en se détruisant. C'est pourquoi Derrida écrit : « Ce ne sera pas, sous le nom de pulsion de mort ou de compulsion de répétition, un autre maître ou un contremaître mais autre chose que la maîtrise, tout autre chose [1]. » Cette ruine de la maîtrise par elle-même est donc au principe même de la maîtrise.

Derrida reparle seize ans plus tard de la déconstruction de la maîtrise psychique au principe même de son mouvement de constitution, il généralise ainsi ce qui est au cœur de la pensée freudienne : « La ruineuse conséquence, c'est que ce qui a été maîtrisé ne peut plus l'être, et que le trop de maîtrise (sous la forme de l'exclusion, mais aussi de l'objectivation) prive de la maîtrise (sous la forme de l'accès, de la connaissance, de la compétence). Le concept de maître est d'un maniement impossible, nous le savions, plus il y en aura, moins il y en aura, et réciproquement [2]. »

Le « principe » de ruine du principe, qui est en quelque sorte le mouvement de désœuvrement de l'œuvre psychique, montre l'affinité de la pensée freudienne avec la déconstruction. La ruine du principe de maîtrise signifie la portée politique de la psychanalyse et constitue une révolution de la pensée de l'histoire et de la politique : « Dès lors qu'il domine toute subjectivité vivante, le sens d'une telle maîtrise ne connaît aucune limite régionale : autre façon de dire qu'on ne parle pas ici de maîtrise par simple métaphore. C'est à partir de la maîtrise exercée par ce qu'on appelle le P.P. sur tout sujet psychique (sur tout vivant, conscient ou inconscient) qu'on peut ensuite déterminer quelque maîtrise que ce soit, par figure ou par dérivation [3]. »

1. *Ibid.*, p. 333.
2. « Être juste avec Freud », repris dans *Résistances – de la psychanalyse*, Galilée, Paris, 1996, p. 178.
3. *Ibid.*, p. 419.

La maîtrise exercée par le principe de plaisir au sein de la psyché n'est pas une « maîtrise » au sens métaphorique du terme, c'est la maîtrise à la lettre. Toute maîtrise et toute souveraineté politiques sont en effet dérivées de la maîtrise qui s'exerce dans la psyché : celles-ci sont des traductions historico-politiques de la pulsion de pouvoir à l'œuvre dans la psyché. La psyché se constitue par un mouvement d'auto-immunisation infini qui la garde de l'autre, de la destruction et de l'altération qui peuvent venir de l'autre : ce mouvement d'appropriation est la pulsion de pouvoir qui anime la psyché en la faisant tendre vers sa propre destruction – la psyché tend vers sa destruction pour se conserver. Ce paradoxe est la possibilité pré-politique de la politique : « Cette pulsion de pouvoir annonce sans doute, avant et au-delà de tout principe, avant et au-delà même de tout pouvoir (le principe étant le pouvoir, la souveraineté du pouvoir), l'un des lieux d'articulation du discours psychanalytique freudien avec les questions juridiques et politiques en général, avec tout ce qui concerne les données inédites, aujourd'hui, de cette double problématique de la souveraineté et de la cruauté[1]. »

La psychanalyse n'est donc pas théorique, mais pratique, en tant qu'elle est le mouvement de déconstruction de l'historico-politique : elle permet en effet de repenser autrement le droit, l'histoire et la politique qui sont hantés (constitués en même temps que déconstruits) par la pulsion de mort. La psychanalyse est indécidablement conservatrice et révolutionnaire en tant qu'elle fait apparaître que la pulsion de mort est le sens de la pulsion de pouvoir. Cette ambivalence de la psychanalyse vient du cœur de la politique : on ne saura en effet jamais « si même le roi, en convoquant ses derniers états généraux, retournant la cruauté contre lui-même, n'a pas signé de sa propre main son arrêt de mort[2] » ou encore « si les états généraux au moment de leur convocation étaient destinés à perdre ou à sauver la tête, et peu importe sans doute, puisque de toute façon les deux gestes, perdre et sauver

1. « États d'âme de la psychanalyse », prononcée en juillet 2000 lors des États généraux de la psychanalyse, Galilée, Paris, 2000.
2. *Ibid.*, p. 52.

restent indissociables [1] ». Cette ambiguïté irréductible de la psyché (la souffrance psychique est une tactique du principe de plaisir pour assurer sa souveraineté) produit l'ambiguïté indécidable des gestes de décision politiques. La psyché du roi lui fait perdre la tête à trop vouloir la sauver : elle précipite la suite d'événements qui aboutiront à la mise à mort de Louis XVI par la guillotine. Derrida compare les états généraux de la psychanalyse à ceux convoqués par le roi en 1789, et analyse le rapport que la psychanalyse entretient à son fondateur et à la fonction patriarcho-archontique. Il trace alors une analogie entre l'ambiguïté des décisions de Freud et celles de Louis XVI, il fait apparaître comment ces décisions assurent et ruinent en même temps le pouvoir du monarque et celui du patriarche.

Les hypothèses de Freud font en effet de la cruauté psychique le fonctionnement « normal » de la psyché. Cette cruauté psychique, la cruauté au sens large, fait signer au roi son arrêt de mort au moment où il convoque les états généraux ; c'est la cruauté psychique du roi qui lui fait donc perdre la tête « peut-être comme Freud en décidant qu'il ne prendrait pas la direction de l'IPA [l'Association Psychanalytique Internationale], car il s'érigeait ainsi en maître absolu (ce ne fut qu'un premier exemple dans l'histoire de la psychanalyse) en maître absolu, tout-puissant et impuissant, impuissant dans sa toute-puissance de souverain, il s'avance décapité et ressuscité [2] ». Par cette analogie entre le roi et Freud, on comprend que ce qui intéresse Derrida dans la psychanalyse et dans ses effets est ce qui ne revient pas au père, c'est-à-dire ce qui s'inscrit dans l'archive freudienne mais est effacé par la pensée de Freud et l'excède. Autrement dit « ce ne sont pas, une fois encore, les thèses freudiennes qui comptent le plus (...), mais plutôt la manière dont Freud nous a aidés à mettre en question un grand nombre de choses concernant la loi, le droit, la religion, l'autorité patriarcale [3] », par exemple

1. *Ibid.*
2. *Ibid.*
3. *De quoi demain*, Fayard-Galilée, Paris, 2001, p. 286.

la manière dont Freud remet d'avance en question sa propre fonction patriarcale.

Si le meurtre du Père est au fondement ou à l'origine de la constitution des sociétés, ce ne sont pas les frères rivaux (comme le racontait Freud dans *Totem et Tabou*) qui tuent le père et qui érigent ensuite, par remords et culpabilité, le totem (substitut qui symbolise l'interdit de l'inceste et l'interdit de tuer le père-totem) : c'est le père qui se retire à l'origine et se détruit pour mieux se conserver ; il n'exerce donc jamais d'autorité aussi puissante que par ce mouvement d'oblitération de soi.

Derrida fait donc apparaître dans toute son ampleur l'inscription de la psyché dans l'historico-politique, autrement dit la manière dont les ambiguïtés de la psyché se traduisent en ambiguïtés de l'histoire et de la politique. Les découvertes de la psychanalyse ont une signification politique d'autant plus décisive que la psyché est étendue hors de soi, ce qui permet à Derrida de réinscrire la question du mal radical au cœur de la politique et d'ouvrir en même temps le programme d'un travail à venir pour la psychanalyse : le programme non d'une psychanalyse de l'histoire et de la politique, mais d'une réélaboration psychanalytique, à partir des avancées d'*Au-delà du principe de plaisir*, de la question du pouvoir tel qu'il s'exerce sur la vie et la mort.

On peut lire en ce sens le texte de Derrida, *États d'âme de la psychanalyse* : « Étant donné le caractère originaire et indéracinable de la pulsion de mort ou d'agressivité, aussi bien que de la pulsion de pouvoir et donc de souveraineté, aucune illusion n'est à entretenir quant à l'éradication du mal [1]. » L'analyse de la souveraineté du principe de plaisir et de la mise en œuvre de la pulsion de mort n'a donc pas une valeur limitée à la région psychique, elle est bien plutôt une analyse générale de la « réalité » historique et politique. C'est pourquoi Derrida ouvre un champ de travail non encore frayé et un programme de recherche interminable : « Tant qu'un discours psychanalytique conséquent n'aura pas traité (et à ma connaissance il ne l'a pas encore fait) du problème de la

1. *Ibid.*, p. 65.

peine de mort et de la souveraineté en général, du pouvoir souverain de l'état sur la vie et la mort du citoyen, cela manifestera une double résistance et celle du monde à la psychanalyse, et celle de la psychanalyse à elle-même comme au monde, de la psychanalyse à la psychanalyse comme être-dans-le-monde[1]. »

Le concept de « résistance » va permettre à Derrida d'expliquer ce qui retient la psychanalyse au bord du politique et ce qui lui interdit encore de penser ce que ses découvertes auraient pourtant dû l'obliger à penser : « Cette résistance est aussi une résistance à soi. Il y a un mal, en tout cas une fonction auto-immunitaire [découverte dans "Au-delà..."] dans la psychanalyse comme partout, un rejet de soi, une résistance à soi, à son propre principat, à son propre principe de production[2]. » La pensée freudienne est ainsi rigoureusement retournée contre elle-même : la fidélité à cette pensée et à ses avancées exige de lui être infidèle puisque la résistance à la psychanalyse est d'abord une résistance de la psychanalyse. C'est donc la pulsion de souveraineté de la psychanalyse qui la retient en elle-même et lui interdit de penser la souveraineté et le pouvoir.

Freud révolutionne l'histoire : l'archive inconsciente

En 1995, *Mal d'archive* s'intéresse à la lecture de *Moïse et le monothéisme*, le « roman historique » de Freud, que l'historien du judaïsme Yerushalmi met en œuvre dans son livre *Le Moïse de Freud, Judaïsme terminable et interminable*[3]. Sans pouvoir reconstituer ici toute la richesse et la complexité de ce colloque à plusieurs voix entre Derrida, Freud, et Yerushalmi, il est cependant possible d'entrevoir comment la pensée freudienne amorce une déconstruction

1. *Ibid.*, p. 55.
2. *Ibid.*, p. 21.
3. Y. H. Yerushalmi, *Le Moïse de Freud, Judaïsme terminable et interminable,* NRF Essais, Gallimard, Paris, 1993.

générale de la méthode de l'histoire et de la pensée de l'événement, à travers une pensée autre de l'archive. La discussion du livre de Yerushalmi par Derrida se rapporte à la question de savoir si, comme l'affirme Freud, il y a des traces du meurtre de Moïse par son peuple dans l'archive de la Bible. Une tentative de lapidation est en effet attestée par le texte : les pierres lancées vers Moïse auraient été détournées par une intervention divine. Ce que Freud découvre alors dans le texte de la Bible, c'est la possibilité d'archives inconscientes et donc d'événements refoulés et « absents » du texte, la possibilité d'événements historiques qui se déroberaient, dans le texte et par le texte, au regard de l'historien.

Derrida interroge la conception freudienne de l'archive qui échappe à Yerushalmi : « Comment Yerushalmi peut-il être sûr que le meurtre en question n'a pas été abondamment rappelé et archivé (*remembered and recorded*) dans la mémoire d'Israël ? Comment peut-il prétendre faire la preuve d'une absence d'archive ? Comment fait-on en général la preuve d'une absence d'archive sinon en se fiant à des normes classiques (présence/absence de référence littérale et explicite à ceci ou cela, à un ceci ou à un cela qu'on suppose identiques à eux-mêmes, et simplement absents, actuellement absents) ; comment et pourquoi ne pas tenir compte d'archives inconscientes et plus généralement virtuelles [1] ? » La dimension révolutionnaire de la pensée freudienne de l'histoire apparaît lorsqu'on pose de telles questions et qu'on fait de telles hypothèses : le pensée de Freud inquiète et perturbe la distinction entre le réel et le virtuel, entre le présent et l'absent, et entre l'effectif et l'intentionnel.

Pour Derrida, et cela dans la lignée de Freud, ce qui est effacé dans une pensée laisse des traces dans le texte de cette pensée. Le sens d'un texte et d'un événement n'est donc jamais simplement donné à la lecture, puisque ce qui est inscrit dans un texte l'est toujours par un mouvement de retrait et d'effacement. Ce qui est inscrit n'est donc jamais ce qui est présent ni présentement lisible : « Penser à la trace devrait être, depuis assez longtemps, reconsidérer les éviden-

1. *Mal d'archive*, *op. cit.*, p. 103.

ces tranquilles du “il y a” et “il n’y a pas” dans un “corpus”, en excédant, à la trace, l’opposition du présent et de l’absent, la simplicité indivisible [1]... »

La pensée de la trace est donc contrainte de considérer autrement les textes et leur signification, elle montre que le sens et la signification ne sont ni simplement présents, ni simplement absents, ni immédiatement lisibles, ni non plus illisibles ou cachés. C’est donc un tout autre concept de texte et d’événement que découvre la pensée derridienne de la trace, un concept qui oblige à « réélaborer de fond en comble toutes les valeurs, elles-mêmes distinctes (jusqu’à un certain point) et souvent confondues de l’impensé, du non-thématisé, de l’implicite, de l’exclu sur le mode de la forclusion ou de la dénégation, de l’introjection ou de l’incorporation, etc. [2] ». Il faut donc distinguer et différencier à la lecture toutes les modalités possibles d’effacement qui laissent des traces dans un texte.

Autrement dit, Freud contraint l’historien et la discipline historique à repenser ce qu’est et ce qu’on appelle un événement, et comment on perçoit ce qui a lieu et ce qui arrive. Ce qui arrive se réduit-il à ce qu’on voit et à ce dont il y a phénomène ? Les événements historiques sont-ils spectaculaires ou même simplement visibles ? Comment en effet déceler l’existence ou l’actualité d’un événement historique ? Dans le cas de l’événement décelé par Freud – le meurtre de Moïse par son peuple – on peut dire qu’« il n’y a donc pas eu seulement intention mais tentative de meurtre, tentative effective, actuelle, que seule une cause extérieure [une intervention divine] (un juriste dirait un accident) a détournée [3] ». La tâche de mise au jour de l’événement par l’historien est donc une lutte pour découvrir l’archive de l’événement, une lutte contre le refoulement de l’archive. La tâche de l’historien consiste alors à libérer l’archive refoulée, elle ne va pas sans l’analyse historienne de l’archive du refoulement de l’archive. S’il y a de l’événement et de l’histoire, c’est parce

1. *La carte postale*, *op. cit.*, p. 380.
2. *Ibid.*
3. *Mal d’archive, op. cit.*, p.105.

qu'il reste des traces de l'effacement des traces, et qu'il y a une archive du refoulement de l'archive. L'histoire n'est donc possible que pour autant qu'il n'y a pas d'effacement pur ou de refoulement absolu et sans retour des traces de l'événement, pour autant que l'effacement de l'événement laisse des traces.

Le travail infini de l'historien s'ouvre ainsi dans cet espace infime entre le refoulement de l'archive et l'archive du refoulement ; la révolution freudienne assigne alors à l'histoire la tâche qui consiste à espacer cet espace infime et à découvrir l'archive de l'événement au cœur de l'archive du refoulement. Cette tâche infinie revient à lire autrement les « mêmes » archives, les « mêmes » textes : ainsi « il suffit de lire les textes qu'il cite lui-même [Yerushalmi] pour conclure le contraire[1] » de ce qu'il conclut. Autrement dit, la déconstruction des textes ouvre sur leur événement et les redonne à lire autrement, les redonne à lire comme des textes non encore frayés. Derrida répète souvent que la déconstruction est la pensée de l'événement ou de l'arrivant absolu, mais comme l'arrivée de l'événement n'est ni naturelle ni donnée, elle se gagne par un travail de libération de l'archive où est inscrit l'événement historique : pour la déconstruction, l'archive est événement.

La pensée freudienne peut ainsi être comprise comme une aspiration à devenir la science générale de l'archive. Elle a en effet découvert que l'archivation est le travail du pouvoir et de la souveraineté à l'œuvre dans l'appareil psychique : la conservation protège l'appareil psychique de toute excitation extérieure. Le principe de plaisir et la pulsion de mort conservent et archivent les traces (puisque ce principe et cette pulsion donnent la tendance de la psyché à la conservation). Le texte de Freud permet d'autre part de comprendre comment l'archivation conserve et participe aussi de la pulsion de mort : l'archivation est alors en même temps ce qui détruit l'archive, et d'abord la sienne « propre », elle détruit ainsi son travail de destruction de l'archive, elle efface son mouvement d'effacement, elle s'efface. C'est donc parce qu'elle

1. *Ibid.*

est pensée de l'arrivant et de l'événement que la déconstruction est obligée de libérer l'archive et son événement, c'est pourquoi elle entrevoit dans la pensée freudienne ce qui fait signe vers un au-delà des principes et des pulsions, vers un au-delà de la souveraineté et du refoulement de l'archive.

Derrida écrit : « Ma question sera plus tôt et plus tard : y a-t-il, pour la pensée, pour la pensée psychanalytique à venir, un autre au-delà [que la pulsion de mort, au-delà du principe de plaisir], un au-delà qui se trame au-delà de ces possibles que sont encore et les principes de plaisir et de réalité et les pulsions de mort ou de maîtrise souveraine qui semblent s'exercer partout où de la cruauté s'annonce [1] ? » Il ne s'agit par conséquent ni de réfuter Freud ni de lui faire des objections, ni même d'accomplir ce qui serait resté inachevé, inaccompli ou impensé dans sa pensée, mais à l'inverse de pousser jusqu'à l'excès ce qu'il entrevoit : la pulsion de maîtrise détruit ce qu'elle conserve et archive, elle détruit jusqu'à l'archive de cette destruction, elle fait donc signe vers un en deçà ou un au-delà d'elle-même, c'est-à-dire vers un en deçà ou un au-delà des pulsions et des principes : « Le principe étant le pouvoir, la souveraineté du pouvoir [2]. » La déconstruction fait signe vers l'au-delà et l'en deçà de ce que Derrida appelle la « mythologie » des principes et des pulsions, en ce sens elle n'est plus du tout « freudienne ».

La pensée derridienne fait donc apparaître la portée révolutionnaire, et inséparablement conservatrice, de la pensée freudienne de l'archive et de l'histoire ; elle analyse comment l'ordre du juridico-politique se constitue justement en refoulant la déconstruction du pouvoir qui a lieu au cœur même du pouvoir. Le pouvoir juridico-politique s'érige en incorporant, pour le faire disparaître, sa propre ruine : la déconstruction ne vient alors pas de l'autre ou de l'étranger mais elle est produite par le mouvement même de la souveraineté et du pouvoir. Pour le dire très vite et trop massivement, un des enjeux du rapport de Derrida à la pensée de Freud est radicalement démocratique : plus la « démocratie » fait droit à la

1. *États d'âme de la psychanalyse*, *op. cit.*, p. 14.
2. *Mal d'archive*, p. 48.

déconstruction d'elle-même et de ses principes, plus elle est démocratique ; moins il y a de déconstruction du pouvoir, moins le pouvoir est démocratique. Le pouvoir n'est donc paradoxalement souverain que par le mouvement où il se déconstruit, comme de lui-même. Autrement dit, le pouvoir juridique et politique se constitue sur le refoulement et l'effacement des découvertes freudiennes qui le menacent en son fondement.

Derrida ne cherche donc à aucun moment à déterminer l'intention de Freud ou la signification secrète de sa pensée. Le texte de Freud ne fonctionne pas comme la métaphore d'un sens caché, il ne dissimule pas en lui des métaphores que le travail de la déconstruction désédimenterait ou mettrait au jour. Il faut donc se défaire du préjugé selon lequel le sens serait pour elle métaphore ou métaphorique. C'est encore la question de l'institution et du juridico-politique qui se joue avec le concept de texte ; le pouvoir juridico-politique en effet s'archive, se trace, s'écrit, autrement dit se refoule, s'efface, se retire, il est donc inséparable d'une métaphoricité généralisée que la déconstruction ne prétend jamais résorber dans la présence pleine du sens.

6

LA PHILOSOPHIE EST DANS LA MÉTAPHORE

Dans « La mythologie blanche[1] », puis d'une autre manière dans « Le retrait de la métaphore[2] », Derrida fait apparaître la nécessité et le caractère décisif du problème de la métaphore pour le texte philosophique : la philosophie peut se comprendre comme une théorie (impossible) de la métaphore, et le concept de métaphore qu'elle élabore n'est jamais un concept parmi d'autres, mais le concept par lequel elle tente de se régler et de dominer sa langue, de maîtriser son fonctionnement. La frontière entre l'écriture philosophique et l'écriture littéraire se trace par conséquent avec la constitution d'un concept de la métaphore ; si un tel concept se révélait intenable, ce serait la frontière entre littérature et philosophie qui s'emporterait. Le problème de la métaphore déplace donc les oppositions dans lesquelles la philosophie et plus généralement la métaphysique occidentale pensent la langue, la philosophie et la littérature.

Analysant le texte philosophique de Hegel, « La mythologie blanche » commence par demander : « Y a-t-il de la métaphore dans le texte philosophique ? Sous quelle forme ? Jusqu'à quel point est-ce essentiel ? Accidentel ? » De telles questions sont à la fois inquiétantes et décisives pour la philosophie qui se pense, depuis Platon, comme une écriture

1. Repris dans *Marges*, *op. cit.*, en 1972.
2. Repris dans *Psyché*, Galilée, Paris, 1988.

d'essence non métaphorique, c'est-à-dire comme la nomination des choses par leurs noms, par opposition à la substitution métaphorique des noms aux choses. S'il y avait de la métaphore dans le texte philosophique, et cela de manière non accidentelle mais essentielle, si donc la métaphore n'était pas un instrument que la philosophie pouvait maîtriser et dont elle pourrait régler l'usage, alors c'est le projet philosophique même et ses prétentions qui seraient menacés dans leur fondement. En effet, la métaphore est ce qui vient dérégler la maîtrise que la philosophie a de son énonciation, puisque la métaphore fait dire à l'énoncé autre chose que ce que le sujet de l'énonciation voudrait lui faire dire, car elle ne laisse intacte aucune des identités conceptuelles qu'elle transporte. Avec l'intrusion de la métaphore dans le texte philosophique, la possibilité même que celle-ci puisse prétendre à la vérité est entamée et devient improbable parce que la métaphore introduit dans la textualité un déplacement généralisé du sens, et ouvre le texte sur sa productivité.

LA MÉTAPHORE SELON ARISTOTE

C'est à Aristote qu'on doit la première élaboration systématique du concept de métaphore. La théorie aristotélicienne de la métaphore est partagée entre deux textes : *La Poétique* et *La Rhétorique*. La postérité de cette théorie et son importance à l'âge classique font dire à R. Barthes : « N'est-ce pas toute la rhétorique (si l'on excepte Platon) qui est aristotélicienne[1] ? »

La métaphore est pour Aristote la figure générique des autres figures de rhétorique, la figure à l'origine des autres figures. La métaphore, qui appartient à la rhétorique, est pensée depuis Platon comme une technique de persuasion orientée vers le pouvoir : l'usage des métaphores participe de l'art de bien parler, elles donnent donc une puissance que le traité de *La Rhétorique* d'Aristote a pour projet de

1. *L'aventure sémiologique*, « l'ancienne rhétorique », Seuil, Paris, 1985.

codifier et d'arraisonner. Ce projet de maîtrise de la rhétorique persiste dans les traités de l'âge classique qui tentent de domestiquer la métaphore dans des classifications.

Dans *La Poétique*, Aristote livre la définition suivante : « La métaphore est le transport à une chose d'un nom qui en désigne un autre ou du genre à l'espèce ou de l'espèce au genre ou de l'espèce à l'espèce ou d'après le rapport d'analogie[1]. » Autrement dit, la métaphore est un trope, une figure, qui a le mot pour unité. Elle est d'autre part définie comme mouvement – « transport » – ce qui permet de la penser comme le passage du sensible à l'intelligible qui autorise la mise en œuvre philosophique de sa relève : Aristote pense en effet que la figure métaphorique s'éloigne de la chose sensible[2] en substituant un nom à une chose ; à la suite de Platon il prépare de cette manière la dévaluation philosophique de la métaphore par rapport à la chose même.

La philosophie comme théorie métaphysique de la métaphore

Le concept métaphysique et philosophique de vérité est donc solidaire de la possibilité de maîtriser les métaphores dans le texte philosophique et de les arraisonner dans le concept de « métaphore ». Lors de son accomplissement hégélien, la philosophie se pense comme le passage du sens figuré (et métaphorique) au sens propre, elle se définit comme la relève de la métaphore par l'Idée philosophique. La philosophie serait alors inquiétée dans son projet et sa possibilité si les métaphores en venaient à déborder sa maîtrise : le mouvement de purification du langage par lequel la philosophie conquiert son identité deviendrait impraticable. Dans le langage, la métaphore correspond à l'extériorité sensible des choses, par opposition à l'intériorité de la pensée à elle-même dans le concept. Elle est donc l'élément dont le texte philo-

1. *La Poétique*, 1457 b 6-9.
2. *La Rhétorique* III, 1, 1403 b, 19-20.

sophique doit sortir pour accéder à lui-même. La relève philosophique de la métaphore est la condition pour approcher la vérité intelligible des choses et l'idéalité des phénomènes. Ce mouvement philosophique d'idéalisation passe alors par l'effacement de l'origine métaphorique dont il est issu : il supprime le transfert métaphorique du sensible à l'intelligible qu'il a pourtant employé à son bénéfice. Ce transfert assure que la métaphore se prête elle-même à sa relève et à son remplacement par le concept.

De ce point de vue, le geste heideggerien, qui limite le métaphorique à la métaphysique (« le métaphorique n'existe qu'à l'intérieur des frontières de la métaphysique [1] »), est encore un geste philosophique ; il est même, comme Derrida le montre, le geste philosophique par excellence. C'est pourquoi la prétention heideggerienne d'un excès de la pensée sur la métaphysique (qui s'accompagne de la réduction de la philosophie à la métaphysique) reste elle-même prise dans les limites qu'elle prétend excéder : elle met en œuvre une tentative archi-philosophique, quant à la métaphore, comparable à celle de Hegel, mais d'un tour et d'une complexité supplémentaires.

Toute l'analyse de Derrida va donc s'attacher à faire apparaître qu'« il est impossible de dominer la métaphorique philosophique, comme telle, de l'extérieur, en se servant d'un concept de métaphore qui reste un produit philosophique [2] ». Le discours philosophique quant à la métaphore n'est en effet pas extérieur à la métaphore, il ne va pas sans métaphore, mais il est au contraire d'origine métaphorique. En effet, malgré les différences de détermination philosophique, la philosophie de Platon à Heidegger use et abuse de la métaphore de la lumière du soleil, au moment de penser les phénomènes et l'essence de la vérité : « L'opposition même du paraître et du disparaître, tout le lexique du *phainestai*, de l'*aletheia*, etc. (...) tout cela n'est possible que sous le soleil [3]. »

Comme la métaphore est pensée du point de vue de la

1. *Le principe de raison*, Gallimard, Paris, 1962, p. 126.
2. « La mythologie blanche », *op. cit.*, p. 272.
3. *Ibid.*, p. 299.

valeur de vérité, on peut dire que la philosophie ne parvient pas à délimiter de manière non métaphorique le concept de métaphore (Hegel conceptualise par exemple la métaphore à partir de la métaphore de l'obscurité, et il détermine la vérité ou l'idéalité non sensible d'après la métaphore de la clarté). Elle ne parvient donc pas à déterminer ce qui la définit sans tenir un discours d'essence métaphorique. Non seulement la philosophie ne domine pas la métaphore mais elle est même, en un certain sens, métaphorique de part en part. La métaphore, ainsi entendue, est ce par quoi la philosophie est dessaisie d'elle-même, dans le mouvement où elle essaie de se saisir et de se déterminer par rapport à l'essence de la vérité. Comme le remarque Derrida : « Tous les concepts qui ont opéré dans la définition de la métaphore ont toujours une origine et une efficace elle-même "métaphorique", pour utiliser cette fois un mot qui ne peut plus en toute rigueur convenir pour désigner des tropes définissants autant que définis [1]. » La métaphore ne cesse donc d'entamer et de parasiter les concepts de la philosophie et de la rhétorique, alors que ces deux disciplines s'instituent en essayant de définir et de délimiter la métaphore ; celle-ci ne se laisse donc pas arrêter ni limiter dans les oppositions classiques qui sont plutôt dérivées d'elle. Autrement dit, elle n'appartient ni à la philosophie ni à la rhétorique, puisque ce sont la rhétorique et la philosophie qui sont incluses en elle. Elle n'est donc pas restreinte mais générale, c'est-à-dire qu'aucun discours ne peut en faire l'économie, la loi structurant les discours étant elle-même métaphorique.

Si la métaphore est générale, cela signifie qu'il n'y a que des métaphores de métaphores et que toute métaphore a toujours déjà commencé par se redoubler. C'est alors l'ordre du philosophique qui se trouve bouleversé et débordé par une telle généralisation de la métaphore, et avec lui tout le régime des oppositions métaphoriques entre le propre et le figuré, le littéral et le métaphorique, l'intelligible et le sensible, le philosophique et le rhétorique. En effet, « la philosophie, comme théorie de la métaphore, aura d'abord été une métaphore de

1. *Ibid.*, p. 302.

la théorie [1] ». Il y a donc deux concepts de métaphore, et il faut dire qu'il y a « métaphore » et « métaphore » : « métaphore » au sens restreint (telle que la conçoivent la philosophie et la rhétorique) et « métaphore » au sens général. Au sens général, la métaphore est pré-métaphorique, c'est-à-dire pré-philosophique et pré-rhétorique : elle est à l'origine de la production des concepts avant même d'être conçue par eux.

Pourtant c'est bien de la « même » métaphore dont le concept se dédouble et s'abîme, provoquant ainsi l'inversion du rapport entre la philosophie et la métaphore : « La métaphore [restreinte] est moins dans le texte philosophique (et dans le texte rhétorique qui s'y ordonne) que celui-ci n'est dans la métaphore [générale] [2]. » Cette métaphore générale n'est pas non plus une métaphore morte ravivée, pas plus qu'elle n'est une métaphore vive : elle se dérobe plutôt à la métaphysique de la présence à laquelle appartient encore la distinction du mort et du vif. Ce que Derrida appelle alors « mythologie blanche » est justement cet effacement par la métaphysique et la philosophie de leur origine métaphorique. Cet effacement se dérobe à la présence et à la conscience, il s'archive alors quelque part dans le texte de la métaphysique, à son insu : « La métaphysique a effacé en elle-même la scène fabuleuse qui l'a produite et qui reste néanmoins active, remuante, inscrite à l'encre blanche, dessin invisible et recouvert dans le palimpseste [3]. »

À partir de telles analyses, toute la topologie philosophique est repensée par la déconstruction derridienne. En effet, l'impossibilité pour la philosophie de délimiter le métaphorique en tant que tel abîme la représentation de la philosophie par elle-même : « le "texte de la métaphysique" n'est donc "pas entamé mais traversé par sa limite" [4]. » *La* métaphysique, pensée comme un champ homogène délimité par des frontières sûres et continues, n'existe pas. Ici encore c'est la pensée de

1. *Ibid.*, p. 304.
2. *Ibid.*, p. 308.
3. *Ibid.*, p. 254.
4. « Le retrait de la métaphore » citant « La mythologie blanche », in *Psyché*, *op. cit.*, p. 72.

Heidegger (pour qui la métaphysique et son histoire reçoivent leur unité de l'être, dont elles sont l'oubli et le retrait) qui est interrogée par Derrida dans ses présupposés. Autrement dit, « la représentation d'une clôture linéaire et circulaire entourant un espace homogène, c'est justement, tel est le thème de ma plus grande insistance, une auto-représentation de la philosophie dans sa logique onto-encyclopédique [1] ». L'analyse de la généralisation de la métaphore annonce donc une tout autre pensée de la métaphysique et elle déconstruit la représentation que la philosophie donne d'elle-même, elle déconstruit la philosophie de la philosophie.

La métaphore du « sujet »

Le tout des rapports de la philosophie à elle-même se joue avec la question de la métaphore. Celle-ci n'est pas par conséquent une question technique ou rhétorique, et elle n'est pas non plus un problème limité de philosophie du langage : avec elle c'est le tout de la philosophie et la philosophie comme tout qui se joue et s'emporte. Derrida travaille alors à soustraire la métaphore à tous les concepts philosophiques qui la déterminent : la métaphore comme transfert du sensible à l'intelligible, les valeurs d'us, d'usage, la différence entre métaphore vive et métaphore morte. On ne peut donc confondre le travail de Derrida avec celui de Nietzsche, malgré l'affinité indéniable de ces deux pensées de la métaphore ; ce dernier écrit : « Les vérités sont des illusions dont on a oublié qu'elles le sont, des métaphores qui ont été usées et qui ont perdu leur force sensible, des pièces de monnaie qui ont perdu leur empreinte et qui entrent dès lors en considération, non plus comme des pièces de monnaie mais comme métal [2]. » Nietzsche pense la métaphore à partir de métaphores inquestionnées et déconstruites par Derrida. Pourtant,

1. *Ibid.*
2. F. Nietzsche, *Le livre du philosophe*, Aubier-Flammarion, Paris, 1969, p. 183. Cité par Derrida, *ibid.*, pp.7-8.

pour Derrida comme pour Nietzsche, le sens ne saurait être indépendant de la métaphore qui le transporte et le figure.

L'enjeu du travail de Derrida est de déborder la métaphysique en montrant comment la métaphore excède toute métaphorique, c'est-à-dire tout discours visant à maîtriser son concept de l'extérieur, depuis un lieu du langage qui serait libre de toute métaphore. S'il n'y a que des métaphores de métaphores et qu'il n'existe aucun concept non métaphorique de la métaphore, la prétention métaphysique à surplomber la métaphore et à en dominer le concept apparaît comme un projet impossible. La philosophie tente donc de se constituer en sujet du discours sur la métaphore, mais on doit plutôt dire que la métaphore est, en quelque sorte, le « sujet » de tout discours sur la métaphore.

Une telle contamination du discours philosophique par la métaphore interdit à la philosophie de se constituer comme sujet de son propre discours, elle l'empêche en effet de constituer la métaphore comme un objet. C'est pourquoi Derrida écrit : « J'essaie de parler de la métaphore, de dire quelque chose de propre ou de littéral à son sujet, de la traiter comme mon sujet mais je suis, par elle, si on peut dire, obligé à parler d'elle *more metaphorico*, à sa manière à elle. Je ne peux en traiter sans traiter avec elle, sans négocier avec elle l'emprunt que je lui fais pour parler d'elle. Je n'arrive pas à produire un traité de la métaphore qui ne soit pas traité avec la métaphore qui du coup paraît intraitable [1]. » La métaphore est, à la limite, le « sujet » de tout discours à son égard et de toute métaphorique, la fonction « sujet » étant elle-même métaphorique. La métaphore est le sujet – en un sens inévitablement métaphorique – de tous les discours qui se tiennent à son sujet.

La généralisation de la métaphore déjoue la volonté de maîtrise philosophique du discours, puisque la philosophie ne parle de la métaphore que sous la dictée de la métaphore générale. « La » philosophie ni « la » métaphysique (qui n'existent pas) ne sauraient se délimiter, s'unifier, s'homogénéiser, et leur histoire est l'histoire de la destination de quelques métaphores : celles de « sujet », celles de « métaphore », celles de « vérité »,

1. « Le retrait de la métaphore », art. cit., p. 64.

etc. Les métaphores ne sont pas des instruments du langage dont pourrait se servir la philosophie, mais c'est à l'inverse les métaphores qui commandent le langage et les discours : « Le drame, car ceci est un drame, c'est que même si je décidais de ne plus parler métaphoriquement de la métaphore, je n'y arriverais pas, elle continuerait à se passer de moi pour me faire parler, me ventriloquer, me métaphoriser[1]. » Il n'y a alors pas de théorie de la métaphore, puisque aucun discours ne peut tenir celle-ci en respect en l'objectivant ; elle est plutôt une limite pour la philosophie et la théorie, et elle échappe au pouvoir de la philosophie en lui manifestant son impuissance. On comprend alors pourquoi toutes les problématiques du sujet de la littérature, ou du sujet de la philosophie, paraissent limitées : Derrida déplace toutes ces problématiques et découvre une manière de lire autrement les textes.

L'ontologie est métaphorique

Derrida est plus qu'attentif au discours de Heidegger quant à la métaphore et radiographie scrupuleusement les métaphores de la pensée heideggerienne. Il ne montre pas seulement à quel point ce discours est débordé par ce qu'il imagine délimiter et jusqu'où il obéit à des contraintes métaphoriques, mais il permet de comprendre que la question de l'être est l'enjeu même du problème de la métaphore. Pour Heidegger, la métaphore appartient à l'époque de la détermination de l'être comme *eidos* (« forme ») et le concept de métaphore appartient alors à l'histoire de l'être. Selon Derrida, l'être est la « grande métaphore » de la pensée de Heidegger. Contrairement à ce que pense ce dernier, la métaphore ne suppose pas la détermination de l'être comme *eidos*, mais c'est l'être qui ne peut se dire et se penser que métaphoriquement, dans la langue de métaphores de la métaphysique. Ici encore, la pensée de Derrida est aussi « claire » (c'est une métaphore) qu'elle est difficile et contraignante : « La métaphysique

1. *Ibid.*, p. 65.

n'aurait pas seulement construit et traité le concept de métaphore, par exemple à partir d'une détermination de l'être comme *eidos* ; elle serait elle-même en situation tropique au regard de l'être ou de la pensée de l'être [1]. »

Dans la pensée de Heidegger, les expressions de l'être, de la « vérité de l'être », de la « question de l'être » sont des métaphores de l'impossibilité de nommer l'être. « L'être n'étant rien, n'étant pas un étant, il ne saurait être nommé *more metaphorico* (...) on ne peut pas davantage parler proprement ou littéralement. On en parlera quasi métaphoriquement, selon une métaphore de métaphore [2]... » La pensée de l'être est donc, inévitablement, une métaphorisation de la pensée et de l'être, et la pensée de Heidegger s'abîme dans les métaphores en voulant se rassembler, s'approprier par la langue et recueillir l'être en elle.

Le retrait de l'être, qui donne les étants (puisque l'être n'est rien, il n'est pas), ne peut donc se dire que métaphoriquement : le « retrait » est une des métaphores de l'être. C'est alors toute l'ontologie qui est impliquée métaphoriquement dans les plis du « concept » de métaphore, et non l'inverse, au contraire de ce que pense Heidegger. Derrida peut donc écrire rigoureusement : « Qu'est-ce qui se passerait alors avec la métaphore ? Tout, la totalité de l'étant [3]. » Il y a en ce sens plus d'une métaphore et plus d'une métaphorique dans l'ontologie, il y a plus d'un concept de métaphore, et l'ontologie est une production de métaphores qui dissimule sa métaphoricité généralisée.

La question de la littérature et de la frontière entre littérature et philosophie n'est pas pour la déconstruction une question accessoire. L'enjeu de la littérature se situe en effet au niveau de radicalité de l'ontologie, et la pensée du texte et de la trace élaborée par Derrida subvertit toutes les pratiques de lecture, et déplace la frontière littérature/philosophie. Les textes sont alors déclassés et deviennent inclassables selon les conventions de la critique littéraire et philosophique.

1. *Ibid.*, p. 79.
2. *Ibid.*, p. 80.
3. *Ibid.*

7

LA LITTÉRATURE PENSE

La rencontre de la déconstruction avec la littérature n'a rien d'accidentel : Derrida travaille les frontières de la littérature et de la philosophie, il les déplace et les complique. Il montre que ces frontières traversent de l'intérieur ce qu'elles sont censées délimiter et séparer. La généralisation derridienne du concept d'écriture – comme tissu de différences et transformation de textes – ne reste pas indifférente à la question de la littérature, elle travaille à un concept de la littérature qui transforme les catégories et les concepts de la critique littéraire et de la philosophie. La déconstruction est donc inséparable de la question de la littérature, elle annonce d'autres pratiques d'écriture opérant à la subversion du logocentrisme ; la déconstruction est peut-être le tissu secret de la littérature.

L'écriture dite « littéraire » ne se réduit à aucun moment à un genre d'écriture « régionale », car l'écriture en général *est* littéraire. C'est sans doute pourquoi un privilège est accordé par Derrida à certains textes dits « littéraires » et à certaines pratiques d'écriture : la philosophie est provoquée à la déconstruction quand elle rencontre la littérature.

Les pratiques d'écriture dites « littéraires » ne relèvent pas d'un événement discursif intra langagier, autonome, qui ne recevrait sa loi que de lui-même et de son propre champ : l'idée de « littérature » est bien plutôt un concept culturel et historique, une invention moderne, et en même temps datée, un régime très instable, presque improbable, du texte. Il est très difficile, dès lors, de parler d'une essence de la littérature, puisque « la » littérature est l'écriture qui ne cesse de déconstruire activement son essence, elle est l'essence sans essence de l'écriture : « Il n'y a pas d'essence ni de substance de la littérature : la littérature n'est pas, elle n'existe pas [1]. »

La littérature ne peut que dérouter la philosophie puisqu'elle se dérobe à ses attendus, notamment à ceux de la philosophie du langage ; elle est pour la philosophie une provocation à penser. L'instabilité d'essence de la littérature ne peut manquer de dérouter et de subvertir la question traditionnelle de la philosophie, celle des dialogues de Platon, la question « qu'est-ce que... ? ».

Derrida va donc analyser la force subversive de certaines pratiques d'écriture « littéraires » : « Certains textes classés comme "littéraires" m'ont paru opérer des frayages ou des effractions au point de la plus grande avancée : Artaud, Bataille, Mallarmé, Sollers [2]. » Dans cette perspective Derrida déclasse la représentation philosophico-métaphysique de la littérature, il est conduit « à suspecter la dénomination de la "littérature" et ce qui en assujettit le concept aux belles-lettres, aux arts, à la poésie, à la rhétorique et à la philosophie [3]. » Il va alors se tourner vers des textes subversifs qui « opèrent dans leur mouvement même la manifestation et la déconstruction pratique de la *représentation* qu'on se faisait de la littérature [4]. » Ce qui intéresse donc Derrida, dès ces premiers écrits (*L'écriture et la différence* est publié en 1967), est ce qui arrive à la littérature et ce qui arrive à la métaphysique par la littérature ; la littérature est pensée comme l'événement qui peut arriver à la métaphysique et l'altérer.

La pensée de la littérature comme événement s'inscrit dans le texte de Derrida à travers le concept d'« idiome ». Ce concept définit ce qui reste intraduisible dans la langue d'un texte : l'idiome constitue la singularité différentielle d'un texte.

1. « Demeure », in *Passions de la littérature*, colloque consacré à Derrida, Galilée, Paris, 1996, p. 22.
2. *Positions*, *op. cit.*, p. 93.
3. *Ibid.*
4. *Ibid.*

La littérature est pensée par Derrida comme événement et singularité, comme « idiome », elle ne se laisse alors plus réduire aux catégories d'« œuvre », de « sujet », ou d'« auteur » sous la loi desquelles elle est traditionnellement tenue. La problématique derridienne de l'écriture littéraire se situe ainsi en porte à faux par rapport à ce que la philosophie et la critique littéraire enseignent. On appellera par conséquent « littérature » les pratiques d'écriture déconstruisant les institutions littéraires et philosophiques par leur idiomaticité et leur irréductibilité d'événement. La déconstruction arrive alors par la littérature, autrement dit par la singularité intraduisible et universelle de la langue d'un texte.

La langue de plus d'une langue

Dans les « Envois » de *La carte postale*, la littérature est pensée, selon une indication rigoureuse de Joyce, comme « carte postale » : la carte postale est l'« essence » sans essence de la littérature. La carte postale, remarque Derrida, peut toujours ne pas arriver à destination [1]. Ce qui détermine par conséquent l'écriture littéraire c'est cette structure d'« adestination » définie par la carte postale ; cette possibilité principielle de pouvoir ne pas arriver à destination – « adestination » – détermine l'écriture comme carte postale. La « littérature », d'autre part, remarque, inscrit dans ses textes les limites « extérieures » du texte. La littérature, comme la carte postale, n'est en quelque sorte que la remarque d'elle-même : la carte postale « ne consiste finalement qu'en son “propre” support [une image reproduite sur papier, et reproductible], ou presque, et ce support est déjà une reproduction [2] ». Cette structure de *remarque* constitutive de l'essence littéraire de l'écriture est aussi analysée dans un texte de Derrida consacré à la question de la traduction et au texte de W. Benjamin, « La tâche du traducteur » : « La traduction ne chercherait pas à dire ceci ou cela, à transporter tel ou tel

1. Cf., plus bas, le chapitre consacré à *Limited inc abc*.
2. « Envois », art. cit., p. 88.

contenu [pas plus que l'écriture littéraire, qui n'est jamais le transport de signifiés ou d'une signification], à communiquer telle charge de sens mais à remarquer l'affinité entre les langues, à exhiber sa propre possibilité. Et cela, qui vaut pour le texte littéraire ou le texte sacré, définit peut-être l'essence même du littéraire et du sacré en leur racine commune [1]. »

Le texte littéraire laisserait donc se remarquer ou se redoubler en lui la possibilité de la traduction, en même temps que son impossibilité : il marque par le même mouvement la nécessité de traduire et l'intraduisibilité ; la littérature appelle donc la traduction au moment même où elle rend celle-ci impossible. Derrida rencontre cette conception de la littérature, comme affirmation de la multiplicité des langues (en une seule), dans l'épisode de la tour de Babel de la « Genèse », et dans les textes « disséminant » de Joyce, *Ulysse* et *Finnegans Wake*. Dans « Deux mots pour Joyce [2] », Derrida remarque : « L'un des grands éclats de rire de Joyce se résume au travers de ce défi : essayer donc de compter les mots et les langues que je consume ! mettez à l'épreuve votre principe d'identification et de numération. Qu'est-ce qu'un mot [3] ? » Ceux que Derrida appelle les « experts » de Joyce auraient compté au moins une quarantaine de langues dans ses textes. Cette multiplicité des langues est véritablement intraduisible, puisqu'elle disparaît chaque fois que le texte est traduit en une seule langue, en même temps que l'écriture littéraire affirme et remarque, inscrit dans son texte, plus d'une langue en une seule langue. Derrida fait alors travailler de manière rigoureuse le nombre de « oui » dans *Ulysse*, plus nombreux en traduction française qu'en anglais : le nombre de oui est incalculable, dans la mesure où oui peut se dire autrement que par les mots « oui » ou *yes*, auxquels il ne se réduit par conséquent pas. La traduction révèle en ce sens qu'il n'y a pas de correspondance bi-univoque entre deux langues – les langues seraient constituées par leur traduction et ne leur préexisteraient pas.

1. « Des tours de Babel », *Psyché*, *op. cit.*, p. 220.
2. Repris en 1987 dans *Ulysse grammophone*, Galilée, Paris.
3. *Ibid.*, p. 15.

Derrida choisit alors d'interroger une affirmation économique de Joyce, qui dit la force paradoxale de l'écriture littéraire quant à la traductibilité : *he war*. Comment peut-on traduire *he war* en français ? Écrit en anglais, dans un texte dont l'anglais est la langue dominante, *he war* se traduit littéralement « il guerre » ; mais aussi, en référence à l'épisode de Babel dans la « Genèse » : « il fut » (à condition de lire *war* comme un mot allemand). « Traduire *he war* dans le système d'une seule langue [comme cela vient d'être tenté en français : « et il en fut ainsi », ce n'est plus la guerre] c'est effacer l'événement de la marque, non seulement de ce qui s'y dit mais son dire et son écrire, qui forment aussi, dans ce cas, le contenu essentiel du dit[1]. » Traduire en effet *he war* par « il en fut ainsi », c'est effacer à la fois la « guerre » que dit l'anglais *war*, et aussi l'allemand impliqué dans l'anglais : *war* est anglais et allemand. Ce qui s'efface donc à la traduction n'est rien d'autre que le contenu même du texte littéraire, ce qui est dit par le dire et l'écriture. « J'ai essayé de décrire et d'expliquer comment l'écriture comportait structuralement (comptait-décomptait) en elle-même son procès d'effacement et d'accumulation tout en marquant le *reste* de cet effacement[2]. » L'événement même de l'écriture de Joyce est effacé à la traduction, comme à la lecture. Et cet effacement de l'écriture n'est pas un accident, il est la dimension littéraire du texte : le texte de l'écriture de Joyce est effacé par la traduction, non lu par la lecture même. De manière analogue à ce qui arrive au nom « Babel » dans la « Genèse » (traduit en une seule langue par « confusion », alors que ce nom est à la fois un nom propre, intraduisible en tant que tel, et un nom qui dit la multiplicité des langues), le *he war* joycien est un défi impossible pour la traduction, il appelle la traduction au moment même où il la rend impraticable, comme déjà le *pharmakon* travaillait et transformait le texte de Platon.

Derrida répète avec insistance dans « Des tours de Babel » pourquoi traduire n'est pas tant passer d'une langue à une

1. *Ibid.*, p. 45.
2. *Positions*, *op. cit.*, p. 92.

autre, que traduire plus d'une langue inscrite et impliquée dans la langue dominante d'un texte : « Traduire le babélisme d'au moins deux langues, cela exigerait un équivalent qui restituerait non seulement toutes les potentialités sémantiques et formelles de l'hapax [un événement de la langue qui n'a eu lieu qu'une fois] *he war* mais aussi la multiplicité des langues en lui, le coït de cet événement, en vérité son nombre même, son essence nombreuse et rythmée, l'un différent en soi et de soi, à la différence de soi [1]. »

Deux choses au moins sont affirmées ici de l'écriture littéraire : 1/ elle est d'essence « babélienne » en tant qu'elle affirme, remarque, la multiplicité et la confusion des langues. Elle appelle donc la traduction en la défiant ; 2/ la singularité de l'idiome littéraire, son événement et sa complication, est ce qu'« on ne peut qu'effacer » parce qu'elle est « ineffaçable [2] ». Comme on l'a vu avec *he war*, la traduction ne traduit pas, elle efface, mais elle efface une marque qui est ineffaçable : la multiplicité des langues en une. De la même manière, la lecture ne lit pas, elle efface ce qu'elle lit en réduisant le plus d'une langue à une seule langue.

Derrida fait ainsi apparaître comment la lecture de Joyce est déchirée par une double contrainte conflictuelle : d'une part, « on ne peut que lire Joyce, qu'on le sache ou non [3] », au sens où le texte de Joyce n'est ni régional ni arbitraire, mais dit l'« essence sans essence » de l'écriture littéraire ; mais d'autre part Derrida affirme : « Les énoncés du type "je lis Joyce", "avez-vous lu Joyce ?", m'ont toujours paru comique, irrésistiblement. Joyce est celui qui a voulu faire rire, éclater de rire devant de telles phrases. Que voulez-vous dire au juste par "lire Joyce" ? Qui peut se vanter d'avoir "lu" Joyce [4] ? »

Derrida avance donc, ici encore, deux propositions conflictuelles, mais d'une conflictualité sans contradiction ni relève : 1/ on ne peut pas ne pas lire Joyce. On ne fait que ça, le lire, dès qu'on lit. On est lu par lui quand on le lit.

1. *Psyché*, *op. cit.*, p. 46.
2. *Ibid.*
3. *Ulysse grammophone*, *op. cit.*, p. 24.
4. *Ibid.*

C'est pourquoi « on ne peut rien inventer au sujet de Joyce. Tout ce qu'on peut dire d'*Ulysse*, par exemple, s'y trouve d'avance prévenu, y compris, nous l'avons vu, la scène de la compétence linguistique et l'ingénuité du méta-discours [1] » ; 2/ on ne peut pas lire Joyce, encore moins l'avoir lu, on n'a jamais commencé à lire Joyce. Il résulte de ces deux propositions que le texte de Joyce est à la fois toujours déjà lu et en même temps illisible, jamais encore lu.

Cette force double et paradoxale de l'écriture « littéraire » ne se rencontre toutefois pas au même degré dans tous les textes. Toute littérature ne transforme pas au même degré la pratique et la pensée de l'écriture, et si tout texte laisse s'inscrire en lui sa propre structure (comme on dit que « tout peintre se peint lui-même »), tout texte littéraire ne dit pas de la même manière l'essence sans essence de l'écriture littéraire. Derrida écrit : « Il y a tant d'œuvres, vous le savez, dont nous ne pouvons dire cela. Nous avons commencé à les lire, mais avons même fini de les lire dès la première page : programme connu [2]. » En ce sens, on pourrait appeler « littéraire » cette écriture dont la lecture ne commence pas *et* ne finit pas, autrement dit l'écriture en général qui ne se limite ni à la page ni au livre. C'est cette double structure (la littérature est lue-illisible) qui déconstruit l'institution de la littérature.

Lors d'une conférence donnée à l'invitation des représentants les plus compétents du texte joycien, Derrida explique en effet la ruine de toute institution joycienne par l'écriture de Joyce : « Vous êtes tous et toutes des experts, vous appartenez à une institution des plus singulières. Celle-ci porte le nom de celui qui a tout fait, et il l'a dit, pour la rendre indispensable et la faire travailler pendant des siècles. Comme à une nouvelle tour de Babel pour encore “faire un nom”, telle une puissante machine de lecture, de signature et de contresignature au service de son nom, de son brevet ou de son “patent”. Mais une institution que, comme Dieu la tour de Babel, il a tout fait pour rendre impossible et improbable

1. *Ibid.*, p. 97.
2. *Ibid.*, p. 24.

dans son principe, pour la déconstruire d'avance, et jusqu'à miner le concept même d'une compétence sur lequel une légitimité institutionnelle pourrait un jour se fonder, qu'il s'agisse d'une compétence de savoir ou de savoir faire[1]. »

La littérature est cette institution étrange qui déclare la guerre aux institutions qui se réclament d'elle, alors qu'elle les appelle pourtant en son nom, tel le Dieu jaloux qui déconstruit la tour qui est tendue vers lui. La littérature ruine d'avance la compétence, le savoir et le savoir-faire littéraires, et elle se rit de tous ses prétendants et experts légaux. Retrouvant ici encore une affirmation de Nietzsche (« les artistes sont inenseignables »), Derrida montre combien l'écriture littéraire (se) rit du savoir. C'est pour cela qu'elle a aussi, selon lui, un rapport de responsabilité au savoir et à la vérité : c'est en effet parce que les artistes sont inenseignables qu'ils doivent être enseignés. On retrouve partout cette double contrainte (*double bind*) qui structure l'écriture littéraire et qui définit justement l'espace de sa responsabilité. La littérature dit simultanément « enseigne-moi » et « ne m'enseigne pas », elle dit « traduis-moi » et « ne me traduis pas », « lis-moi » et « je suis illisible » ; pas de responsabilité selon Derrida sans cette double contrainte, et pas de littérature sans responsabilité ni témoignage. La littérature est l'épreuve même du témoignage et de la responsabilité que celui-ci appelle.

L'écriture littéraire est d'essence testimoniale. Elle témoigne peut-être pour le témoin

Dans *Schibboleth, pour Paul Celan*, publié en 1986, Derrida cite le poème de Celan « *Aschenglorie* » (qu'il traduit par « Cendres-la-gloire ») dont les derniers mots disent « nul ne témoigne pour le témoin ». Les poèmes de Celan sont des expériences très singulières de la date, ils pensent et remarquent leur date et la date, ou la datation de ces dates : « La

1. L'« ouï-dire de Joyce », in *Ulysse grammophone*, *op. cit.*, p. 77.

date est un témoin (...) Il est toujours possible qu'il n'y ait plus de témoin pour ce témoin [1]. » La date est un témoin, elle témoigne de manière métonymique d'un événement dont elle est le signe crypté : « La métonymie de la date (une date est toujours aussi une métonymie) désigne la partie d'un événement ou d'une séquence d'événement pour en rappeler le tout [2]. » Autrement dit, les poèmes de Celan, qui ont des dates pour titre ou pour signature, se vouent aux dates et à la datation, ils commémorent une date ou un anniversaire ; ils signifient de cette manière que l'écriture poétique est d'essence testimoniale, elle laisse s'inscrire en elle la date, c'est-à-dire le signe de l'intériorisation métonymique d'un événement.

L'événement dont la date témoigne est caché en elle, crypté. Elle le dit en l'intériorisant et ne fait pas référence à lui comme s'il était une réalité empirique simplement extérieure ; la date produit et performe l'événement au moment où elle le « constate » : « Il faut bien que dans l'inscription d'une date, dans le phénomène explicite et codé de la datation, ce qui est daté ne soit pas daté [3]. » Ce qui intéresse Derrida dans les dates et la datation qui s'inscrivent dans les poèmes de Celan, c'est la crypte et le crypté. Il faudrait alors sans doute articuler *Schibboleth* à « Fors », préface que Derrida écrit au *Verbier de l'homme aux loups* de N. Abraham et M. Torok (livre qui fait l'hypothèse, au-delà de la métapsychologie freudienne, d'une « crypte dans le Moi »).

La date est une crypte et elle est cryptée, c'est-à-dire qu'elle se donne en se retirant et se retire en se donnant. Derrida fait alors deux hypothèses, au sujet de la date et du rapport du poème à l'événement que la date métonymise : « Le crypté, le daté de la date s'efface (...) ou bien, hypothèse apparemment inverse, celle-ci rend disponible pour tous. Alors le résultat revient au même [4]. » Ou bien la date est cryptée, elle dissimule alors en elle les événements qu'elle

1. *Schibboleth*, Galilée, Paris, 1986, p. 60.
2. *Ibid.*, p. 41.
3. *Ibid.*, p. 31.
4. *Ibid.*, p. 67.

désigne en les datant, ou bien elle ne dissimule rien et offre au regard tous les événements qu'elle désigne, mais alors elle n'offre rien, elle tait la singularité de l'événement. Qu'elle crypte ou qu'elle offre la singularité de l'événement, cela « revient au même », le daté de la date est effacé dès lors qu'il est inscrit, effacé par son inscription même.

La complexité de ce genre d'hypothèse déroute d'avance le bon sens et s'expose à des résistances massives. On comprend pourtant que ces difficultés ne sont pas arbitraires et qu'elles constituent l'écriture littéraire. Elles se rencontrent en effet autant dans les textes de Derrida que dans les textes de ceux auxquels il consacre de longues analyses : Rousseau, Baudelaire, Flaubert, Kafka, Artaud, Bataille, Blanchot, Celan, Jabès, Joyce, Mallarmé, Ponge, Valéry. Cette double hypothèse – l'événement est manifesté *et* dérobé par la date qui le métonymise – permet de repenser autrement le rapport de la littérature avec la question de la vérité et de la fiction ; c'est pourquoi Derrida demande : « Une date, est-ce vrai ? Quelle est la vérité de cette fiction, la vérité non vraie de cette vérité [1] ? »

En 1998, dans *Demeure*, dont le sous-titre est « Fiction et Témoignage », l'analyse du rapport de la littérature au témoignage est reprise à partir d'un texte de M. Blanchot, *L'instant de ma mort*. Derrida fait apparaître dans le texte de Blanchot le rapport d'essence que le témoignage entretient avec la fiction, et donc avec la littérature, puisque « la Fiction » est la détermination dominante de la littérature pour la métaphysique occidentale. En effet, le témoignage « souffrira toujours d'avoir indécidablement partie liée avec la fiction, le parjure ou le mensonge et de ne jamais pouvoir ni devoir, faute de cesser de témoigner, devenir une preuve [2] ». D'un point de vue juridique, un témoignage se définit par sa différence avec la preuve et la valeur de preuve. Les conséquences de cette distinction entre la preuve et le témoignage sont infinies, puisque cette distinction introduit dans le témoignage la possibilité du mensonge, du parjure ou de la fiction. En effet, si

1. *Ibid.*, p. 85.
2. *Demeure*, art. cit., p. 22.

une telle possibilité de ruine du témoignage ne hantait pas la possibilité de celui-ci, le témoignage deviendrait une preuve et cesserait alors d'être ce qu'il est. C'est pourquoi il est par définition impossible de démontrer par une preuve qu'un témoignage est un mensonge ou un parjure, même lorsque le mensonge ou le parjure ont été avoués.

Derrida fait apparaître par cette analyse que la littérature est au cœur du témoignage, et qu'elle a pour puissance constituante de le hanter. La littérature est donc au fondement du juridico-politique qu'elle hante et déconstruit : « Si le testimonial est en droit irréductible au fictionnel, il n'est pas de témoignage qui n'implique structurellement, en lui-même la possibilité de la fiction, du simulacre, de la dissimulation, du mensonge et du parjure – c'est-à-dire aussi de la littérature, de l'innocente ou perverse littérature qui joue innocemment à pervertir toutes ces distinctions [1]. » La littérature témoigne donc, par sa fiction, de l'impossibilité de distinguer entre le testimonial et le fictionnel, elle atteste, de manière indécidablement fictionnelle et testimoniale, de l'indécidabilité de la distinction entre le témoignage et la fiction. Ainsi « pour rester témoignage, il [le témoignage] doit se laisser hanter. Il doit se laisser parasiter par cela même qu'il exclut dans son for intérieur, la possibilité, au moins, de la littérature [2] ».

Le témoignage incorpore donc sa propre possibilité, et dissimule en lui ce qui le distingue d'une preuve et lui permet de ne pas se dissoudre, il dissimule la littérature en l'incorporant. Le témoignage ne parvient donc pas à intérioriser la littérature, l'intériorisation échoue et devient hantise ou « incorporation » : la possibilité de la littérature, comme du parjure, hante le témoignage qui ne peut effacer cette possibilité dans « son for intérieur », dans sa crypte. Tout témoignage dissimule alors en lui la littérature comme son secret. Derrida explique en effet que « sans la possibilité de cette fiction, sans la virtualité spectrale de ce simulacre et par suite de ce mensonge ou de cette fragmentation du vrai, aucun témoignage vérace en tant que tel ne serait possible. Par

1. *Ibid.*, p. 23.
2. *Ibid.*

conséquent la possibilité de la fiction littéraire hante, comme sa propre possibilité, le témoignage dit vérace, responsable, sérieux, réel [1] ». Le témoignage de la fiction littéraire, qui peut très bien être de part en part un faux témoignage, est la condition de possibilité du témoignage vérace, et par conséquent de toute procédure juridique. La littérature apparaît donc au cœur du témoignage, elle le hante au sens où elle est sa possibilité et en même temps sa menace la plus grave. La possibilité de la littérature, qui constitue le témoignage et le menace en même temps de toujours être un faux témoignage, est exclue du témoignage, mais au-dedans, au cœur de celui-ci.

La littérature témoigne en effet d'un événement qui peut très bien n'avoir eu lieu qu'en elle, c'est-à-dire par le témoignage fictionnel de l'événement ; elle constate l'événement qu'elle performe et performe ce qu'elle constate. Elle peut, en ce sens, témoigner d'un événement qui n'existe que par elle, par son témoignage, elle ne fait même que cela, témoigner de l'événement singulier dont elle témoigne et dont elle est dès lors l'expérience singulière et unique : « Car dans l'hypothèse d'un faux témoignage, fût-il faux de part en part (...) voire d'une pure et simple fiction littéraire, eh bien, l'événement décrit, l'événement de référence aura eu lieu, fût-ce dans sa structure d'expérience inéprouvée [2]. » Derrida fait ainsi apparaître que la possibilité de la littérature structure l'expérience « réelle » de l'événement « réel » ; la littérature est donc le témoignage d'une expérience dont seul le témoin sait (mais en quel sens le sait-il ?) si elle aura été « fictive » ou « réelle » : en ce sens, nul ne témoignera jamais pour le témoin, même pas le témoin lui-même.

La littérature a donc lieu au-delà de cette distinction entre le « réel » et le « fictionnel », et le texte littéraire « porte témoignage d'une singularité universalisable [3] » comme le font métonymiquement les dates des poèmes de Celan. Le témoignage littéraire n'est alors le témoignage de personne,

1. *Ibid.*, p. 52.
2. *Ibid.*, p. 59.
3. *Ibid.*, p. 67.

il n'appartient même pas à celui qui témoigne (qui est anonyme et divisé, et qui peut très bien ne pas comprendre ce dont il témoigne). Mais en même temps, il est témoignage exemplaire et universalisable, traduisible, il n'appartient à personne mais doit pouvoir par définition être compris par ceux auxquels rien de tel que ce qui est écrit littérairement n'est arrivé. Cette double contrainte (être singulier *et* universalisable) qui structure le témoignage littéraire confirme l'enjeu politique de la littérature : celle-ci ne constitue pas seulement la possibilité de tout témoignage juridique, mais elle est aussi liée à la possibilité même de la démocratie. La pensée de Derrida est donc hautement politique, même et d'abord lorsqu'elle parle de littérature.

Littérature et démocratie : le droit de tout dire

En 1993, dans *Passions*, Derrida articule la possibilité de la littérature à celle de la démocratie, il affirme combien la littérature est liée au destin de la démocratie et à son avenir : « La littérature est une invention moderne, elle s'inscrit dans des conventions et des institutions qui, pour n'en retenir que ce trait, lui assurent en principe le droit de tout dire. La littérature lie aussi son destin à une certaine non-censure, à l'espace de la liberté démocratique (liberté de la presse, liberté d'opinion, etc.). Pas de démocratie sans littérature, pas de littérature sans démocratie[1]. » Littérature et démocratie sont liées, impensables l'une sans l'autre, car même si la littérature est une institution « moderne » (la « littérature » comme telle n'existe pas à l'époque de la démocratie athénienne), leur ouverture est commune : c'est le droit inconditionnel de tout dire. Autrement dit, *du point de vue de la possibilité*, la littérature est démocratique, et la démocratie se doit d'accorder un droit inconditionnel à la littérature.

La littérature est alors un effet de l'histoire et du droit : elle a une fonction juridiquement et historiquement détermi-

1. *Passions*, Galilée, Paris, 1993, p. 64-65.

née, en d'autres termes, elle est une institution. « Aucun énoncé, aucune forme discursive n'est intrinsèquement ou essentiellement littéraire avant et hors de la fonction que lui assigne ou lui reconnaît un droit, c'est-à-dire une intentionnalité spécifique inscrite à même le corps social [1]. » La littérature n'est pas seulement une pratique esthétique, ni de l'art pour l'art, mais elle est une institution historique, juridique, sociale et politique. De ce point de vue, elle n'a pas une essence une, éternelle, indivisible, pure, anhistorique, immatérielle, et la philosophie comme la critique littéraire doivent l'interroger en conséquence : comme une institution historique en devenir. Elle n'est donc pas un champ autonome régi par des lois intérieures, mais son destin est plutôt lié à l'histoire de l'Europe et à l'avenir de la démocratie.

Inséparable de ce qui arrive et des transformations de l'histoire, l'écriture littéraire ne peut pas ne pas être affectée constitutivement par l'histoire et le devenir des techniques. Le droit de tout dire, condition de possibilité commune à la littérature et à la démocratie, n'est donc rien moins qu'un droit naturel, puisque toutes les analyses de Derrida font apparaître l'artificialité et la précarité de ce droit. Derrida nous rend en effet sensibles à la dimension technique ou technologique de l'écriture, dès les textes consacrés à Platon ou Rousseau [2] ; il ouvre ainsi un champ de recherche infini sur ce qui lie la littérature à la technique comme à la démocratie. Il montre qu'il n'y a pas de témoignage sans technique de l'archive et qu'aucune littérature n'a lieu sans technique ni sans les techniques d'archivation à venir qui transforment l'écriture littéraire.

La littérature se définit alors comme le droit de tout dire qui n'arrive qu'à s'effacer, elle porte un témoignage singulier et universalisable de l'événement qu'elle archive dans son texte.

1. *Demeure*, art. cit., p. 22.
2. Cf. ici même, chapitres 1 et 2.

La littérature ne s'écrit pas sans technique

Ouverte à l'avenir et à ce qui vient, la déconstruction ne peut pas ne pas penser l'aujourd'hui, l'actuel et le présent. Cherchant sans cesse à radiographier ce qui arrive dans ce qui se présente, Derrida s'intéresse aux conditions de production technique de l'événement et de son archivation, il repense autrement ce que la métaphysique dit de la technique et de son essence. Il s'interroge très tôt dans son travail sur ce qui lie l'écriture à la technique et analyse comment les mutations des techniques et des moyens de communication bouleversent l'écriture et les institutions littéraires en leur fondement. La littérature est d'autant plus liée à ce qu'on a appelé en philosophie la « question de la technique » que l'écriture est d'essence technique. Cette problématique nous apprend que la littérature révèle l'« essence » de la technique et la technique l'« essence » de la littérature.

Dans les « Envois » de *La carte postale* Derrida relate un dialogue, fictif et réel, avec une étudiante venue lui demander un sujet de recherche sur la littérature : « Je lui ai parlé de microprocesseur et de terminal d'ordinateur, elle avait l'air un peu dégoûtée. Elle m'a dit qu'elle aimait encore la littérature (moi aussi, je lui ai répondu, mais si, mais si). Curieux de savoir ce qu'elle entendait par là [1]. » Ce que cette étudiante appelle « littérature » doit s'entendre séparée de toute contamination technique ou technologique. Cette séparation de la littérature et de la technique est conforme au geste le plus constant de la tradition occidentale, celui qu'on rencontre de Platon à Heidegger et au-delà : il consiste à dériver et dévaluer l'écriture par rapport à la parole vive. Platon et Heidegger s'accordent en effet pour penser que la technique de la « littérature » n'atteint pas la vérité du langage qui est réservée à la philosophie pour Platon, à la parole poétique pour Heidegger. Quand Derrida feint de ne pas savoir ce que cette étudiante entendait par « littérature », cela signifie que la

1. « Envois », *op. cit.*, p. 213.

littérature est pour lui rigoureusement inséparable de la technique.

L'œuvre de Joyce révèle de ce point de vue le travail des techniques de communication sur l'écriture littéraire. *Ulysse* de Joyce donne à lire une pensée ontologique des techniques de communication de l'époque : le téléphone et la carte postale. Joyce pense en effet la carte postale comme « essence » du livre et le téléphone comme l'être du personnage d'*Ulysse*, Léopold Bloom : « On peut lire au travers de ce paradigme particulier : *he is at the telephone*, il y est toujours, il appartient au téléphone, il y est à la fois rivé et destiné. Son être est un être-au-téléphone. Il est branché sur une multiplicité de voix ou de répondeurs automatiques. Son être-là est un être-au-téléphone, un être pour le téléphone, comme Heidegger parle d'un "être vers la mort" de *Dasein* [1]. » On doit alors considérer que la pensée de Joyce communique d'avance avec celle de Heidegger : « Le *Dasein* [être-là] heideggerien aussi est un être appelé [2]... » Le *Dasein* joycien est, quant à lui, un être appelé au téléphone, et le téléphone est en ce sens déjà là dans l'appel de l'être entendu par le *Dasein* Bloom. Si la pensée de Joyce dans *Ulysse* est déterminée par l'apparition du téléphone, cela signifie que la révolution des techniques de communication produit une transformation dans l'histoire de l'être et de la pensée : l'histoire de la pensée, et de la pensée de l'être, est donc inséparable d'un état et d'une époque des communications et des techniques ; c'est pourquoi la pensée de Joyce est bouleversée par le téléphone.

Si l'appel de l'être devient téléphonique avec l'apparition de cette technique de communication, c'est qu'il l'était toujours déjà, avant même que les téléphones empiriques n'apparaissent. Il faut donc penser l'appel de l'être à partir de l'appel téléphonique et non l'inverse, au sens où la technique est déjà présente dans l'appel. Derrida pense rigoureusement cette antériorité de l'appel « téléphonique » sur l'apparition empirique de cette technique d'appel, lorsqu'il montre comment la technique est à l'œuvre dans la révolution littéraire

1. *Ulysse grammophone*, *op. cit.*, p. 84.
2. *Ibid.*

joycienne : « Intériorité téléphonique donc, car avant tout dispositif portant ce nom dans la modernité, la *technè* téléphonique est à l'œuvre au-dedans de la voix, multipliant l'écriture des voix sans instruments dirait Mallarmé, téléphonie mentale qui inscrivant le lointain, la distance, la différance et l'espacement dans la *phoné* [la voix], à la fois institue, interdit et brouille le soi-disant monologue[1]. »

Autrement dit, si Joyce a découvert une technique narrative révolutionnaire, que les experts s'obstinent à nommer « le monologue intérieur », cette découverte est avant tout un effet de la *technè* téléphonique sur l'écriture littéraire. La technique littéraire du « monologue intérieur » est inscrite dans l'écriture avant d'être un effet sur l'écriture de l'apparition des téléphones : elle est la multiplication des voix et des sujets de l'énonciation. Le « monologue intérieur » n'a donc de monologue que le nom puisqu'on ne sait plus qui parle « intérieurement », ni qui entend. Cette technique d'écriture est comme le téléphone, elle multiplie les voix intérieures et ouvre ainsi l'intériorité sur le dehors des voix.

Une révolution technique empirique est alors toujours en retard sur la révolution technique littéraire qui lui correspond ; elle se précède toujours déjà elle-même et s'inscrit dans la littérature puisque la littérature ne se limite ni à la page ni au livre et qu'il n'y a pas de hors-texte : « Car vous ne pouvez rien dire qui ne soit programmé sur cet ordinateur de la 1 000e génération, *Ulysse*, *Finnegans Wake* auprès duquel la technologie actuelle de nos computers et de nos archives micro-ordinatorifés et de nos machines à traduire reste un bricolage, un jouet d'enfant préhistorique. Un jouet dont le mécanisme, souvent, se traîne[2]. » Cette vitesse et cette avance de la technologie littéraire sur toutes nos techniques (de lecture, de traduction et d'archivation) obligent la pensée de l'écriture et du texte à s'orienter vers la question de la technique.

1. *Ibid.*, p. 82.
2. *Ibid.*, p. 22.

8

LA TECHNIQUE ET LE TEMPS DE L'ÉVÉNEMENT

La déconstruction est une pensée du temps, on peut la présenter comme un bouleversement du concept de temps, elle ne cesse donc de penser son temps et, au même moment, de transformer le concept temps. Elle est active et pratique en tant qu'elle est ouverte à l'avenir et au temps qui vient, attentive aux transformations du temps. Le temps, l'événement et notre perception du temps sont radicalement transformés par la technique comme la technique l'est par le temps. La pensée derridienne engage une analyse détaillée de la manière dont l'espace politique, juridique, littéraire, et plus généralement institutionnel est transformé par les nouvelles techniques et par leurs mutations. Elle doit donc aussi s'entendre comme une réponse à la méditation heideggerienne sur l'essence de la technique comme possibilité d'un tournant dans l'histoire – méditation qui ne peut être confondue avec le désir « réactionnaire » de revenir à un monde pré-technique et artisanal.

Derrida s'intéresse à la manière dont l'histoire, la politique et la démocratie sont bouleversées par les transformations techniques. Il est donc absurde de prétendre que ces analyses seraient incapables de résister aux monstres dont les mutations technologiques peuvent accoucher : la déconstruction ne bénissant jamais rien, surtout pas le fait accompli, elle ne peut être comprise comme une attitude béatement « technophile » à l'égard des nouvelles technologies ; il ne s'agit jamais pour elle de juger ni d'accuser la technique, mais de comprendre ce qui se passe et ce qui arrive avec et par elle, puisque rien ne se passe sans la technique. La déconstruction n'est donc ni « technophile » ni « technophobe », elle ne peut se comprendre à partir de telles catégories unilatérales.

La production artefactuelle de l'événement

En 1996 paraît un livre qui rassemble des entretiens filmés de Derrida avec Bernard Stiegler, *Echographies – de la télévision*[1]. On peut s'apercevoir à la lecture de ce livre que la déconstruction est sensible à la manière dont les médias « créent » techniquement l'événement, le produisent. Cette analyse des conditions de production technique et artificielle de l'actualité dans l'information et le travail de l'historien, c'est-à-dire « la déconstruction nécessaire de cette artefactualité[2] », ne doit pas être confondue avec un « alibi à un leurre du leurre, à la dénégation de l'événement[3] ». Montrer comment la réalité et l'événement sont produits et performés techniquement, faire apparaître qu'il n'existe pas de « faits » – c'est-à-dire d'événements dont le sens serait donné, enregistré et non modifié par sa réception dans l'information ou dans l'histoire – ne légitiment aucunement un discours fictionnaliste : analyser comment l'événement est capté par la technique et répété dans l'information plutôt que constaté, ce n'est pas le dissoudre dans la fiction. En effet, la technique produit la « réalité » qu'elle donne à voir (qui peut alors être appelée une « artefactualité »), mais jamais elle ne produit pour autant l'événement qui ne peut être attesté que par le témoignage[4]. Une preuve établie techniquement n'est pas, rappelons-le, un témoignage, et il ne peut jamais y avoir de preuves de l'événement, seulement des témoignages : « La technique ne fournira jamais un témoignage[5]. »

1. Philosophe, ancien directeur de l'INA, auteur d'ouvrages décisifs sur la question de la technique : *La technique et le temps* I, II et III.
2. *Échographies – de la télévision*, Galilée, Paris, 1996, p. 13.
3. *Ibid.*
4. Cf. ici même, chapitre 5.
5. *Ibid.*, p. 107.

Autrement dit, la rigueur de l'analyse déconstructrice est différente de l'interprétation sophistique de la réalité par Baudrillard ; celui-ci feint de croire que « la guerre du Golfe n'a pas eu lieu », sous prétexte qu'elle n'a pas eu d'autre existence pour « nous » que médiatique et en quelque sorte virtuelle : « Ce que voulait dire Baudrillard (...) que justement les simulacres d'images, la télévision, la manipulation de l'information, le reportage avaient annulé l'événement, qu'au fond on n'avait vécu cela qu'à travers du simulacre. C'est intéressant. Je crois que quelque chose d'analogue s'est produit (et se produit sans doute toujours, depuis toujours, dès que l'itérabilité en général structure l'événementialité de l'événement)[1]. » La déconstruction derridienne découvre donc le devenir-simulacre de l'événement inscrit au cœur même de la structure de l'événementialité : l'événement devient un simulacre de lui-même, il se « déréalise » à partir du moment où il devient événement (en se répétant à travers l'information et en se différenciant alors de lui-même). C'est en effet l'exposition et la répétition qui font l'événement, mais au moment où l'événement est ainsi répété, il est altéré et n'est plus un ni identique à lui-même. Derrida nomme « itérabilité » cette répétition altérante de l'événement, elle advient dès qu'il y a archivation, information, histoire.

L'événement se déréalise donc lors de son propre mouvement : il s'efface, puisqu'il n'arrive qu'en se répétant et en s'altérant. L'événement n'est en effet « événement » que s'il est interprété et compris comme tel dans une répétition qui lui donne sa valeur d'événement. Cet effacement structurel de l'événement est pour la déconstruction un appel à la responsabilité et à la mémoire de ce qui a lieu ; c'est parce que l'événement s'efface dans la mémoire qui le répète qu'on doit travailler à ne pas l'oublier et à ne pas oublier cet effacement constitutif de la mémoire. Ce que nous dit Baudrillard « ne doit pas nous faire oublier – et l'événement ne se laisse pas oublier – qu'il y a eu des morts, des centaines de milliers de morts, d'un côté du front et non de l'autre, et que cette guerre a eu lieu. Si cet avoir lieu se scelle dans ce que des

1. *Ibid.*, p. 89.

morts ont d'ineffaçable, on doit ne pas l'oublier, ces morts sont chaque fois, par centaines de milliers, des morts singulières. Chaque fois il y a singularité du meurtre. Cela arrive et aucun processus, aucune logique du simulacre ne peut faire oublier cela ; car avec le processus il faut aussi penser la singularité [1] ».

Pas plus qu'elle n'est unilatérale, la déconstruction de l'actualité et de sa production technique et médiatique n'est dialectique : elle ne réconcilie dans aucune synthèse la contradiction apparente qu'il y a entre le devenir-simulacre de l'événement et la singularité de son avoir-lieu. Endurer et penser cette « contradiction, c'est de cette manière que s'engage la responsabilité déconstructrice à l'égard de l'événement ». Cette responsabilité, qui consiste à analyser en même temps la singularité de l'événement et son effacement dans le simulacre, n'est possible que dans la forme du travail sur l'archive. C'est du point de vue d'une telle responsabilité que Derrida peut écrire : « Le fait d'avoir accès à ces archives, de pouvoir analyser leur contenu, les modalités de sélection, d'interprétation, de manipulation qui ont présidé à leur production et à leur circulation, tout cela est donc un droit du citoyen [2]. » La participation active et le rapport critique à la politique, qui sont constitutifs de la démocratie, ne vont pas sans ce droit inconditionnel et universel d'accéder aux archives.

La déconstruction de l'archive suppose un savoir technique et elle est ouverte par la responsabilité à l'égard de l'événement, elle est donc un droit du citoyen et non une pratique philosophique ou théorique « abstraite » ; la déconstruction agit *en effet*, notamment quand elle travaille à analyser l'archive de l'événement et qu'elle permet de comprendre comment celui-ci a été « produit » ou « archivé ». Elle agit alors en faveur de la démocratie : ce droit du citoyen à la déconstruction de l'archive et de l'artefactualité archivée est un droit démocratique, inséparable de la venue de la démocratie. Pas de démocratie sans cette possibilité et ce droit à la décons-

1. *Ibid.*
2. *Ibid.*, p. 45.

truction, celle-ci n'est donc pas une école philosophique mais le nom du mouvement effectif de la démocratie. C'est pourquoi « il est tout à fait normal que l'État assure sans retard non seulement le droit formel mais les conditions techniques de l'accès à cette archive. Si l'application de cette loi a du retard dans ce domaine, c'est une violence faite au droit de quiconque à consulter une archive publique [1] ».

La technique apparaît ici comme la condition d'accès à l'archive et à travers elle à l'événement, puisque l'événement n'a pas lieu sans reproductibilité technique : la reproductibilité technique de l'événement dans les médias et les archives, son « artefactualité » font son événementialité : il n'y a plus d'événement si celui-ci n'est pas répété, car il est alors effacé. La transformation des techniques d'archivation va donc dans le sens d'une démocratisation de l'accès à l'archive, puisque les nouvelles techniques de communication sont la déconstruction pratique d'un certain pouvoir de l'État. Elles peuvent accélérer, pense Derrida, les processus de « démocratisation » en cours : « Je crois que telle transformation technique du téléphone, du fax, de la télévision, de l'e-mail et de l'Internet auront plus fait pour ce qu'on appelle la "démocratisation", même dans les pays de l'Est, que tous les discours en faveur des droits de l'homme, toutes les présentations des modèles au nom desquels on a pu engager cette démocratisation [2]. »

La technique produit donc une déconstruction pratique d'un certain pouvoir, ces effets démocratiques peuvent être plus puissants que ceux des discours juridiques en faveur de la démocratie ou des droits de l'homme, elle est susceptible pour cette raison d'accélérer les processus démocratiques et de menacer les totalitarismes. Par-delà tout jugement moral sur la technique, Derrida s'efforce de penser la transformation de l'essence de la politique par la technique ; son analyse est alors en quelque sorte « réaliste » au sens où elle ne condamne pas la technique et n'appelle pas à bloquer le mouvement de transformation historique. Elle n'oppose en effet jamais ce qui serait une « non-technique » à la techni-

1. *Ibid.*, p. 44.
2. *Ibid.*, p. 82.

que. La déconstruction ne s'oppose ainsi jamais à « la » technique (qui n'existe pas) mais discerne des tendances et des processus techniques hétérogènes, elle joue certaines tendances techniques contre d'autres, en vue de les transformer dans l'horizon de la démocratie à venir. Si on ne peut alors pas opposer à la technique un moment pré-technique, voire non technique, qui serait venu avant la technique, c'est que cet avant était déjà technique : « Ces machines, il y en a toujours eu, et même au temps de l'écriture à la main, même au cours de ladite conversation vive[1]. » La technique est justement ce qui met l'avant et l'après hors de leurs gonds. Penser son temps c'est aussi penser la technique, et il s'agit alors de penser le dérèglement de la chronologie par la technique.

La technique met le temps hors de ses gonds

La technique n'est pas seulement une accélération de la vitesse, elle n'est pas d'abord ce qui réduit le temps et la durée à l'instant, elle n'abolit pas les distances et l'espace tout en conservant la succession chronologique ; bien au contraire, la technique est ce qui dérègle les valeurs de l'espace et du temps. Ce dérèglement du temps par la technique, qui fait passer l'avenir avant le passé et le passé après l'avenir, fait justement apparaître ce que Derrida appelle « Spectres ». Les « Spectres » ou « fantômes » apparaissent dès qu'il y a inscription ou enregistrement technique : « Comme nous savons que, une fois prise, une fois captée, telle image pourra être reproduite en notre absence, comme nous le savons déjà, nous sommes déjà hantés par cet avenir qui porte notre mort. Notre disparition est déjà là[2]. » Cette pensée des Spectres et des fantômes est une des parts les plus surprenantes et les plus originales de la pensée de Derrida ; elle est sans doute appelée par l'analyse de la technique. Que signifie donc cette prolifération des Spectres ou des revenants par la technique ?

Les Spectres ne sont pas seulement ce qui nous regarde

1. *Ibid.*, p. 47.
2. *Ibid.*

et dont nous ne pouvons croiser le regard, ils ne sont pas seulement ce que Derrida nomme « effet de heaume » dans *Spectres de Marx*, ils ne sont pas seulement le se-sentir-regardé ou concerné sans lequel il n'y a aucune responsabilité éthique ou politique. Les Spectres sont aussi des « revenants » – de plus en plus souvent Derrida va parler des « revenants » qui, à la différence des « Spectres » ou des « fantômes », disent autre chose que le visible et le non visible – c'est-à-dire le retour de ce qui est passé, le retour autre : ils bouleversent la chronologie puisque ce qui est passé devient par eux à venir.

La reproduction et la répétition ont lieu dès qu'il y a inscription technique et archivation, elles ont lieu dans l'écriture, dans la photographie, avec l'enregistrement sonore, la télévision, le cinéma, mais aussi avec la parole, l'oreille ou la mémoire : ce qui est produit techniquement (en un certain sens, tout) peut être reproduit dès lors qu'il est produit. Comme la possibilité la plus générale de la trace consiste à pouvoir être reproduite en l'absence de ce qui l'a produite, la reproductibilité technique est constitutive de la trace, et il faut penser la trace comme revenant. La reproductibilité technique produit en elle un effet de hantise : elle laisse entrevoir et fait apparaître – par exemple dans l'image photographique – la possibilité à venir de notre disparition et de notre absence.

La reproductibilité technique est, à rigoureusement parler, une revenance. Elle fait apparaître des Spectres et permet au passé d'être à venir comme à l'avenir d'apparaître par avance dans le présent. Lorsqu'on regarde une photographie comme le fait Derrida, on aperçoit que l'image me survivra, et qu'elle a d'ailleurs commencé à le faire dès qu'elle est « prise ». Celui que je peux voir sur la photographie c'est moi, mais ce n'est déjà plus moi, c'est déjà un autre, c'est moi tel que je pourrai être vu après ma mort, puisque cette image de moi commence à me survivre dès qu'elle existe. Cette inscription de ma disparition dans la photographie et la survivance de cette image sont « miennes », mais elles ne sont pas miennes, elles me regardent, me hantent, mais je ne peux pas me les approprier. C'est alors toute ma présence « vivante » qui est bouleversée par l'apparition de la reproductibilité technique.

Toute présence vivante est précédée et déconstruite par cette revenance pré-posthume du scripturaire, du sonore, du photographique, et du filmographique.

Dans *Ghostdance*, le film où Derrida joue son « propre » rôle, on peut entendre : « La technologie moderne, contrairement aux apparences, bien qu'elle soit scientifique, décuple le pouvoir des fantômes[1]. » Les fantômes sont ce qui revient, mais autre, altéré, différant, ils sont l'événement qui revient, mais transformé ; dès lors que la répétition lui est constitutive, l'événement revient dans un autre contexte que celui où il est apparu, et il transforme donc les contextes qu'il traverse.

Les fantômes suscités par la technique reviennent et traversent les temps, ils sont marqués par la finitude ; ces fantômes qui reviennent ne sont pas intemporels ou éternels, ils sont finis : « Sitôt que nous mourrons après ou même pendant l'enregistrement voilà, ce sera ou cela restera "vivant", simulacre de vie : le maximum de vie (le plus de vie) mais de vie déjà pliée à la mort ("plus de vie"), voilà qui devient exportable le plus longtemps et le plus loin possible – mais de façon finie : ce n'est pas inscrit pour l'éternité, car c'est fini et non seulement parce que les sujets sont finis, mais parce que l'archive dont nous parlons est aussi destructible[2]. » Jusque dans son analyse de la technique et des fantômes, c'est-à-dire dans l'analyse de phénomènes qui pourraient paraître inertes ou œuvrant pour la mort (comme ceux de la technique), le texte de Derrida travaille à une pensée de l'irréductibilité de la vie.

Derrida voit, dans la technique et les Spectres qu'elle fait proliférer, non pas le mécanisme des machines, mais un « plus de vie », une sur-vie. La technique donne un plus de vie à la vie, un supplément de vie, la vie revenant autrement, différente et différante. La technique est en ce sens « vivante », elle n'est en tout cas pas conçue de manière mécaniste par Derrida, elle permet à la vie de rester vivante au-delà de la vie, par un autre régime de vie, une vie spectrale. En ce sens, les processus techniques ont une finitude, au sens

1. Cité dans *Échographies*, *op. cit.*, p. 129.
2. *Ibid.*, p. 48.

où ils sont destructibles : il faut, dit Derrida, faire l'hypothèse d'une destruction sans restes de l'archive, et d'une disparition sans traces de la trace. En faisant apparaître un autre régime dans la vie et en inscrivant en elle un « plus de vie », la technique donne aussi à la vie une autre finitude que celle des vivants : la finitude de ses Spectres, leur possible disparition et effacement.

La vie n'est alors pas pensée par Derrida de manière vitaliste, puisqu'elle est déjà en elle-même technique, et qu'elle est hantée par sa reproductibilité : pour que la vie soit possible, il faut qu'elle puisse toujours déjà se répéter, comme « mécaniquement ». Le vitalisme de la vie et le mécanisme des machines sont ainsi déconstruits d'un même geste. Cette pensée rigoureuse et difficile de la technique à venir est une pensée de la technique comme de la vie, une pensée de la vie s'écartant et différant d'elle-même dans la technique.

Derrida élabore une problématique rigoureuse et conceptuelle des Spectres, des fantômes et des revenants depuis une pensée de la vie technique et de la technique comme vie. La déconstruction du concept de temps produit par l'analyse derridienne de la technique ouvre sur l'exigence de la justice et la responsabilité à la justice. En commentant la hantise de Marx et la manière dont celui-ci tente de conjurer les spectres, Derrida parle dans *Spectres de Marx* de la communication entre la problématique des Spectres et l'appel à la justice : « Dès lors qu'on appelle à la disparition des fantômes, on se prive de ce qui fait le mouvement révolutionnaire, c'est-à-dire l'appel à la justice, ce que j'appelle la "messianicité". » La déconstruction de la technique est dès lors inséparable d'une pensée de la justice et de la responsabilité. Cet horizon messianique de la justice s'inscrit au croisement des analyses de la technique et de la pensée derridienne de la foi, de la raison, de la religion, de la théologie et du messianisme.

9

LA DUPLICITÉ DE LA RELIGION ET LE DEVENIR THÉOLOGIQUE DE TOUT DISCOURS

De nombreuses critiques croient pouvoir lire dans les textes de Derrida un discours théologique ou religieux : la plupart du temps il s'agit d'affirmer que la déconstruction implique une foi et un mysticisme qui révéleraient un irrationalisme fondamental. Dénoncées comme une pensée d'inspiration religieuse ou « mystique », voire « talmudique », les textes de Derrida sont alors privés de tout droit de cité en philosophie et dans la discussion rationnelle (c'est par exemple l'approche de Habermas, voir chapitre 12). Les analyses de la religion et de la théologie que Derrida développe sont en réalité des plus rigoureuses : elles déconstruisent méticuleusement la scission traditionnelle entre « foi » et « savoir » sur laquelle s'appuient tous les procès intentés pour mysticisme ou théologisme.

Dans son mouvement pour s'approcher de ce qu'on appelle la « religion », Derrida fait l'hypothèse de « deux sources » : « D'une part la fiduciar-ité de la confiance, de la fiabilité ou de la fiance (croyance, foi, crédit, etc.), d'autre part l'indemnité de l'indemne (le sain et le sauf, l'immun, le saint, le sacré, *heilig*, *holy*) [1]. » La religion est donc double, partagée à l'origine entre d'une part la « fiduciar-ité » (dont relèvent tous les phénomènes de l'ordre de la foi et de la croyance) et, d'autre part, « la pulsion de l'indemne » (ou la tendance au

1. *Foi et Savoir*, Seuil, Paris, 2000, p. 88.

sacré, au saint, au sauf, au sain, au pur, au propre). Cette hypothèse d'une double source permet à Derrida de déclasser les deux définitions étymologiques de la religion : *relegere* (recueillir, rassembler), *religare* (relier, lier).

La religion n'est pas d'abord définie par ces deux étymologies plus ou moins fantastiques, mais il y a de la religion et du religieux partout où l'on rencontre la « fiduciar-ité » et la « pulsion de l'indemne ». Pour Derrida, la « religion » déborde donc ce qu'on désigne communément par ce terme, puisqu'elle traverse tous les phénomènes de croyance et de foi qui sont notamment au fondement du droit ou du langage. Elle traverse en ce sens le rapport à la vie qui est animé par la tendance à l'indemne, au sacré, au sain – qu'on rencontre dans l'hygiène, l'écologie ou encore dans les pratiques végétariennes. D'après les analyses de Derrida, la religion a donc pour enjeu la vie et les relations entre vivants : elle commence avec la vie dont elle est inséparable. Nul vivant ne peut en ce sens prétendre être sain et sauf de la religion.

La vie sacrée et sacrifiée. La religion ressource de la technique

Ce qu'on appelle « religion » au sens restreint du terme – les religions historiques – a toujours eu un rapport double et quasi contradictoire à la vie comme à elle-même. Derrida parle en effet d'« une double postulation apparente : d'une part le respect absolu de la vie, le "tu ne tueras point" (du moins ton prochain, sinon le vivant en général), l'interdit "intégriste" sur l'avortement, l'insémination artificielle, l'intervention performative dans le potentiel génétique, fût-ce à des fins de thérapie génique, etc., et d'autre part (sans même parler des guerres de religion, de leur terrorisme et de leurs tueries) la vocation sacrificielle, elle aussi universelle. Ce fut naguère, ici ou là, le sacrifice humain y compris dans les "grands monothéismes" [1] ». Le respect religieux de la vie *et*

1. *Ibid.*, p. 77.

le sacrifice religieux signifient d'abord que la religion est structurée par une « double contrainte » qui serait affolante si elle n'était pas structurante : « La loi divisée, le *double bind* [la double contrainte contradictoire], le double foyer aussi bien, l'ellipse ou la duplicité originaire de la religion, c'est que la loi de l'indemne, le salut du sauf, le respect pudique de ce qui sacro-saint (*heilig*, *holy*) exige et exclut à la fois le sacrifice, à savoir l'indemnisation de l'indemne, le prix de l'immunité [1]. »

Derrida fait donc apparaître à quel point toute religion est religion de la vie et du vivant ; mais la religion sacrifie aussi la vie au nom de la vie, puisque la vie ne vaut pour elle qu'à valoir plus que la vie, ce qu'elle appelle « la vie » n'étant que ce qui dans la vie dépasse et excède la vie. C'est par cette « foi dans le plus vivant [2] », que la religion peut se retourner contre la vie en s'alliant à la techno-science, la technique et la religion étant liées à cet espace où la vie, s'excédant en elle-même, acquiert une valeur absolue en même temps qu'une dimension spectrale. « Tout ce qui allie la machine télé-technoscientifique, cette ennemie de la vie au service de la vie, avec la ressource même du religieux, à savoir la foi dans le plus vivant comme mort automatiquement sur-vivant, ressuscité dans son phantasma spectral, le saint, le sain et le sauf, l'indemne, l'immun, le sacré, tout ce qui traduit en un mot *heilig* [3]. »

La religion et la technique partagent en commun cette logique du « sur-vivant », elles s'allient puissamment pour servir la vie et pour la détruire, pour accorder foi en sa valeur absolue et en même temps pour la spectraliser. C'est dans cette alliance avec la technique que les deux sources de la religion – fiduciar-ité et pulsion de l'indemne – se rejoignent. Si la religion et la technique partagent ce qu'on pourrait appeler une « logique du sur-vivant » par laquelle la vie se retourne contre elle-même en s'excédant, la religion et la rationalité ont en commun la « fiduciar-ité » : « Le dévelop-

1. *Ibid.*, p. 80.
2. *Ibid.*, p. 73.
3. *Ibid.*

pement imperturbable et interminable de la raison critique et techno-scientifique, loin de s'opposer à la religion, la porte, la supporte et la suppose. Il faudrait démontrer, ce ne sera pas simple, que la religion et la raison ont la même source [1]. »

« Religion et raison, se développant ensemble à partir de cette ressource commune : le gage testimonial de tout performatif, qui engage à répondre aussi bien devant l'autre que de la performativité performante de la techno-science. La même source unique se divise machinalement, automatiquement, et s'oppose réactivement à elle-même : d'où les deux sources en une ; cette réactivité est un processus d'indemnisation sacrificielle, elle tente de restaurer l'indemne (*heilig*) qu'elle menace elle-même [2]. » Avec l'unité scindée de la religion et de la raison, on a affaire à un processus similaire à celui que Derrida analyse dans la problématique freudienne de la pulsion de mort – la pulsion de mort et le principe de plaisir font tendre l'appareil psychique vers un état anorganique dans le but de le conserver, de façon que sa mort ne puisse lui venir que de soi. De la même manière, la raison et la religion tentent l'une et l'autre de conserver la vie qui serait menacée par l'autre, alors que cet autre – la raison pour la religion, la religion pour la raison – est le même ; elle sacrifierait l'une et l'autre la vie pour la conserver et la garder de la menace de l'autre.

Foi et Savoir ont donc une racine commune, le savoir supposant la foi dans le savoir et dans l'immunité de celui-ci à l'égard de toute Foi : « La tentation de savoir, la tentation du savoir, c'est croire savoir non seulement ce qu'on sait (ce qui ne serait pas trop grave), mais ce qu'est le savoir et qu'il est affranchi, structurellement, du croire ou de la foi – du fiduciaire ou de la fiabilité [3]. » L'antagonisme entre Foi et Savoir, raison et religion, croyance et science, résulte de l'unité des deux, qui se séparent en surenchérissant l'un sur l'autre. L'antagonisme est inhérent à l'unité de la religion et de la raison, de la même manière que l'exigence du sacrifice

1. *Ibid.*, p. 46.
2. *Ibid.*
3. *Ibid.*, p. 49.

a lieu au nom de la vie insacrifiable. C'est pourquoi la religion est inséparable de la guerre et de la violence.

Violence archaïque et techno-scientifique des religions

Parmi les guerres, celles qui semblent menées au nom de la lumière et de la raison laïque sont peut-être aussi des « guerres de religion » : « Les guerres ou les "interventions" militaires conduites par l'Occident judéo-chrétien au nom des meilleures causes (du droit international, de la démocratie, de la souveraineté des peuples, des nations ou des États, voire des impératifs humanitaires) ne sont-elles pas aussi, par quelque côté, des guerres de religion [1] ? » En interrogeant la scission et l'antagonisme entre la foi et le savoir, le religieux et le rationnel, Derrida déconstruit les limites du concept restreint de « religion ». Le religieux traverse en effet toutes ces oppositions et travaille la rationalité techno-scientifique en son principe ; c'est pourquoi Derrida écrit que « pour déterminer une guerre de religion comme telle, il faudrait être sûr de pouvoir délimiter le religieux [2] ». Autrement dit le religieux est illimité, il déborde l'opposition de la raison et de la religion, du savoir et de la foi, de la science et de la croyance, il est leur unité divisée et retournée contre soi.

La violence religieuse et les guerres de religion sont la manifestation de cet antagonisme de la religion à l'égard d'elle-même, comme de son autre (la rationalité techno-scientifique), ainsi que de sa duplicité à l'égard de la vie (respect de la vie *et* sacrificialité) ; violence et guerres religieuses sont en ce sens un mal radical et irréductible. C'est pourquoi « dans nos guerres de religion la violence a deux âges. L'une, nous en parlions plus haut, paraît contemporaine, elle s'accorde ou s'allie à l'hypersophistication de la télé-technologie militaire – de la culture "digitale" et cyberespacée. L'autre est une "nouvelle violence archaïque". Elle riposte à la pre-

1. *Ibid.*, p. 42.
2. *Ibid.*

mière et à tout ce qu'elle représente. Revanche. Recourant en fait aux mêmes ressources du pouvoir médiatique, elle revient (...) au plus près du corps propre et du vivant préma-chinique[1] ».

Derrida diagnostique ainsi une transformation de la violence et de la « cruauté » religieuse, avec ou sans guerre ; l'alliance et l'antagonisme de la techno-science et de la violence archaïque provoquent, de part et d'autre, une surenchère à l'égard du vivant et du « corps propre » : « Une nouvelle cruauté allierait donc, dans des guerres qui sont aussi des guerres de religion, la calculabilité scientifique la plus avancée à la sauvagerie réactive qui voudrait s'en prendre immédiatement au corps propre, à la chose sexuelle (...) autre forme de la même violence[2]. »

La théiologie heideggerienne retenue dans la foi

Les analyses derridiennes de la foi, de la religion et du religieux accompagnent aussi une pensée de Dieu rigoureusement athéologique et ouverte sur ce que Derrida appelle le « messianique ». Ce que Derrida dit de Dieu ne peut être compris qu'à partir de la délimitation heideggerienne de la théologie. En effet, selon Heidegger tel que le lit Derrida : « Il faudrait ainsi laisser se révéler une "révélabilité" (*Offenbarkeit*) dont la lumière (se) manifesterait plus originairement que toute révélation (*Offenbarung*). Il faudrait distinguer entre la théo-logie (discours sur Dieu, la foi ou la révélation) et la théio-logie (discours sur l'être divin, sur l'essence et la divinité du divin). Il faudrait réveiller l'expérience indemne du sacré, du saint ou du sauf (*heilig*)[3]. » La théiologie est la source de la foi, de la religion et de la théologie : tout discours sur Dieu, sur la foi ou la révélation pré-suppose un discours sur l'être-divin, sur l'essence du divin qui en est la possibilité. Loin d'être suffisamment radicale, cette phénoménologie hei-

1. *Ibid.*, pp. 80-81.
2. *Ibid.*, p. 82.
3. *Ibid.*, p. 26.

deggerienne de la révélabilité et de la phénoménalité inapparente appartient encore au domaine de la foi selon Derrida : elle est encore retenue dans ce qu'elle prétend délimiter, elle « a son lieu dans une situation qui ne peut pas être radicalement étrangère à ce qu'on appelle la foi. Non pas la religion, bien sûr, ni la théologie, mais ce qui dans la foi acquiesce avant et par-delà toute question, dans l'expérience déjà commune d'une langue et d'un "nous"[1] ». La « révélabilité » que tente de penser Heidegger appartiendrait à l'histoire de la révélation selon Derrida ; elle ne serait alors pas la source de cette histoire comme le prétend Heidegger, mais un de ses moments les plus forts et en même temps les plus classiques.

La question de l'être, celle de l'être du divin et de la divinité, la lumière originaire de la révélabilité, tout cela suppose une langue commune et ne peut advenir que dans l'expérience d'une langue. Avant la théiologie et l'ontologie, il y a donc la langue commune qui est la possibilité et en même temps la limite de tout discours quant à l'être et quant à l'être divin. La phénoménologie heideggerienne, et sa pensée plus originaire de la phénoménalité, est subordonnée par Derrida à l'élément de la langue. Derrida va montrer que le langage, en son origine, produit Dieu, et que Dieu est en retour la possibilité de tout « acte » de parole.

Cette préséance du langage, « en nous avant nous », c'est ce que la théologie appelle « Dieu ». Dieu n'est donc pas seulement le cœur de la théologie et de la religion ou de la foi, il est avant tout la préséance du langage et la possibilité de la parole. En deçà de la « théologie » au sens restreint et disciplinaire du terme, c'est tout discours qui est d'essence « théo-logique », que « Dieu » y soit nommé ou non. La théologie est donc irréductible puisque tout discours et toute parole, fussent-ils athées et irréligieux, pré-supposent « Dieu » à sa source. Plus originaire que la théiologie, avant l'être du divin et la phénoménalité originaire, la préséance du langage et l'obligation de parler supposent Dieu, c'est-à-dire une expérience pré-verbale de Dieu avant même les noms de Dieu.

1. *Ibid.*, p. 93.

Dieu, le témoin absolu à l'origine de toute adresse

Dans « Foi et Savoir », Derrida écrit que « Présupposée à l'origine de toute adresse, venue de l'autre même à son adresse, la gageure de quelque promesse assermentée ne peut pas, prenant aussi Dieu à témoin, ne pas avoir déjà, si l'on peut dire, engendré Dieu, quasi machinalement [1] ». Dès que je m'adresse à l'autre, j'engage une parole ou un acte illocutoire dont « la gageure » dit Derrida (la chance et le risque du gage ainsi engagé) me vient de l'autre. Cette gageure de l'adresse à l'autre et qui me vient de lui engendre Dieu en même temps qu'elle le prend à témoin, l'invoque ou le convoque, dès que la moindre parole est engagée ; « car prenant Dieu à témoin, même quand il n'est pas nommé dans le langage de l'engagement le plus “laïque”, le serment ne peut pas ne pas le produire, invoquer ou convoquer comme déjà le don inengendré et inengendrable, avant l'être même, improductible. Et absent à sa place [2] ».

Tout acte « illocutoire » (produit en parlant), comme diraient Austin ou Searle, à l'instant où il déclare et engage une adresse à l'autre, invoque et convoque Dieu, le produit en le prenant à témoin, en le nommant ou sans le nommer, en l'invoquant religieusement ou sans l'invoquer. Dieu est « engendré (...) quasi machinalement » à l'origine du langage, à l'instant où il y a adresse à l'autre et donc l'engagement qui suppose un témoin. Avant l'être et avant le langage même, à l'engagement de l'adresse à l'autre, Dieu est engendré par la machine du langage qui ne peut avoir lieu qu'en présence d'un témoin absent : « Dieu : le témoin en tant que “nommable-innommable”, témoin présent-absent de tout serment et de tout gage possibles [3]. »

L'adresse à l'autre nous vient de l'autre, c'est l'autre qui nous engage à nous adresser par le langage, et c'est cette obligation du langage d'avant tout langage que Derrida se risque à nommer « Dieu » ; c'est ce « Dieu » en deçà de

1. « Foi et Savoir », *op. cit.*, p. 44.
2. *Ibid.*
3. *Ibid.*, p. 45.

« Dieu » que les théologies et les religions appellent lorsqu'elles nomment « Dieu » : « Le langage a commencé sans nous, en nous avant nous. C'est ce que la théologie appelle Dieu et il faut, il aura fallu parler[1]. » Ce que la théologie appelle Dieu quand elle invoque « Dieu », c'est le « il faut parler », le « il aura fallu parler », à l'origine de tout langage et de tout logos, fût-il ou non « théologique ». Derrida peut alors parler du « devenir théologique de tout discours[2] », en un sens du « théologique » qui précède toute théologie particulière et qui n'a donc rien à voir avec les doctrines théologiques des religions. On pourrait parler à ce titre d'un devenir théologique sans théologisme. Tout discours a lieu dans l'horizon théologique jamais encore constitué, en cours interminable de constitution, dans la mesure où Dieu est le témoin pré-supposé de tout discours. Le discours le plus athée et le plus irréligieux a toujours Dieu pour témoin en tant qu'il gage et engage une parole ; il ne peut donc que devenir théologique, c'est-à-dire invoquer et convoquer Dieu, même s'il ne le nomme pas.

Pas de théologie négative

Si Derrida parle du devenir théologique de tout discours, il faut dire en même temps que sa parole est rigoureusement « athéologique » et que ce qu'il appelle Dieu et pense sous ce nom ne peut être l'occasion d'aucun discours théologique de plus. La pensée derridienne de Dieu n'est pas une théologie, elle se situe bien plutôt en un lieu sans lieu, un désert, qui ne doit en aucune manière être confondu avec une théologie négative (une détermination privative des attributs de Dieu).

Derrida parle justement de cette confusion quasi inévitable entre la déconstruction et une théologie négative : « À sup-

1. « Comment ne pas parler. Dénégations », conférence prononcée en anglais à Jérusalem en 1986, reprise dans *Psyché, Invention de l'autre*, Galilée, Paris, 1987, p. 561.
2. *Ibid.*, p. 538.

poser, par hypothèse approximative, que la théologie négative consiste à considérer qu'un prédicat voire tout langage prédicatif reste inadéquat à l'essence, en vérité à l'hyperessentialité de Dieu et que, par conséquent, seule une attribution négative "apophatique" peut prétendre approcher Dieu, nous préparer à une intuition de Dieu, alors, par analogie plus ou moins soutenable, à reconnaître quelques traits, l'air de famille de la théologie négative, dans tout discours qui semble recourir de façon insistante et régulière à cette rhétorique de la détermination négative, multipliant sans fin les mises en garde et les avertissements apophatiques (...). Cet X se prête, certes, à une série de noms mais il appelle une autre syntaxe, il excède même l'ordre et la structure du discours prédicatif. Il n'"est" pas et ne dit pas ce qui "est". Il s'écrit tout autrement[1]. »

La déconstruction, qui procède par détermination négative et par évitement, tente d'esquiver toutes les déterminations de la tradition métaphysique. Dans cette mesure, elle emprunte une rhétorique qui peut faire penser à celle de la théologie négative. Cette dernière, comme le travail de type déconstructif, suspend le jugement prédicatif qui est pour elle inadéquat à l'ordre divin, celui de l'« hyperessentialité ». Comme la déconstruction, la théologie négative tente de penser ce qui n'*est* pas – Dieu – et qui par conséquent ne peut être approché par un jugement qui attribue un prédicat à un sujet. Au-delà des noms de Dieu et de sa nomination, l'approche de Dieu dans la théologie négative passe par une autre syntaxe et une autre écriture. La question de la théologie négative ne serait pas tant « comment parler de Dieu ? », mais plutôt « comment ne pas en parler ? », « comment en parler sans en parler ? ».

Le devenir théologique de tout discours est d'autant plus inévitable que « le nom de Dieu serait (...) l'effet hyperbolique de cette négativité ou de toute négativité conséquente en son discours. Le nom de Dieu conviendrait à tout ce qui ne se laisse aborder, approcher, désigner, que de façon indirecte et négative. Toute phrase négative serait déjà hantée par Dieu

1. *Ibid.*, p. 536.

ou par le nom de Dieu, la distinction entre Dieu et le nom de Dieu ouvrant l'espace même de cette énigme [1] ».

À l'origine de tout discours et de toute adresse à l'autre, Dieu serait le nom hyperbolique de toute négativité du discours. On pourrait nommer Dieu tout ce qui excède le jugement prédicatif et ne se laisse penser que négativement : tout ce que tente de penser la déconstruction derridienne, la trace, les cendres, la différence, la dissémination, etc. La tentation de confondre la déconstruction avec une théologie négative est inévitable, quasi machinale : « Non, ce que j'écris ne relève pas de la "Théologie négative". Tout d'abord dans la mesure où celle-ci appartient à l'espace prédicatif ou judicatif du discours, à sa forme strictement propositionnelle et privilégie non seulement l'unité indestructible du mot mais aussi l'autorité du nom, autant d'axiomes qu'une "déconstruction" doit commencer par reconsidérer (...). Ensuite, dans la mesure où elle semble réserver, au-delà de toute prédication positive, au-delà de toute négation, au-delà même de l'être, quelque suressentialité, un être au-delà de l'être [2]. » La théologie négative appartient encore à la tradition métaphysique par ses présupposés syntaxiques et logico-grammaticaux (le jugement prédicatif, la forme propositionnelle, l'unité du mot et l'autorité du nom), alors que la déconstruction, qui travaille à élaborer une autre syntaxe et qui passe donc par une autre écriture, commence par interroger tous les présupposés de la théologie négative. C'est pourquoi les « concepts » de la déconstruction sont toujours menacés d'être réduits à une théologie négative, relevés dans l'onto-théologie, niés dans leur singularité, tant qu'ils ne passent pas par une autre syntaxe ; la déconstruction (ou la pensée de l'écriture générale) doit en effet s'écrire autrement pour espérer pouvoir se soustraire à toute réappropriation : « Ce que "veut dire" la "différance", la "trace", etc. – qui dès lors ne veut rien dire – ce serait "avant" le concept, le nom, le mot, "quelque chose" qui ne serait rien, qui ne relèverait plus de l'être de la présence ou de la présence du présent, pas même de l'absence, encore

1. *Ibid.*, p. 538.
2. *Ibid.*, p. 540.

moins de quelque hyperessentialité. Mais la réappropriation onto-théologique en est toujours possible et sans doute inévitable tant qu'on parle, précisément dans l'élément de la logique et de la grammaire onto-théologique [1]. » En ce sens, la déconstruction implique l'inséparabilité de ce qu'on a appelé traditionnellement le fond et la forme, le sème et la syntaxe.

Incommensurable à la théologie négative, la déconstruction ne devrait pas non plus être confondue avec une pensée onto-théologique. En effet, la « trace », la « différance », la « cendre », la « dissémination », les « spectres », etc., ne sont pas comparables à l'hyperessentialité du Dieu des théologies négatives : ces quasi-concepts ne peuvent être conçus dans les catégories de la présence, de l'absence, ou de l'être qui sont les principes de l'onto-théologie. C'est parce qu'il se situe en deçà de toute onto-théologie que le texte de Derrida, sa syntaxe, son absence de thèse ou de position, correspond à la plus rigoureuse des athéologies.

La déconstruction est athéologie. Dieu ou le texte

La force, la nouveauté et l'intérêt de l'appréhension des phénomènes comme texte et à travers la textualité impliquent que la « phénoménologie » derridienne soit la plus rigoureuse et la plus radicale des athéologies. En effet, s'il n'y a pas de hors texte, alors tout ce qui est est dans des textes. On pourrait dire qu'« il n'y a pas de Hors Texte » signifie « Dieu ou le texte » au sens où Spinoza écrit dans *L'Éthique* : « Dieu ou la Nature. » Cette athéologie du texte et de l'écriture n'est pas une position de Derrida mais la condition de possibilité même du texte et de l'écriture.

1. *Ibid.*, p. 542.

LE PANTHÉISME ATHÉE DE SPINOZA

Pour comprendre l'athéologie derridienne, il faut rappeler en quel sens Spinoza peut être dit athée et quel est l'intérêt de son athéisme au regard du Dieu des religions. Cet « athéisme » a valu à Spinoza d'être excommunié de la communauté juive d'Amsterdam, avec une violence et un rituel spectaculaires.

Quand Spinoza écrit, par démonstrations mathématiques et scolies, que « tout ce qui est est en Dieu » et qu'il identifie Dieu et « la Nature », il arrache Dieu et le monde aux théologies et aux religions. Le principe que Spinoza ruine alors est celui d'un Dieu transcendant au monde et aux choses, le principe d'un Dieu qui serait la valeur inévaluable de toutes choses.

Cette position transcendante de Dieu dans les religions leur permet, selon Spinoza, de juger et de dévaluer le monde et ce qui est : « Dieu » surplombe ce qui est bas et abaissé comparé à lui. Ce Dieu des religions n'est donc que le principe qui permet de juger et d'accuser le monde et ce qui est, il est le principe suprême qui permet la propagation religieuse de ce que Spinoza appelle « passions tristes ». Spinoza, longtemps avant Nietzsche, démasque la passion triste de la haine qui se donne pour arme le Dieu transcendant ; cette haine est d'autant plus intéressante que, pour se diffuser et se faire valoir, elle ne peut que se déguiser et se travestir en amour.

Si l'immanence de Dieu et de la Nature est athée (sans Dieu) au regard du Dieu des religions, cet athéisme est nécessaire pour accéder à la vraie « religion » selon Spinoza : l'amour de ce qui est comme de Dieu. Pour Spinoza, « tout ce qui est est en Dieu... », être sans Dieu est en ce sens ontologiquement impossible : l'athéisme est alors l'impossible sauf pour Dieu.

Avec le panthéisme spinoziste (Dieu = le Tout) on a donc affaire à ce que Derrida appelle *double bind* ou double contrainte : l'athéisme est ontologique, l'être est sans Dieu transcendant, *et* en même temps, tout ce qui est est avec Dieu puisque Dieu est partout et que tout est par Dieu. Autrement dit, on ne peut pas ne pas être athée, *et* en même temps, on ne peut pas être athée. La pensée derridienne de Dieu est au moins aussi compliquée que ce *double bind* spinoziste, puisqu'elle est radicalisée et sophistiquée par une pensée de l'immanence et du texte.

S'il y a un Dieu selon Derrida, il est des plus rare, s'il est un, un Dieu un, et si on peut encore l'appeler, et l'appeler « Dieu ». La déconstruction derridienne incarne la plus grande et la plus rare exigence athéologique, au sens où elle parvient à rester une pensée et une écriture sans thèse et sans position : une pensée « athèse », comme Derrida le dit de Freud dans *La carte postale*. Cette pensée peut être dite athéologique, au sens le plus rigoureux du terme, parce qu'elle est labile et insaisissable, elle ne s'arrête dans aucune thèse ni aucune position ; impossible en ce sens d'attribuer à Derrida la moindre « philosophie » au sens traditionnel du terme. Ce qui ne signifie pas pour autant que la déconstruction soit nihiliste : elle est plutôt joyeuse et affirmative, puisqu'elle est libre de toute thèse et dit « Oui » aux logiques et aux discours qu'elle déconstruit – et au « Oui » ou à la promesse qui engage ces logiques et ces discours. Ni nihiliste ni thétique, elle est la moins pieuse des pensées et ne garde en elle rien de théologique.

L'ATHÉISME DE LA PHÉNOMÉNOLOGIE

L'athéisme de méthode de Husserl et de Heidegger, comme peut-être de toute phénoménologie rigoureuse, est un athéisme de principe ; l'accès phénoménologique à l'être des phénomènes ne peut en effet commencer qu'à condition d'écarter l'autorité du Dieu transcendant et le mode de révélation religieuse. Pourtant cet athéisme est insuffisamment déconstruit, comparé à l'athéologie derridienne, car il reste encore en lui une référence une à une unicité, donc une référence à une transcendance : la référence à la présence de la conscience (Husserl), ou à l'être comme présence (Heidegger).

Dans sa conquête d'une pensée rigoureusement athéologique des textes et de la textualité, Derrida doit donc faire apparaître l'insuffisance des athéismes pourtant les plus rigoureux, et s'inquiéter de ce qui reste et retient ces athéismes hors de l'athéologie ; l'immanence intentionnelle du monde et de l'être dans la conscience selon Husserl et la question de l'être dans l'analytique existentiale chez Heidegger se donnent d'abord dans des textes. L'athéologie radicale que conquiert Derrida ne peut alors être que celle de la plus grande immanence : celle du texte et de l'écriture, qui ne sont pas des principes théologiques (ils ne sont nulle part homogènes, mais ils sont constitués par des couches hétérogènes, des strates conflictuelles et des ouvertures productives).

La dimension athéologique du travail de Derrida est inséparable de son écart avec tout nihilisme : déconstruire et faire apparaître le principe de ruine qui habite la logique, l'économie, et les présupposés de la tradition métaphysique (l'être comme présence, la logique du propre et de l'appropriation, les discours de l'origine, le phallogocentrisme, la dévaluation de l'écriture et le primat de la parole vive, l'identité à soi dans la présence à soi de la conscience), ce n'est pas dire « non » aux textes qu'on déconstruit, mais au contraire aimer les pensées et les discours sur lesquels s'exercent les contraintes les plus inexorables.

La déconstruction ne peut donc être confondue avec une pensée nihiliste puisqu'elle travaille à libérer de nouvelles possibilités de pensée. La multiplicité des concepts que Derrida thématise, investit, et découvre est telle qu'on doit en effet reconnaître que son travail est aux antipodes de tout nihilisme et de toute piété. C'est d'ailleurs cette nouveauté et cette création de concepts qui inquiètent le plus : que faire et comment lire, comment tolérer en philosophie une pensée qui parle d'autre chose et qui en parle autrement, qui parle de « parjure » et de « serment », de « promesse », de « don » et de « contre-don », d'« écriture », de « grammatologie », de « dissémination », de « différance », de « destinerrance », de

« clandestination », de « cartes postales », de « facteurs de la vérité », d'« envois », de « spectres », d'« hantologie », de « tympan », de « grammophone », de « ouï-rire », de « *Schibboleth* », de « dates », de « parages », de « rives », de « mono-linguisme de l'autre », de « voix », de « signatures », de « traces », de « cendres », de « crypte », de « secret », de « mal d'archive », de « circonfessions », de « glas », de « fleurs », de « cannibalisme », de « mondialatinisation », etc. ? Comment, en effet, les institutions de la philosophie pourraient-elles tolérer cela qu'elles ne peuvent pas entendre et qui les déconstruit ?

En deçà et au-delà de toute théologie, fût-elle négative, écrite dans une syntaxe et avec des concepts qui ruinent l'onto-théologie, la pensée de Derrida déconstruit toute thèse. Elle annonce de manière encore elliptique ce qu'elle appelle « le messianique ou la messianicité sans messianisme [1] », c'est-à-dire sans Messie au sens des traditions religieuses. En deçà de toute religion, de toute théologie et surtout de toute foi et de toute raison, ce « messianique » vers lequel elle s'achemine, comme en plein désert, est l'avenir historico-politique, l'exigence irréductible et non téléologique de justice : « Nul à venir sans quelque mémoire ou quelque promesse messianiques, d'une messianicité plus vieille que toute religion, plus originaire que tout messianisme [2]. » Une messianicité sans réponse, ni paix, ni jugement dernier, loin donc de tous les attendus du messianisme : l'ellipse d'une promesse.

1. « Foi et Savoir », *op. cit.*, p. 30.
2. *Ibid.*, p. 72.

II

CONTROVERSES

10

LA PENSÉE DE LA FOLIE
LA CONTROVERSE AVEC FOUCAULT SUR LES RAPPORTS DE L'HISTOIRE ET DE LA PHILOSOPHIE

La querelle philosophique entre Michel Foucault et Jacques Derrida est passionnante parce qu'elle met en jeu deux des penseurs les plus décisifs du XXe siècle. Elle ne doit pas d'abord être considérée comme une rencontre spectaculaire et relativement médiatique, mais avant tout comme la comparution de deux stratégies intellectuelles dans lesquelles est en jeu le tout des rapports entre l'histoire et la philosophie. Les statuts respectifs de la philosophie, de l'histoire, et de leurs rapports, ne sont pas les mêmes chez Foucault et chez Derrida, et si Paul Veyne a pu écrire un texte intitulé « Foucault révolutionne l'histoire », on peut dire tout autant que Derrida révolutionne la philosophie.

Cette controverse [1] porte sur la détermination de l'être de la folie. Celle-ci n'est pas un enjeu arbitraire et accidentel, puisqu'elle transforme en leur essence les pratiques de l'historien et du philosophe. Quand l'histoire et la philosophie prennent le risque de penser la folie et de traverser son danger, elles n'en sortent jamais indemnes, et leur identité s'en trouve radicalement bouleversée.

1. Son archive se trouve dans les textes suivants : J. Derrida, « Cogito et histoire de la folie », 1967 ; M. Foucault, « Mon corps ce papier de feu » et « Réponse à Derrida », 1972, puis J. Derrida, « Être juste avec Freud », 1991.

L'HISTOIRE DE LA FOLIE À L'ÂGE CLASSIQUE

Publiée pour la première fois en 1961, puis reprise en 1972, *L'histoire de la folie à l'âge classique* distingue trois époques de la folie : la Renaissance, époque de l'embarquement des fous, l'âge classique aux XVIIe et XVIIIe siècles, époque de leur enfermement dans l'Hôpital général, et l'époque moderne, celle de l'illusion de leur libération par Pinel et de leur médicalisation [1].

À travers cette périodisation, il s'agit de montrer que le partage raison/folie est « un partage originaire » de l'Occident, ce que Foucault appelle une « structure » : « Structure de l'expérience de la folie, qui est tout entière de l'histoire, mais qui siège à ses confins, et là où elle se décide [2]. » Le partage entre la raison et la folie est donc la possibilité même de l'histoire, puisqu'il n'y a histoire qu'à partir du partage entre logos et alogos. La folie ne peut être en ce sens que l'absente de l'histoire, d'où le coup de force et la nécessité d'une *histoire* de la folie.

Foucault montre dans son livre que le savoir et la pratique psychiatriques sont complices et solidaires de l'exclusion de la folie. Il fait alors apparaître l'affinité et la communauté d'appartenance du *Discours de la méthode* de Descartes publié en 1637 et du « grand renfermement » des fous en 1656. L'un et l'autre participent de la constitution de la raison moderne qui s'institue en excluant la folie comme son autre.

Foucault commente le texte suivant des *Méditations métaphysiques* de Descartes : « Comment est-ce que je pourrais nier que ces mains et ce corps sont à moi, si ce n'est peut-être que je me compare à certains insensés de qui le cerveau est tellement troublé et offusqué par les noires vapeurs de la bile qu'ils assurent constamment qu'ils sont très pauvres, qu'ils sont vêtus d'or et de pourpre

1. « La révolution pinélienne consista à regarder le fou non plus comme un *insensé* dont le discours serait dénué de sens, mais comme un *aliéné*, autrement dit un sujet étranger à lui-même », E. Roudinesco, *Pourquoi la psychanalyse ?*, Fayard, Paris, 1999, p. 45.

2. M. Foucault, *Histoire de la folie*, Gallimard, Paris, 1972, p. 164.

lorsqu'ils sont tout nus, ou qu'ils s'imaginent être des cruches ou avoir des corps en verre. » Foucault écrit : « Si ses dangers [ceux de la folie] ne compromettent pas la démarche, ni l'essentiel de la vérité, ce n'est pas parce que telle chose, même dans la pensée d'un fou, ne peut pas être fausse, mais parce que moi qui pense, je ne peux pas être fou[1]. » Pour Foucault, « une certaine décision a été prise » et la folie est conjurée par le principe de la méditation cartésienne : le sujet est donc l'exclusion de la folie.

L'ordre de la raison exclut le désordre de la folie en la faisant taire. La connaissance objective de la folie dans le savoir psychiatrique est donc inséparable de son exclusion et de sa réduction au silence ; c'est pourquoi le projet foucaldien de libérer la vérité de la folie, et de laisser parler la déraison, prend le contre-pied de l'objectivation scientifique. Foucault fait en ce sens de la folie le sujet de son livre et la vérité du savoir psychiatrique.

La folie n'est pas l'objet du livre de Foucault, puisque celui-ci ne prend pas exactement la folie comme un objet qu'il serait possible de représenter et d'arraisonner par un concept. Foucault fait plutôt de la folie *le sujet* de son livre, il « a voulu que la folie soit le sujet de son livre (...) : le thème de son livre et le sujet parlant, l'auteur de son livre, la folie parlant de soi[2] ». Toute la discussion avec Foucault va alors porter sur la possibilité, philosophique et historique, de faire de la folie un objet ou un sujet. Derrida va montrer qu'on ne fait jamais autant de la folie un objet que lorsqu'on tente d'en faire un sujet : le projet foucaldien de parler de la folie ou de la laisser parler est donc un projet d'autant plus nécessaire et inévitable qu'il est l'impossible pour la philosophie et l'histoire.

1. *Ibid.*, p. 55.
2. « Cogito et histoire de la folie », *in L'écriture et la différence*, *op. cit.*, 1967, p. 56.

La folie du cogito et le cogito de la folie

Dans l'interprétation de la folie à l'âge classique, l'analyse du « grand renfermement » occupe une place et une signification décisives, et l'« exclusion » de la folie hors du cogito cartésien [« je pense, je suis »], dans le contexte décrit par Foucault, prend une fonction exemplaire. Le geste philosophique d'exclusion de la folie est pour Foucault solidaire du « grand renfermement », et détermine donc un rapport à la folie qu'on pourrait nommer « l'époque de Descartes ». Derrida parle de cette « place signifiante et stratégique que Foucault confère au moment cartésien de l'interprétation du Grand renfermement et de l'Âge classique, c'est-à-dire dans le découpage de l'objet même du livre [1] ». En 1967, Derrida expliquait d'ailleurs la complexité de l'hypothèse foucaldienne : l'exclusion de la folie « est, selon Foucault, renfermée à l'intérieur de l'extérieur et à l'extérieur de l'intérieur. Elle est l'autre du cogito. Je ne peux être fou quand je pense et quand j'ai des idées claires et distinctes [2] ». Selon cette hypothèse « la folie est exclue du sujet qui doute [3] ».

Derrida, tout en marquant une admiration constante pour la magistralité et la nécessité du travail de Foucault, se sépare de son projet en ce point : « On ne peut dire que le cogito échappe à la folie (...) parce que, comme le dit Foucault, “moi qui pense, je ne peux être fou”, mais bien parce que dans son instant, dans son instance propre, l'acte du cogito vaut même si je suis fou, même si ma pensée est folle de part en part [4]. » Le cogito n'échappe donc jamais à la folie, puisqu'en cherchant à s'immuniser contre elle, il ne l'exclut pas hors de lui en l'enfermant dehors, comme le dit Foucault, mais c'est lui qui s'enferme à l'intérieur de la folie. Le cogito reste toujours inclus dans la folie. Autrement dit, alors que le cogito est pensé comme un acte de limitation de la folie par Foucault,

1. « Être juste avec Freud », prononcé en 1991 et publié dans les actes du colloque « Penser la folie. Essais sur Foucault », repris dans *Résistances*, Galilée, Paris, 1996, p. 146.

2. *L'écriture et la différence*, *op. cit.*, p. 80.

3. Cité in *Ibid.*, p. 74.

4. *Ibid.*, p. 85.

il s'institue plutôt du milieu de la folie totale pour Derrida. Le cogito n'est donc pas un geste de protection contre la folie, puisqu'il ne parvient jamais à écarter la menace de celle-ci : le cogito n'est en effet possible pour Derrida que s'il peut être aussi celui d'un fou.

Dans le texte des *Méditations métaphysiques* de Descartes, le cogito n'apparaît que sur le fond de l'hypothèse du « Malin Génie » : un malin génie peut bien me tromper jusque dans mes idées mathématiques, mais il ne peut pas faire en revanche que je ne sois pas alors qu'il me trompe : pour se tromper ou être trompé, il faut être. Derrida va penser le rapport de la folie et de la pensée autrement que Foucault, en partant de la réinterprétation de l'hypothèse du malin génie ; il s'intéresse à l'intentionnalité du texte, alors que Foucault lit le sens du texte dans l'intention de son auteur. Trente ans plus tard, il reparle de ce combat herméneutique qui le sépara de Foucault : « Selon Foucault "la folie est exclue par le sujet qui doute". Cette exclusion procédait d'une "décision" (ce sont ses mots), d'un "étrange coup de force" qui allait "réduire au silence" la folie et tracer une très stricte "ligne de partage". Dans le texte des *Méditations* qu'il citait et mettait alors en avant, Foucault ne mentionnait pas du tout le Malin Génie. Et c'est en rappelant au contraire la surenchère hyperbolique de la fiction du Malin Génie que j'avais alors confessé ma perplexité et confessé d'autres questions [1]. »

Tout l'enjeu de la discussion de Derrida, et de la lecture autre qu'il propose du texte de Descartes, consiste à montrer que la pensée ne peut avoir lieu que sous la menace de la folie totale. La pensée est la hantise de la folie : « Le Malin Génie reste antérieur au cogito, si bien que sa menace reste perpétuelle [2]. » Le Malin Génie, c'est-à-dire l'hypothèse de la folie totale, n'est donc pas exclu par le cogito, puisqu'il est le retour, avant le cogito, de ce que le cogito tenterait selon Foucault d'exclure. En 1967, Derrida écrivait : « C'est Dieu seul qui, finalement, me permettait de sortir du cogito qui peut toujours rester en son moment propre une folie silencieuse. C'est Dieu seul qui garantit mes représentations et

1. *Résistances*, *op. cit.*, p. 157.
2. *Ibid.*, p. 159.

mes déterminations cognitives, c'est-à-dire mon discours contre la folie. Car il ne fait aucun doute que pour Descartes, c'est Dieu seul qui me protège contre la folie à laquelle le cogito, en son instance propre, ne pouvait que s'ouvrir de la façon la plus hospitalière[1]. » À l'affirmation de Foucault : « la folie, c'est l'absence d'œuvre » du sujet individuel (autrement dit, l'impossibilité pour le Sujet de s'autoproduire dans son œuvre), Derrida pouvait alors répondre que le cogito « est folie avant l'œuvre[2] ».

Une telle lecture devait produire une réponse très polémique de Foucault, puisque le projet même et les résultats de *L'histoire de la folie à l'âge classique* étaient ainsi contestés et retournés. Derrida fait en effet apparaître que le livre de Foucault est un geste cartésien pour le XXe siècle, au sens où il répète différemment le geste de Descartes. Descartes, comme Foucault, « Foucault comme Descartes a presque tout le temps raison, et raison du Malin Génie[3] ». Autrement dit, si Foucault, à la différence de Descartes, n'objective pas la folie mais tente de la laisser se dire elle-même depuis son silence, il l'arraisonne pourtant, comme Descartes, en taisant la menace ineffaçable du Malin Génie.

Dès le moment où Foucault entreprend de parler de la folie « elle-même », même s'il s'agit de la folie comme « absence d'œuvre », de la folie comme sujet et non comme objet, il la fait alors sortir de son silence, et la trahit en faisant une œuvre de l'absence d'œuvre. Le livre de Foucault est à ce titre ce que Maurice Blanchot appelle dans *L'entretien infini* « l'œuvre de l'absence d'œuvre ». L'arraisonnement de la folie dans l'œuvre est d'autant plus visible que Foucault présuppose à tout moment qu'il sait ce qu'est la folie, et qu'il est possible de savoir ce qu'elle est, il présuppose constamment que la folie donne du sens. La folie a un sens, elle n'est jamais pour Foucault ce qui menace à sa source la possibilité même du sens, ce qui menace la Raison : elle n'est jamais folie totale.

1. « Cogito et histoire de la folie », art. cit., p. 91.
2. *Ibid.*, p. 92.
3. *Résistances*, *op. cit.*, p. 157.

La réponse empiriste de Foucault

On peut lire la réponse de Foucault dans « Mon corps, ce papier de feu[1] » et dans « Réponse à Derrida[2] ». Si le texte de Derrida, « Cogito et histoire de la folie », respecte l'axiomatique que Foucault met en place et le lit du point de vue de cette axiomatique, en revanche la réponse de Foucault est essentiellement étrangère à ce que Derrida peut écrire ou penser. Autrement dit, la réponse de Foucault à Derrida nous explique le projet foucaldien et sa pensée des rapports de l'histoire et de la philosophie ; cette réponse signifie peut-être aussi que l'incompréhension est une structure pour la déconstruction. Les « objections » que Foucault fait restent en effet extérieures au texte de Derrida, elles n'en disent rien et ne concernent au contraire que le texte de Foucault. Toute la discussion de Foucault tend à montrer que Derrida situe tout discours à l'intérieur de la philosophie (la généralisation derridienne de la folie serait encore « philosophique »), alors que lui, Foucault, écrirait une histoire de la folie extérieure à la philosophie. À la différence de Foucault, Derrida situe la possibilité même de la parole et de l'écriture au-dedans de la folie.

En effet, Foucault prétend que *L'histoire de la folie* est « extérieure à la philosophie, à la manière dont en France on la pratique et on l'enseigne[3] », alors que Derrida serait, selon Foucault, exemplaire de cette manière « française » de faire de la philosophie. Comparée au projet foucaldien, la parole de Derrida serait en son fond académique. Foucault s'autorise un tel jugement parce que Derrida ne discute pas, selon lui, le « matériau historique » de *L'histoire de la folie* : « Inutile par conséquent de discuter sur les 650 pages d'un livre, inutile d'analyser le matériau historique qui s'y trouve mis en œuvre, inutile de critiquer le choix de ce matériau, sa distribution,

1. Appendice II à *L'histoire de la folie à l'âge classique*, *op. cit.*, p. 583-603.

2. Revue *Paideia*, n° 11, 1er février 1972, repris dans le tome II des *Dits et Écrits*, Gallimard, Paris, 1994.

3. M. Foucault, *Dits et Écrits*, *op. cit.*, tome II, p. 281.

son interprétation, si on a pu dénoncer un défaut dans le rapport fondateur à la philosophie [1]. »

Selon Foucault, la « philosophie » serait pour Derrida fondatrice de la discursivité et tout discours serait alors rapporté à la philosophie. La vérité et le sens d'un discours consisteraient dans le rapport de celui-ci à la philosophie, tout discours serait chez Derrida intra-philosophique ; il n'y aurait donc pas de hors philosophie. Foucault poursuit cette « assignation à résidence » philosophique en attribuant de surcroît à Derrida un rapport dogmatique et religieux à la philosophie : « Par rapport à cette philosophie qui détient éminemment la "loi" de tout discours, Derrida suppose qu'on commet des "fautes" d'une nature singulière (...) qui sont le mixte du péché chrétien et du lapsus freudien [2]. » Derrida serait donc à l'affût des lapsus révélateurs du discours et des fautes d'interprétation philosophiques. Le discours recevrait ainsi ses ordres de la philosophie, et celle-ci serait en position d'hégémonie pour Derrida.

Le réquisitoire de Foucault se poursuit en affirmant que la pensée derridienne de la philosophie fermerait celle-ci à toute extériorité événementielle, autrement dit à la matérialité de l'histoire. La philosophie telle que la penserait Derrida se situerait « au-delà et en deçà de tout événement [3] », elle les amortirait d'avance, en les intériorisant. Inhospitalière à l'événement et à l'altérité, la philosophie derridienne serait la relève de ce qui arrive dans l'histoire. Foucault croit pouvoir dire de la philosophie ainsi pensée que « non seulement rien ne pourra lui arriver à elle, mais tout ce qui peut arriver se trouve déjà anticipé ou enveloppé par elle [4] », au sens où Derrida serait ignorant de « la catégorie [!] de l'événement singulier [5] ».

Le travail de Derrida serait donc enfermé dans « l'intériorité philosophique » en ce qu'il interpréterait « tout » comme

1. *Ibid.*, p. 282.
2. *Ibid.*
3. *Ibid.*
4. *Ibid.*, p. 283.
5. *Ibid.*

une « répétition de l'origine ». Foucault demande alors : « Comment une philosophie de la trace, poursuivant la tradition et le maintien de la tradition, pourrait être sensible à une analyse de l'événement[1] ? » Soucieux de garder la tradition, le commentaire que Derrida fait du livre de Foucault serait une tactique pour assurer « au discours cartésien d'être clos à tout événement[2] ». On peut se demander comment Foucault peut lire dans le texte de Derrida des postulats philosophiques qui ne s'y trouvent pas mais qui sont, au contraire, soumis à une déconstruction rigoureuse ?

Comme on l'a vu dans les chapitres qui précèdent, « la » philosophie comme tradition ou comme communauté unifiée, homogène, ou identique à elle-même, n'existe aucunement pour Derrida. La déconstruction altère la « philosophie » et ne la maintient pas dans son identité, elle affecte et menace au contraire ses principes de ruine. Pas une seule des analyses derridiennes ne peut alors être dite orthodoxe, académique ou conservatrice, mais ce sont au contraire les analyses les plus surprenantes au regard de la tradition philosophique : Derrida déstabilise et altère rigoureusement l'interprétation que la philosophie donne d'elle-même, sa mise au jour de la portée du Malin Génie dans le texte des *Méditations métaphysiques*, et dans la constitution de la rationalité en est un exemple.

Le rapport compliqué de Derrida à Freud interdit d'autre part de comprendre la déconstruction comme une pratique de la « lecture symptomale » ou comme une psychanalyse des discours : Derrida ne chasse pas les lapsus des textes. Loin de chercher à immuniser la philosophie de l'altérité et à la protéger de l'événement singulier, l'écriture déconstructrice travaille bien plutôt pour que quelque chose arrive à la philosophie, que celle-ci ne puisse ni anticiper ni réduire : pour que lui arrivent l'Autre et l'étranger dont elle ne revienne pas. La déconstruction est d'ailleurs apparue à ses premiers lecteurs véritables, non comme une « répétition de l'origine » comme le dit Foucault, mais plutôt comme « la rature de

1. *Ibid.*, p. 295.
2. *Ibid.*

l'origine [1] », au sens où Derrida travaillait justement à déjouer la mainmise et la maîtrise philosophique de l'origine, qu'il rencontrait dans la métaphysique husserlienne du présent vivant.

Si la déconstruction peut être une pensée rigoureuse de l'événement singulier, c'est qu'elle analyse les conditions d'apparitions, de production et de reproduction de celui-ci : Derrida conquiert donc l'événement singulier en l'arrachant à la structure métaphysique du présent vivant, par une pensée de la trace et de l'archive technique. En revanche, toute la réponse de Foucault à Derrida présuppose que le « matériau historique » et l'« événement singulier » existent empiriquement. Cette réponse est donc inséparable de la métaphysique de la présence (présence de la réalité, présence matérielle de l'événement), et risque alors de confirmer la philosophie dont elle prétend simplement sortir.

Comment ne pas parler de la philosophie ?

L'analyse derridienne du livre de Foucault porte sur la possibilité même de son projet, qu'il interroge de la manière suivante : peut-on faire de la folie l'objet d'un travail d'historien, sans que ce travail soit altéré dans ses principes et sa méthode ? Peut-on prétendre faire de la folie le sujet de l'histoire dont elle est l'objet, et laisser parler celle-ci comme d'elle-même ? À partir du moment où Foucault parle de la folie (dont on ne peut parler), ne la fait-il pas taire en prétendant la laisser parler ? Ne fait-il pas en effet une œuvre de l'absence d'œuvre qui définissait la folie ? Ne trahit-il pas inévitablement le silence de la folie qu'il avait pourtant si profondément contribué à révéler ? Il semble en effet, selon Derrida, que Foucault trahisse la folie en voulant lui rendre justice : « Le malheur des fous, le malheur interminable de leur silence, c'est que leurs meilleurs porte-parole sont ceux qui les trahissent le mieux ; c'est que, quand on veut dire leur

1. G. Granel, « L'écriture ou la rature de l'origine », dans le chapitre intitulé « La gigantomachie », *Traditionis traditio*, Gallimard, Paris, 1972.

silence lui-même, on est déjà passé à l'ennemi et du côté de l'ordre, même si, dans l'ordre, on se bat contre l'ordre et si on le met en question dans son origine. Il n'y a pas de cheval de Troie dont n'ait raison la Raison (générale)[1]. »

Pour Derrida, *L'histoire de la folie à l'âge classique* a raison de la folie en prétendant la laisser parler, *comme* d'elle-même : le logos de Foucault, la parole, la raison de son discours ont raison de l'*alogos* de la folie, dès lors qu'il en parle et que ce qu'il en dit fait sens. Une « histoire de la folie » prétend dire ce qui ne peut se dire, elle ne peut alors que réinscrire dans le sens ce qui défie la possibilité du sens ; le projet d'une « histoire de la folie » ne peut donc pas ne pas trahir la folie. En voulant en effet montrer que la Raison se constitue comme vérité de la folie, en l'excluant hors d'elle, Foucault affirme que c'est la folie qui dit la vérité de la Raison ; mais affirmant cela, il réinscrit la folie dans l'ordre de la vérité, du sens et de la Raison : en donnant raison à la folie, il l'a réinscrite dans ce dont elle est l'impossibilité, dans le sens, la Raison, le discours, l'œuvre. La folie n'est donc pas au-dehors de la Raison, exclue par celle-ci dans le moment historique de sa constitution : elle est l'« espace » de sa possibilité.

Derrida peut alors écrire : « Je serai tenté de considérer le livre de Foucault comme un puissant geste de protection et de renfermement. Un geste cartésien pour le XXe siècle. Une récupération de la négativité. En apparence, c'est la raison qu'il renferme à son tour, mais comme le fit Descartes, c'est la raison d'hier [celle de l'« âge classique »] qu'il choisit comme cible, et non la possibilité du sens en général[2]. » La Raison constituée de l'âge classique exclut peut-être la folie et enferme les fous, elle est peut-être le produit d'une époque déterminée de l'histoire, mais cette époque, cette histoire et cette raison sont excédées et menacées par la folie, dans le moment même de leur constitution et de leur production.

Le livre de Foucault se situe au niveau du donné, alors que Derrida interroge quant à lui la donation, la constitution

1. *L'écriture et la différence*, *op. cit.*, p. 58.
2. *Ibid.*, p. 85.

et la production commune de la raison et de la folie. Par conséquent, l'hypothèse du Malin Génie ne peut jamais, contrairement à ce que dit Foucault, être réduite ou arraisonnée par le cogito, mais elle menace incessamment le cogito dans son origine, parce qu'elle en est la possibilité. La Raison et la Folie, comme possibilités communes du sens et du non-sens, se divisent et se partagent, donnant et produisant ainsi la Raison constituée historiquement et la Folie exclue et enfermée. C'est cette « racine commune[1] » de la Raison et la Folie que Derrida tente de penser quand il montre que le cogito vaut même si je suis fou : en deçà et au-delà de la raison et de la folie constituées historiquement, il y a la Raison et la Folie encore indivises et inséparables.

La seule chance que laisse alors le livre de Foucault au silence de la folie (à la folie comme absence d'œuvre) n'est pas donnée par ce qu'il dit, mais apparaît plutôt « indirectement », « métaphoriquement », on pourrait dire « littérairement » : « Le silence de la folie n'est pas dit, ne peut pas être dit dans le logos de ce livre, mais rendu présent indirectement, métaphoriquement, si je puis dire dans le pathos – je prends ce mot dans le meilleur sens – de ce livre[2]. » Ce n'est pas le logos du livre qui dit la folie, c'est son pathos littéraire qui métaphorise et traduit le silence de celui-ci. Autrement dit, la folie est apprésentée dans le texte par la dimension littéraire de celui-ci, c'est-à-dire présentée indirectement, sans présence. Foucault ne peut donc *dire* la folie, ni la laisser se dire, puisqu'elle est ce dont on ne peut parler et ce qui ne parle pas : il ne peut que « métaphoriser », par des effets littéraires, son silence et son absence d'œuvre ; c'est pourquoi Derrida ne dit rien de la folie, il ne la fait pas signifier. La folie dit la vérité de la raison selon Foucault, alors que la folie ne veut rien dire pour Derrida. La folie échappe en effet au discours et à toute discursivité historique, parce qu'elle est inséparable de la Raison avec laquelle elle constitue la possibilité du discours, du sens et de l'histoire.

1. *Ibid.*, p. 62.
2. *Ibid.*, p. 60.

11

LA VIOLENCE DE LA DISCUSSION
LA PAROLE STANDARDISÉE DE J. R. SEARLE
ET LA THÉORIE DES « *SPEECH ACTS* »

En 1971-1972, Jacques Derrida publie « Signature, événement, contexte », repris dans *Marges* en 1972, et traduit la même année en langue anglaise. Ce texte est discuté par un des représentants les plus connus de la théorie anglo-américaine des actes de langage, « *Speech acts theory* », J. R. Searle. La réplique de Searle au texte de Derrida est publiée dans la revue américaine *Glyph* (« Réitération des différences. Réponse à Derrida ») et la réponse de Derrida est publiée dans la même revue (« *Limited Inc a b c...* ») ; des séries de débats et d'interventions suivront, pour une grande part dans les médias, et ils ne se limiteront pas aux États-Unis mais gagneront rapidement l'Europe : on retrouve de nombreuses traces de cette importante controverse chez les représentants de la tradition analytique, comme Jacques Bouveresse en France, mais aussi chez ceux qui se réclament de l'école de Francfort, comme Jürgen Habermas en Allemagne.

L'enjeu de cette discussion n'a rien d'« académique » ni de purement philosophique, mais de part en part politique. À travers les thèses de Searle, certaines objections massives et récurrentes qui sont faites à la pensée de Derrida sont récapitulées. La scène de ces échanges est donc surtout symptomatique de la résistance à la déconstruction, des attaques et de l'incompréhension dont elle est l'objet.

« Signature, événement, contexte »

Dans « Signature événement, contexte », Derrida engage la déconstruction de la détermination philosophique de l'écriture, celle qu'on rencontre sous une forme exemplaire chez Condillac, l'écriture comme moyen de communication. Selon cette interprétation, Condillac peut affirmer que « si les hommes écrivent, c'est : 1/ parce qu'ils ont à communiquer ; 2/ parce que ce qu'ils ont à communiquer, c'est leurs « pensées », leurs « idées », leurs représentations. La pensée représentative précède et commande la communication qui transporte l'« idée », le contenu signifié ; 3/ parce que les hommes sont déjà en état de communiquer leurs pensées quand de manière continue, ils inventent un moyen de communication qu'est l'écriture[1]. Les thèses de Condillac établissent une hiérarchie et une chronologie qui vont de la pensée à la communication, puis de la communication à l'écriture.

En effet, selon Condillac la pensée est première, elle est pure, idéelle, et advient sans support matériel. L'existence en société oblige alors les hommes à communiquer, c'est-à-dire à transmettre leurs idées, à les échanger et à discuter. La communication a donc lieu dans l'élément de la parole vive et l'écriture n'apparaît qu'après coup, elle est un supplément technique par rapport à la présence du sens propre dans la parole. L'écriture permet ainsi le transport d'un message (le transport de l'idéalité du sens), mais elle doit ne pas pouvoir affecter ou transformer ce qu'elle transporte. Mais ce schéma bien réglé n'est plus recevable dès qu'on fait apparaître, comme Derrida, que la différance et l'absence du destinataire sont la condition de possibilité de l'écriture : « Il faut qu'elle [l'écriture] soit répétable – itérable – en l'absence absolue du destinataire ou de l'ensemble empiriquement déterminable du destinataire (...). Une écriture qui ne serait pas structurellement lisible – itérable – par-delà la mort du destinataire ne serait pas une écriture[2]. » L'écriture porte ainsi en elle l'absence du destinataire comme sa possibilité.

1. « Signature, événement, contexte », *Limited Inc.*, Galilée, Paris, 1990, p. 22.

2. *Ibid.*, p. 27.

À partir de ce moment, le texte « Signature, événement, contexte » va penser l'écriture, non plus selon les catégories métaphysiques de la présence subsistante et de la permanence, mais selon le concept de « reste » qui renvoie aussi à « traces » ou à « cendres ». L'écriture n'est pas alors conçue comme un simple moyen de communication qui transporterait des signifiés sans les entamer ni les parasiter, elle n'advient qu'en débordant son usage, en excédant son sens, et en échappant au destinataire : « 1/ Un signe écrit, au sens courant de ce mot, c'est donc une marque qui reste, qui ne s'épuise pas dans le présent de son inscription et qui peut donner lieu à une itération en l'absence et au-delà de la présence du sujet empiriquement déterminé qui l'a, dans un contexte donné, émise ou produite (...) 2/ du même coup, un signe écrit comporte une force de rupture avec son contexte[1]. » L'écriture doit pouvoir être répétée et reproduite dans un autre contexte que celui où elle a été produite et émise, elle doit donc pouvoir signifier hors de son contexte d'émission : il n'existe en ce sens pas d'écriture hors contexte.

Pour que l'écriture soit possible, il faut qu'elle puisse être reconnue dans un contexte et que sa signification puisse être reçue ; c'est le devenir « code » de l'écriture. Mais elle devient impossible si elle ne peut pas être reçue ou reconnue dans *plus d'un* contexte : « Cela ne suppose pas que la marque vaut hors contexte, mais au contraire qu'il n'y a que des contextes sans aucun centre d'ancrage absolu[2]. » Le signe ou la marque d'écriture est inscrit dans le contexte où il est émis mais ne lui appartient pas, il ne s'y réduit pas ; dès lors, il le déborde, et n'est possible que s'il peut, en sa structure même, traverser plus d'un contexte. L'écriture n'est donc pas le moyen de communication d'un message signifié et identique à lui-même, mais elle se communique en altérant chaque fois sa signification, à chacune de ses répétitions dans un contexte différent. Il n'existe donc pas de sens propre d'un énoncé, puisque la signification n'advient qu'en s'altérant et en différant d'elle-même, elle n'est même rien d'autre que cette différence et cet écart à soi.

1. *Ibid.*, p. 30.
2. *Ibid.*, p. 36.

Ce qui est dit, communiqué, ne se réduit par conséquent jamais au « vouloir-dire » du sujet de l'énonciation, car le signe excède toujours l'intention qui l'a émis et qu'il transporte. C'est l'« itérabilité » du signe (la répétabilité qui altère) qui sépare l'intention signifiante d'elle-même et fait différer la signification. L'écriture n'est possible que si elle peut se répéter et signifier autre chose que ce qu'elle signifie, l'intention signifiante du sujet ne cesse à ce moment de se diviser et de se multiplier, et cela autant de fois qu'il y a de contextes possibles. La signification ne peut en ce sens plus être réduite ou identifiée à une supposée intention consciente du sujet, origine supposée de la signification : « Étant donné cette structure d'itération, l'intention qui anime l'énonciation ne sera jamais de part en part présente à elle-même et à son contenu. L'itération qui la structure a priori y introduit une déhiscence et une brisure essentielle[1]. » C'est une telle analyse qui oriente Derrida vers l'élaboration du concept de *signature*.

La signature est une marque d'écriture, elle partage avec l'écriture toutes les caractéristiques les plus générales, elle est notamment structurée par l'itérabilité. L'élaboration d'un concept rigoureux de signature implique donc une déconstruction du présupposé de la présence vivante de l'auteur, selon lequel le texte appartiendrait à son auteur par la présence de celui-ci dans le texte : il lui reviendrait par la signature, marque de sa présence unique. Il faut penser au contraire que la signature ne permet pas que l'intention signifiante devienne une intention présente à elle-même et consciente de toutes les significations possibles. C'est pourquoi Derrida écrit : « Par définition, une signature écrite implique la non-présence actuelle ou empirique du signataire. Mais, dira-t-on, elle marque aussi et retient son avoir été présent dans un maintenant passé qui restera un maintenant futur, donc dans un maintenant en général, dans la forme transcendantale de la maintenance. Cette maintenance générale est en quelque sorte inscrite, épinglée dans la ponctualité présente, toujours évidente et toujours singulière, de la forme signature[2]. »

1. *Ibid.*, p. 46.
2. *Ibid.*, p. 48.

Pour Derrida, la signature déconstruit la possibilité de la « maintenance » de la signification par un sujet conscient, la possibilité de la mainmise du sujet sur le texte qu'il signe. La possibilité de l'absence du signataire s'inscrit alors dès qu'il y a signature : signer, c'est se séparer de ce qu'on signe et de la signature ; ce qui est signé peut, par l'effet de la signature, se passer de moi et se transporter à travers différents contextes en déplaçant tout ce que je dis et que j'ai voulu dire. Les déformations que Searle fait subir à la pensée de Derrida attestent de cet écart irréductible entre la signification et l'intention de signification.

Searle fait la police. « Confusions » de Derrida et parasitages du discours

Il faut donc commencer par dire en quoi consiste la réponse de Searle. Ce dernier ayant refusé la reproduction de sa réponse à Derrida, on peut trouver un résumé du texte de Searle élaboré par G. Graff, l'universitaire américain à l'initiative du volume *Limited Inc.* Dans sa réplique à Searle (« Limited Inc a b c... ») Derrida donne de toute façon de très amples citations du texte « Réitération des différences. Réponse à Derrida ».

Selon Searle, Derrida « assimile discours parlé à écriture » parce qu'il élabore un concept d'écriture générale qui ne se limite pas à la page ni au livre, et il « confond permanence et itérabilité » puisque la permanence de l'auteur, du sens ou de la signification est déconstruite. Searle distinguerait donc ce que Derrida confondrait. À la différence de « Signature, événement, contexte » de Derrida, « Réitération des différences... » de Searle explique que « comprendre un énoncé » revient à « reconnaître les intentions illocutionnaires de l'auteur [1] » : comprendre un énoncé, c'est reconnaître et identifier ce que son auteur a voulu dire. Pour Searle, Derrida aurait encore une fois confondu la citationnalité avec les « discours parasitaires », car dans les citations, les « expressions sont utilisées [*used*] et non pas mentionnées [*mentioned*] [2] ». La

1. *Limited Inc.*, *op. cit.*, p. 97.
2. *Ibid.*, p. 206.

citation n'est donc pas générale mais restreinte, les textes ne sont pas constitués de citations de citations, et la citation n'est pas la structure de l'écriture.

Derrida, d'autre part, « assimile le parasitage du langage oral par le langage écrit avec le parasitage du discours standard et non fictionnel par la fiction [1] », alors que le « rapport de dépendance » entre le langage oral et le langage écrit est, pour Searle, un « fait contingent concernant l'histoire des langues » et « non une vérité logique sur la nature du langage [2] ». Par contre, la « relation de dépendance » entre « le discours standard ou non fictionnel » et « la fiction » est un « rapport de dépendance logique [3] ». Searle objecte enfin que l'itérabilité « n'est pas, comme Derrida semble le penser, en conflit avec l'intentionnalité des actes linguistiques, parlés ou écrits, elle est la présupposition nécessaire des formes que prend l'intentionnalité [4] ».

Qui signe ? La signature se mime

Searle fait précéder son article, « Réitération des différences... », d'un « copyright » qui est, selon Derrida, des plus signifiants pour comprendre ce qui a lieu. On peut en effet lire dans *Glyph*, en tête du texte de Searle : « Copyright © 1977 by John R. Searle ». Derrida se demande alors pourquoi Searle est obligé d'apposer ainsi son « copyright ». Si Searle était en effet cohérent avec ce qu'il écrit, il ne devrait logiquement pas s'inquiéter d'une falsification ou d'un détournement possible de son article et de son propos. Lorsqu'il affirme péremptoirement, et non sans une grande violence, que Derrida est « connu pour son penchant à dire des choses manifestement fausses » (« *for saying things that are obviously false* »), cela signifie que lui, Searle, sait différencier le vrai du faux et sait que Derrida veut vraiment dire des choses fausses. Lui, Searle, serait évidemment connu pour son penchant à dire des choses vraies.

1. *Ibid.*, p. 208.
2. *Ibid.*
3. *Ibid.*
4. *Ibid.*

L'apposition du copyright en tête de son article, loin d'être insignifiante, témoigne de l'inquiétude de Searle. Si celui-ci était en effet connu pour son penchant à dire des choses manifestement vraies, il n'aurait nul besoin d'un copyright ; son texte et son propos seraient en eux-mêmes immunisés contre le faux, contre la reproduction falsifiante et les parasites en tout genre. Par ce geste, Searle reconnaît à son insu et laisse s'inscrire dans son texte l'intrusion de ce qu'il voudrait conjurer, et de ce à quoi la pensée de Derrida fait au contraire droit : l'itérabilité ou la répétition qui altère comme condition de possibilité de toute écriture.

Cette maladresse de Searle, qui est l'aveu de ce qu'il aurait voulu dissimuler, est appelée « infélicité » par Derrida : « Quelle est l'infélicité de ceci, je veux dire du discours de Searle ? C'est que si Searle dit vrai, quand il dit qu'il dit vrai, l'*obviously true*, alors le copyright est sans effet, sans intérêt : tout le monde pourrait, aura d'avance pu, reproduire ce qu'il dit. Le sceau de Searle est d'avance volé. D'où l'angoisse et la compulsion à cacheter (*to seal*, n'est-ce pas) le vrai. Mais inversement, si Searle avait obscurément le sentiment qu'il ne dit pas l'*obviously true*, et que ce n'est pas *obvie* pour tout le monde, alors il tiendrait passionnément, et toujours aussi inutilement, à préserver cette originalité, quitte à donner le soupçon, par son sceau répété et donc divisé, que son assurance quant à la vérité par lui détenue dissimule mal une grande inquiétude [1]. »

En parlant ainsi d'« infélicité », Derrida fait signe vers la pragmatique austinienne dont se réclame et s'autorise Searle. En effet, dans *Quand dire, c'est faire* [2], Austin affirme que le vrai et le faux ne sont pas des critères valides pour juger des énonciations performatives. Ces dernières, à la différence des énoncés « constatifs », exécutant une action par leur énonciation – Austin prend l'exemple du « oui », lors d'une cérémonie de mariage, comme exemple d'énoncé « performatif ». Pour de tels énoncés, il n'y a plus que les valeurs d'« échec » (*unfelicity*) ou de « réussite » (*felicity*) qui soient pertinentes, la « réussite » ou le « bonheur » d'un énoncé se

1. *Ibid.*, pp. 65-66.
2. *How to do things with words*, trad. fr., Seuil, Paris, 1970.

définissant par la « saisie » de l'énoncé par ceux auxquels il est adressé – le « oui » du mariage est performé avec « bonheur » si la mariée répond « oui ». L'énoncé performatif engage un sujet, et son efficience ou son adresse (sa réussite) conventionnelle tient à sa réception par son destinataire. En jouant ici un des concepts d'Austin contre lui-même et contre Searle, Derrida laisse entendre qu'il y a un bonheur et un malheur des énoncés concernant le vrai et le faux. Il complique donc la distinction entre les énoncés performatifs et les énoncés constatifs, montrant ainsi qu'il y a une dimension performative de la vérité.

En apposant son sceau, Searle avoue donc un trouble : s'il « dit vrai » et que cela n'est pas manifeste pour tout le monde, si ce qu'il dit n'est donc pas « manifestement vrai », ou bien s'il « dit vrai » manifestement, dans ces deux cas le copyright est sans effet et ne peut garder ni immuniser le texte de Searle de la reproduction. Searle est de cette manière d'avance dépossédé de sa signature et le sens de ce qu'il signe ne lui appartient pas. Cette dépossession, Derrida la formalise de la manière suivante : « " " "Copyright c 1977 John R. Searle" " "[1]. » Searle prend donc le risque de trahir son inquiétude par l'apposition d'un sceau, alors qu'il aurait dû savoir que celui « qui s'excuse s'accuse », ou comme dit aussi Derrida, que « la suppléance aggrave le manque ».

La question de la signature n'est donc pas seulement l'« objet » des textes de Searle et de Derrida, ni non plus leur « sujet », elle trace plutôt les bords des textes, leur limite. Une signature est-elle en effet utilisée et fonctionne-t-elle alors comme « sujet », ou est-elle mentionnée comme « objet » ? Où passe donc la frontière entre l'utilisation et la mention d'une signature ? La signature est-elle dans le texte qu'elle signe ou dehors ? À de telles questions Searle répond imperturbablement que la signature d'un texte est une et identique à elle-même, et qu'elle assure ainsi l'identité de son auteur : la signature représente selon lui, et de manière traditionnellement métaphysique, la conscience et l'intention de signification de l'auteur. Pourtant ce que fait Searle et ce qu'il écrit attestent ce qu'il ne voudrait pas dire ; il fait en effet

1. *Ibid.*, p. 66.

apparaître malgré lui que la signification de son texte n'est pas identique à son intention consciente de signification, mais risque au contraire de s'en écarter irréversiblement.

Searle avoue aussi sa dette à l'égard de son frère D. Searle et de H. Dreyfus, l'un et l'autre l'ayant aidé à lire Derrida : l'article sur Derrida n'aurait donc pas été possible sans les échanges constants avec au moins ces deux universitaires. Avouant ainsi sa dette, Searle atteste ce qu'il voudrait conjurer et expulser : la multiplication et la division de sa signature, et du même coup, de sa propre « intention illocutoire ». Derrida écrit : « S'il y a une dette de John R. Searle à l'égard de D. Searle pour toute cette discussion, voilà que le "vrai" copyright devrait revenir (...) : un Searle divisé, multiplié, conjugué, partagé. Quelle signature compliquée ! encore plus compliquée quand la dette va aussi à mon vieil ami H. Dreyfus, avec lequel j'ai moi-même travaillé, discuté, échangé, si bien que si c'est à travers lui que les Searle m'ont "lu", "compris", "répliqué", je peux prétendre aussi à quelque "action", ou "obligation", sinon à quelque "holding" dans la société de ce "copyright". Et il est aussi vrai que j'ai parfois eu le sentiment, j'y reviendrai, d'avoir quasiment dicté cette réplique. "Je" prétends aussi au copyright de la Reply [1]. »

Selon Derrida la signature est possible si elle est reproductible, et elle est reproductible dès qu'elle est inscrite, elle est alors appelée d'avance à se multiplier et à se diviser : ni le signataire ni l'intention de signification ne peuvent jamais constituer une conscience présente à elle-même et à son énonciation ou à son intention, le signataire ne peut ni être un ni identique à soi, il ne peut donc jamais s'approprier au travers de ce qu'il écrit. En ce sens Derrida peut écrire : « Il y a, à l'"origine" de tout *speech act*, des sociétés (plus ou moins) anonymes à responsabilité limitée, une multiplicité d'instances, sinon de "sujets", des significations ouvertes au grand parasitage, autant de phénomènes que le "moi conscient" du locuteur et de l'auditeur (ultimes instances de la théorie des *speech acts*) est capable d'incorporer en tant que tels, et à vrai dire fait tout pour exclure. Sans y arriver jamais, car l'incorporation en termes de "psychanalyse" doit, au corps

1. *Ibid.*, p. 68.

défendant du sujet, faire place “en elle” à cela même qu'elle exclut[1]. » Le locuteur et l'auditeur excluent leur multiplication, leur division et le parasitage de leurs énoncés en les incorporant. Mais au moment où ils veulent taire ce parasitage ils le disent et lui font place, se laissant hanter par lui en voulant l'enterrer en eux. Il n'y a donc pas simplement « préinscription du Sujet dans le Discours », comme le voulait Lacan, fût-il le Sujet de l'inconscient, puisqu'il y a plus d'un sujet potentiel dans un discours ; et donc même pas un sujet.

Il est donc erroné ou malheureux de parler, comme le fait Antoine Compagnon dans *Le démon de la théorie*, de « ces théoriciens qui ne résistent pas à l'envie de corriger les contresens que leurs adversaires font sur leurs intentions, en leur répliquant par exemple, comme Derrida à Searle : “ce n'était pas ce que je voulais dire”. Du même coup, ils dénient leur propre thèse.[2] » Derrida, soumettant le concept de « vouloir-dire » à la plus rigoureuse déconstruction, il n'est donc pas pertinent de croire qu'il oppose son « vouloir-dire » au « contresens » de Searle : la signature de Derrida et le sens de ses textes travaillent à se démultiplier, le concept de « contresens » manque donc complètement ce que produisent les textes de Derrida.

Searle conteste sans cesse le parasitage des significations et la division des sujets de la communication, alors que son texte atteste de ce parasitage et de cette division par l'apposition d'un copyright, et par l'aveu de ses dettes. Derrida peut alors affirmer qu'il a en quelque sorte « dicté » à Searle « sa » réponse, au sens où le discours de celui-ci était prévu, connu et déjoué d'avance dans « Signature, événement, contexte ». Le programme du texte de Searle écrit en 1972 est déjà analysé, transformé, déconstruit, dans le texte écrit par Derrida en 1967, il ne présente de ce point de vue aucune surprise.

Searle fait l'objection suivante à Derrida : l'écriture ne peut fonctionner qu'en présence de l'émetteur, puisque la signification est déterminée par l'intention de celui-ci ; la signification d'un texte est celle qui a été voulue par son auteur, et comprendre revient à restituer le vouloir-dire ; pour Searle,

1. *Ibid.*, p. 143.
2. Antoine Compagnon, *Le démon de la théorie*, Seuil, Paris, 1998.

un texte, un signe ne fonctionnent donc pas en l'absence de son émetteur. Loin de restituer le vouloir-dire de Derrida, Searle fait dire au texte de Derrida ce qui n'a pas été dit : « Il n'a jamais été dit, dans Sec [« Signature, événement, contexte »] que cette absence était nécessaire, mais seulement qu'elle était possible (Sarl serait d'accord) et qu'il faut donc tenir compte de cette possibilité : elle appartient, en tant que possibilité, à la structure de toute marque, à la structure précisément de son itérabilité [1]. » Searle confond donc (volontairement ? inconsciemment ? manifestement) itérabilité et itération. L'itérabilité de la marque est la possibilité même de la marque : il n'y a aucune marque ou signe possible sans la séparation de la marque d'avec son émetteur. L'inscription d'un trait d'écriture est le retrait de l'écrivain, elle l'absente.

Searle confond donc *le fait* contingent d'écriture (la possibilité que l'émetteur soit empiriquement « présent ») avec *la possibilité* de l'écriture et il affirme ainsi que le sujet de l'énonciation doit être présent et qu'il est présent à ses énoncés à travers son intention. Cette théorie de l'écriture est empiriste, au sens où Searle croit constater un fait là où il interprète une possibilité. Derrida écrit alors : « Le fait (apparent) de la présence de l'émetteur ou du récepteur n'est-il pas compliqué, divisé, contaminé, parasité par la possibilité d'une absence en tant qu'elle s'inscrit nécessairement dans la fonction de la marque [2]. » Searle prend donc le fait (apparent) pour la condition de possibilité du fait, son analyse de l'écriture est en ce sens pré-phénoménologique : elle est incapable de suspendre et de réduire le fait d'écriture pour penser sa possibilité.

En même temps qu'elle se caractérise par un manque de rigueur pré-phénoménologique, l'analyse de Searle est structurée par un présupposé phénoménologique au sens husserlien : l'intentionnalité ou l'intention qui anime un texte est présente et identique à elle-même, elle ne se multiplie pas et ne s'altère pas, le remplissement de l'intention de signification se fait par une intuition. Ce présupposé phénoménologique du discours de Searle est déjà déconstruit en 1967,

1. *Ibid.*, p. 95.
2. *Ibid.*, p. 97.

avant même la réponse de Searle à Derrida : « Ce qui y est mis en question [dans Sec], ce n'est pas l'intention ou l'intentionnalité mais leur *telos* [la fin comme accomplissement naturel], ce qui en oriente et organise le mouvement, la possibilité de leur accomplissement, de leur remplissement, de leur plénitude actuelle et présente, présente à soi, identique à soi [1]. »

A. Compagnon croit suffisant de distinguer le « projet » de l'auteur de son « intention ». Selon lui, « la thèse anti-intentionnaliste [de Derrida] se fonde sur une conception simpliste de l'intention [2] » qui confondrait projet et intention. Ce que Antoine Compagnon appelle « intention » appartient de plain-pied à la métaphysique de la présence (de l'auteur et du sens dans le texte). La déconstruction par Derrida du *telos* de l'intention (qui ne peut jamais devenir une présence pleine et univoque) interdit de lui attribuer le concept simpliste d'« anti-intentionnalisme », puisque, si l'intention d'un texte ne s'accomplit jamais pleinement, et *peut*, de plus, ne pas arriver à destination, cela ne signifie à aucun moment qu'il n'y a pas d'intentionnalité du texte.

Searle ne voit pas que la marque ou le signe n'est possible que s'il peut d'avance se différencier de soi, s'altérer sans jamais se ressaisir ni revenir à soi. La théorie « anglo-américaine » des actes de langage – celle de Austin et de Searle – est donc solidaire de ce qu'il y a de plus constant et de plus structurant dans la tradition occidentale : la métaphysique de la présence. Cette théorie présuppose en effet que les phénomènes du langage sont des « actes » et qu'ils sont à ce titre l'actualisation de l'intention d'un sujet : l'auteur, identique au signataire, sait ce qu'il veut dire et comprend ce qu'il dit, c'est donc sa présence consciente qui s'actualise dans le langage. Ce présupposé explique que Searle ne puisse pas comprendre non plus que Derrida ne pense justement plus l'écriture comme une présence permanente et ineffaçable. Ce que Derrida appelle l'écriture « n'arrive qu'à s'effacer » (la marque, le signe ne sont possibles qu'en tant qu'ils peuvent s'effacer et qu'ils sont destructibles), elle n'a pas une pré-

1. *Ibid.*, p. 116.
2. Antoine Compagnon, *Le démon de la théorie*, *op. cit.*, p. 106.

sence constante et n'est pas l'écriture au sens restreint et commun du terme, celui qui l'oppose à la parole vive : elle est écriture générale, « graphème ». En ce sens, la parole est d'essence graphématique.

En fin de compte, la « discussion » entre Searle et Derrida n'a pas lieu parce qu'elle a déjà eu lieu à l'avance, dès « Signature, événement, contexte », au moment où sont déconstruits les motifs les plus constants de la philosophie du langage. La pensée de Searle ne se désolidarise en effet pas des présupposés métaphysiques les plus profonds, elle les réinvestit au contraire sans cesse et en toute « innocence » : « Sarl s'en tient à une définition étroite de l'écriture comme transcription ou représentation de la parole[1] » ; c'est pourquoi on peut dire en toute rigueur que le discours de Searle n'est pas le sien, mais obéit au programme le plus traditionnel du phonocentrisme en philosophie : « la définition du texte comme communication et communication d'un contenu[2] ». Toute la réponse de Searle est finalement structurée par les valeurs de présence/absence, propre/parasitaire, standard/réitérable, sérieux/fictionnel, c'est-à-dire par des oppositions conceptuelles simples et dogmatiques, jamais analysées ni argumentées, la « violence » à l'égard des textes de Derrida est alors inévitable.

La déconstruction comme transformation de la violence

À bien des égards l'intérêt et la valeur du texte de Searle sont très limités. Il importe de s'intéresser plutôt au contexte de cette discussion et à ce qu'elle signifie et fait apparaître comme régime de violence. Si la falsification systématique du texte de Derrida par Searle ne résiste pas un instant à la lecture de « Signature, événement, contexte », elle fait en revanche apparaître la dimension originairement polémique et violente de la parole dite « théorique ». Comme l'écrit Derrida dans la postface de *Limited Inc* (« Vers une éthique de la discussion »), la controverse avec Searle et ce qui

1. *Ibid.*, p. 149.
2. *Ibid.*

accompagne cette controverse sont avant tout une « expérience de la violence » : « Ce qui se passa il y a plus de dix ans autour de Sec et de *Limited Inc*... concernait avant tout notre expérience de la violence et du rapport à la loi (...) De cette violence, j'avais alors essayé de dire quelque chose. J'avais essayé du même coup de faire quelque chose [1]. » Quand Derrida fait apparaître la violence de Searle, il montre ainsi qu'il n'y a jamais de non-violence dans la parole et la discussion dite « théorique », il engage de cette manière une stratégie éthique et politique : Derrida joue une moindre violence contre une plus grande violence, il diminue la violence de la discussion.

Un certain rapport aux institutions universitaires et académiques se joue par conséquent dans l'expérience de la violence qu'aura été la controverse avec Searle. Derrida analyse la manière dont les institutions engagent et structurent toute discussion et il tente en même temps de transformer ces institutions par l'analyse : « Il faut reconnaître la violence politique ou autre, telle qu'elle est à l'œuvre dans les discussions académiques ou intellectuelles en général (...). Et si, comme je le crois, la violence reste en fait (à très peu près) irréductible, son analyse et la prise en compte la plus raffinée de ses conditions seront les gestes les moins violents, peut-être des gestes non violents, en tout cas ceux qui contribueront le mieux à la transformation des règles juridico-politiques : dans l'université et hors de l'université [2]. »

Les institutions, même « académiques », ne sont pas non violentes mais elles rendent plutôt possibles, en elles comme hors d'elles, les discussions les plus violentes et les gestes les plus brutaux. Il s'agit donc pour la déconstruction d'analyser interminablement la dimension politique des institutions et d'agir ainsi sur elles et sur les règles de discussion. La déconstruction est donc, de part en part, aimantée par la responsabilité à l'égard d'une « éthique de la discussion » ; quels que soient les lieux où elle travaille, elle agit toujours dans le sens d'une plus grande politesse et de la moindre violence.

1. *Ibid.*, p. 202.
2. *Ibid.*, p. 203.

De ce point de vue, malgré la brutalité et la violence de son interlocuteur, la patience de Derrida et sa probité dans l'analyse des gestes et des stratégies du texte de Searle auront été exemplaires. La déconstruction travaille à transformer la violence de la discussion en jouant et en misant sur l'analyse et sur la pensée, plutôt que sur la polémique. La tactique de Searle est au contraire caractéristique de ce qui a si souvent lieu dans les discussions « intellectuelles » ou « théoriques » (notamment dans l'usage des médias aux fins de relayer la violence et d'amplifier la polémique) : « Que fait-il donc ? D'un côté il maintient à tout prix, dans ses livres, la forme la plus rigide et la plus traditionnelle du tiers exclu, il en applique le principe même quand il faut pour cela pratiquer les exclusions les plus brutales et les plus immotivées. Mais d'un autre côté, quand il lui faut battre en retraite dans la polémique journalistique, il pratique la dénégation et feint d'avoir renoncé à la distinction tranchée. Pour cela, il distingue (encore !) entre les concepts théoriques d'une part, la "vie réelle" [« *real life* »] d'autre part. Si les premiers sont inadéquats à la seconde, s'ils en excluent purement et simplement tous les phénomènes dits "marginaux", dont ils ne sont pas capables et en vérité ne sont pas chargés de rendre compte, cela ne semble pas le gêner une seconde. Mon sentiment est qu'il a tort et se trompe dans les deux cas. Ou plutôt qu'il se trompe dans le premier et veut nous tromper dans le second. On croit rêver quand on lit sous sa plume, dans l'article auquel vous [G. Graff] vous référez, ceci : "Il (Culler) suppose aussi par erreur [*mistakenly*] que la théorie des *speech acts* cherche une sorte de ligne de séparation précise entre ce qui est une promesse et ce qui ne l'est pas." Ah bon, par erreur, vraiment ? Je suppose exactement ce que Culler suppose en effet. Et je le suppose encore. Et je crois que nous avons raison[1]. »

1. *Ibid.*, p. 224.

12

HABERMAS OU LE REFUS DE LA COMMUNICATION

Jürgen Habermas est une figure de la scène intellectuelle allemande, il en est un des philosophes les plus connus. Avant de parvenir à la discussion avec la pensée de Derrida – les deux hommes participent aujourd'hui à des séminaires communs [1] – Habermas a, pendant plus de vingt ans, préféré la polémique. Preuve en est les deux chapitres consacrés à Derrida dans son livre *Discours philosophique de la modernité*, paru en 1985 et traduit en français en 1988 [2]. Ces deux chapitres appartiennent peut-être à la veine de ce qui a lieu avec Searle. Comme ce dernier, Habermas maintient une série d'oppositions tranchées et doit, pour cette raison, pratiquer des exclusions théoriques. En critiquant d'autre part Derrida au nom de la rationalité et de la communication argumentée, il ne respecte pas les règles qu'il édicte : Habermas simplifie notamment ce qu'écrit Derrida lorsqu'il lui impute une confusion entre concept et métaphore, et quand il assimile sans le moindre argument la déconstruction à un rhétoricisme. On peut alors se demander s'il n'existe pas une contrainte interne à la pensée et aux textes de Derrida, qui rendrait la falsifica-

1. Cf. *Fichus*, le discours de réception du prix Adorno de la ville de Francfort par Derrida, Galilée, Paris, 2002.

2. J. Habermas, « La surenchère de la philosophie de l'origine temporalisée » et « Digression sur le nivellement de la différence générique entre la philosophie et la littérature », in *Discours philosophique de la modernité*, Gallimard, Paris, 1988.

tion inévitable pour certains lecteurs. L'incompréhension est peut-être le risque structurel de la déconstruction, si celle-ci crève le tympan de l'oreille philosophique.

Habermas commence par apparenter et par aligner la pensée de Derrida sur celle de Heidegger, la « déconstruction » sur la « Destruktion ». Il écrit par exemple : « Derrida revendique à juste titre le rôle du disciple authentique qui accueille de manière critique la doctrine du maître et la développe de manière productive [1]. » Comme Derrida ne revendique aucun rôle, surtout pas celui de « disciple » de Heidegger, et qu'il déconstruit radicalement toutes les figures de la maîtrise, il faut se demander quelle est la stratégie suivie par Habermas dans un tel jugement.

Il s'agit sans doute pour lui d'étayer sa propre thèse culturelle, celle de l'échec de la critique de la raison et de la métaphysique. C'est dans cette perspective qu'il attribue à Heidegger et à Derrida l'idée d'un « auto-dépassement de la métaphysique [2] », alors que pour l'un comme pour l'autre la métaphysique est bien plutôt l'indépassable. La seule différence qui est accordée au texte de Derrida par rapport à celui de Heidegger est une différence de « ton », et un déplacement de « la critique radicale de la raison vers le domaine de la rhétorique [3] ». De Heidegger à Derrida on passerait donc d'un irrationalisme poétique (« un irrationalisme mâtiné de Hölderlin ») à un irrationalisme rhétoriciste ; peu importe donc pour Habermas que l'essentiel de la pensée de Heidegger soit analysé, travaillé, transformé par Derrida, et que rien de cette pensée ne reste indemne de la lecture déconstructrice, peu importe aussi ce que Heidegger et Derrida peuvent écrire, puisque la transparence du sens et la rationalité communicationnelle leur font défaut, à l'un comme à l'autre.

Derrida répond de la même manière aux deux chapitres que Habermas lui consacre : « Je ne suis pas cité une seule fois (...) aucun de mes textes n'est même indiqué en référence dans un chapitre de trente pages qui prétend être une longue

1. *Ibid.*, p. 191.
2. *Ibid.*, p. 192.
3. *Ibid.*, p. 224.

critique de mon travail[1]... » Cette remarque ne porte pas seulement sur la forme du texte de Habermas, mais aussi sur sa possibilité. Comment est-il possible, en effet, de critiquer une pensée sans même la citer une seule fois, surtout si elle a la complexité et la subtilité du texte de Derrida ? Ne risque-t-on pas alors de dire des choses fausses et de se tromper gravement ?

Habermas prétend en effet pouvoir distinguer littérature et philosophie comme deux genres distincts, et attribue alors à Derrida la confusion des deux genres accompagnée d'une position « rhétoriciste ». Derrida répond : « Cela est faux. Je dis bien faux, par opposition à vrai ; et je mets Habermas au défi de prouver la présence dans mon travail de ce "primat de la rhétorique" qu'il me prête, avec les trois propositions qui s'ensuivent et qu'il prétend critiquer ensuite[2]. »

À partir de ce moment, Habermas multiplie les confusions : 1/ il assimile la grammatologie à une « science de l'écriture » alors que celle-ci inscrit la science dans la textualité et montre à quel point la science de l'écriture est limitée et impossible ; 2/ il croit pouvoir retrouver chez Derrida le concept d'« histoire de l'être[3] » alors que Derrida pense la trace avant l'être et l'être comme métaphore dans les textes de Heidegger ; Derrida prend aussi ses distances à l'égard de l'unicité du trait de l'être et du schéma de l'épochalité qui structure la pensée heideggerienne de l'histoire ; 3/ Habermas affirme que « la critique développée par Derrida se limite elle aussi à des réflexions sémiotiques[4] » alors que les analyses de Derrida sont toujours plus syntaxiques que sémantiques, et qu'elles ne sont en tout cas jamais « sémiotiques » puisque l'unité du mot est sans cesse déconstruit et que la dissémination commence en deçà des mots, à partir des graphèmes auxquels on ne peut peut-être pas attribuer d'unité ; 4/ Habermas impute à Derrida une « esthéti-

1. *Limited Inc.*, *op. cit.*, note p. 243.

2. J. Habermas, *Discours philosophique de la modernité*, *op. cit.*, édition allemande, p. 224.

3. *Ibid.*, p. 192.

4. *Ibid.*, p. 199.

sation du langage[1] » voire un « contextualisme esthétique[2] », alors qu'aucun des réquisits de l'esthétique (l'art destiné à satisfaire les anticipations de la perception et la sensibilité des sujets) n'est plus présent dans la pensée de Derrida. La conception esthétique de l'art y est au contraire radicalement déconstruite. Habermas de son côté ne pense jamais l'art sans le réduire à l'esthétique ; 5/ Habermas écrit que « l'écriture est la promesse testamentaire de la compréhension[3] » alors que dans *La carte postale* Derrida fait apparaître que l'écriture doit toujours pouvoir ne pas arriver à destination ou à compréhension pour être possible ; 6/ Habermas voit dans la pensée de Derrida des « sources religieuses[4] » alors que tous les textes de ce dernier rendent problématique la pensée de la source. Derrida montre aussi que la source de la religion est double, divisée et retournée contre soi ; 7/ Habermas affirme que « le travail de la déconstruction a pour fonction inavouée de régénérer le dialogue avec Dieu, interrompu dans les conditions modernes de l'onto-théologie, désormais sous forme d'obligation[5] » alors que le « Dieu » de Derrida – s'il est possible de parler de « Dieu » à son propos, alors qu'il ne possède plus aucun des attributs divins définis par l'onto-théologie – se situe à la possibilité et à la limite de tout langage. « Dieu » est produit quasi machinalement par le gage du langage, en tant qu'il est le témoin absolu : de ce point de vue, parler de « dialogue avec Dieu » est un non-sens. L'interprétation de Habermas relève par contre très rigoureusement de ce que Derrida appelle « la réappropriation onto-théologique » de sa pensée[6]. La pensée de l'agir communicationnel, loin d'être une rationalisation de la discursivité démocratique, reste en ce sens toujours prise dans la logique et la grammaire onto-théologique.

Le cœur de la critique de Habermas consiste donc à affir-

1. *Ibid.*, p. 241.
2. *Ibid.*, p. 242.
3. *Ibid.*, p. 209.
4. *Ibid.*, p. 192.
5. *Ibid.*, p. 218.
6. *Ibid.*, p. 172.

mer que Derrida confond la logique et la rhétorique, ainsi que l'espace de la communication avec celui de la fiction. La déconstruction peut être, de cette manière, comprise comme l'analyse rhétorique de la logique et de la rationalité des discours. La controverse avec Searle devient donc possible à partir du moment où Derrida confondrait ce que Habermas appelle « la pratique quotidienne de la communication[1] » avec la fiction, et plus encore avec la littérature. Le résultat d'un tel jugement consiste à présenter Derrida comme un grand sophiste du XXe siècle, un pseudo-philosophe incapable de discerner la réalité de l'espace du roman. Le relativisme de la signification et l'esthétisme seraient donc pour Derrida la vérité des discours. Un jugement aussi radical et définitif révèle que la déconstruction est pour Habermas une réelle menace sur la systématisation catégorique et la modélisation des discours que celui-ci élabore dans sa *Théorie de l'agir communicationnel*[2].

Selon Habermas « Derrida vise tout particulièrement à inverser le primat de la logique sur la rhétorique consommé depuis Aristote[3] », ce qui lui permet de confondre la pensée de Derrida avec ce qu'il appelle un « rhétoricisme ». Les rapports de la logique et de la rhétorique dans la tradition philosophique sont pourtant si compliqués qu'on ne peut pas raisonnablement les penser selon une relation de « primat ». Pourtant Habermas surenchérit : « Le déconstructiviste peut alors traiter les œuvres philosophiques comme des œuvres littéraires et assimiler la critique de la métaphysique aux critères d'une critique littéraire échappant désormais, quant au rôle qui est le sien, au malentendu scientiste. Dès que nous prenons au sérieux le caractère littéraire des écrits de Nietzsche, la pertinence de sa critique de la raison devra être jugée d'après les critères d'une réussite d'ordre rhétorique et non d'une cohérence logique[4]. »

1. *Ibid.*, p. 241.
2. J. Habermas, *Théorie de l'agir communicationnel*, Fayard, Paris, 1987.
3. J. Habermas, *Discours philosophique de la modernité*, *op. cit.*, p. 221.
4. *Ibid.*, p. 222.

Derrida ne « traite » pourtant nulle part les œuvres philosophiques, mais tente plutôt de faire apparaître leur dimension « intraitable ». Il montre en effet comment les textes philosophiques cherchent à déterminer les signifiants littéraires qui les constituent dans l'intention d'en neutraliser les effets. Loin de pratiquer une « critique littéraire » des textes philosophiques, la déconstruction derridienne s'attache à montrer comment la philosophie se spécifie en instituant des frontières entre littérature et philosophie. On ne peut donc affirmer à aucun moment que Derrida lit Nietzsche d'après « les critères de réussite d'ordre rhétorique ». La distinction, évidente pour Habermas, entre la raison et la logique d'une part, la rhétorique d'autre part, reproduit très exactement le programme de la philosophie idéaliste : Habermas reprend cette coupure à son compte sans jamais l'interroger ni s'intéresser à ses transformations historiques. Derrida au contraire révèle par ses analyses combien la rhétorique et la logique sont constituées par le projet commun d'arraisonner et de maîtriser la métaphore et son concept. La « réussite » rhétorique et philosophique échoue selon Derrida à dominer la métaphore : dans leur racine commune, logique et rhétorique sont donc excédées par les métaphores et inscrites dans l'histoire de celles-ci.

Dans cette mesure, les trois hypothèses qu'Habermas élabore sont étrangères à la pensée de Derrida : « 1/ La critique littéraire n'est pas en premier lieu une entreprise scientifique mais obéit aux même critères rhétoriques que ses objets littéraires ; 2/ dans la mesure où il n'existe pas de différence générique entre la philosophie et la littérature, il est possible de dégager les contenus essentiels des textes philosophiques par une critique de type littéraire ; 3/ le primat de la rhétorique sur la logique signifie que la rhétorique possède une compétence globale pour juger des propriétés générales d'un ensemble textuel comprenant tout, dans lequel toutes les différences génériques finissent par disparaître ; en effet, de même que la philosophie et la science ne constituent pas un univers à part, de même l'art et la littérature ne constituent pas un domaine de la fiction qui pourrait affirmer son autonomie vis-à-vis du texte général[1]. »

1. *Ibid.*, p. 224-225.

Derrida interroge tous les genres et toutes les frontières qu'Habermas considère comme établis et factuels, le philosophe de la rationalité communicationnelle ne devrait donc pas s'accorder le droit d'affirmer que les analyses de Derrida confondent tout et qu'elles noient les différences dans l'indifférenciation générale ; c'est rigoureusement l'inverse qui a lieu : Derrida travaille interminablement le détail des textes de science, de philosophie, d'art, de littérature, de psychanalyse, d'histoire, de droit, de politique et s'intéresse à travers ces analyses à la manière dont tous ces partages « génériques » se font, se refont et se défont. Le travail de Derrida commence donc là où celui de Habermas s'arrête : devant les différences des textes et de leurs strates.

La réponse de Derrida

Derrida va prendre Habermas en flagrant délit de « contradiction performative », alors que ce dernier ne cesse de dénoncer des « contradictions performatives » dans le texte de Derrida. Dans sa lecture de Derrida, Habermas contredit en permanence les règles dont il se fait le héraut : le dialogue, la discussion rationnelle, l'accord par la communication. Derrida peut ainsi écrire de Habermas : « Avec une tranquillité stupéfiante, voici que le philosophe du consensus, du dialogue et de la discussion, le philosophe qui prétend distinguer entre science et fiction littéraire, entre philosophie et critique littéraire, va non seulement critiquer sans donner de références pendant trente pages, mais encore justifier sa non-lecture et ses choix atmosphériques ou hémisphériques par cet incroyable alibi : "afin d'établir si cette thèse est réellement défendable, et dans la mesure où Derrida ne se distingue guère par son goût de l'argumentation (...) je suivrai (...) ceux de ses disciples – critiques littéraires – qui se sont faits (...) dans le contexte anglo-américain d'argumentation" (p. 228). À partir de là, Habermas intervient, interprète, archive, conclut dans mon débat avec Searle alors même qu'à ses yeux la "discussion entre J. Derrida et John R. Searle" reste "peu transparente" [*UndursichtigeDiskussion*] (p. 288) [1]. »

1. *Limited Inc.*, *op. cit.*, note p. 245.

Au moment même où Habermas prétend distinguer la philosophie et la critique littéraire, la science et la fiction, il fictionne ce que dit Derrida, ne le cite jamais, ne respecte alors pas ce qui est pour lui-même une règle élémentaire de la science et de la philosophie. Dans sa discussion de Derrida, Habermas fait exactement le contraire de ce qu'il dit qu'il faut faire, il ne fait donc à aucun moment ce qu'il dit ; son discours se retourne rigoureusement contre lui-même, et ce qu'il attribue à Derrida révèle la teneur de son propos : selon des critères de discussion rationnelle et scientifique, sa distinction entre la philosophie et la critique littéraire n'est pas plus philosophique que n'est scientifique sa distinction entre la science et la fiction.

Derrida est fondé à affirmer combien les règles élémentaires d'une éthique de la discussion sont bafouées et ignorées par ceux qui s'en réclament le plus, tels Habermas ou Searle ; on aurait donc affaire à une étrange loi des échanges universitaires et des discussions « théoriques » : ceux des protagonistes qui parleraient le plus au nom du dialogue, de la rationalité et du consensus, et qui érigeraient alors ces idées en valeurs souveraines se présenteraient ainsi comme leurs représentants légitimes et autorisés, ils seraient ceux qui respecteraient le moins ces règles. Plus la rationalité est sanctifiée, moins elle est déconstruite ou questionnée, moins elle est respectée ; plus elle est déconstruite ou questionnée, moins elle est sanctifiée et plus elle est peut-être respectée. « Partout, en particulier aux États-Unis et en Europe, ce sont les soi-disant philosophes, théoriciens et idéologues de la communication, du dialogue, du consensus, de l'univocité ou de la transparence, ceux qui prétendent rappeler sans cesse à l'éthique classique de la preuve, de la discussion et de l'échange, ce sont eux qui le plus souvent se dispensent de lire et d'écouter attentivement l'autre, qui font preuve de précipitation et de dogmatisme, ne respectant plus les règles élémentaires de la philologie et de l'interprétation, confondant la science et le bavardage, comme s'ils n'avaient pas même le goût de la communication ou plutôt comme s'ils en avaient peur, au fond. Peur de quoi au fond ? Voilà la bonne question[1]. »

1. *Ibid.*, note pp. 246-247.

Une fois encore, le supplément et le surinvestissement des valeurs de rationalité, de dialogue, de communication, de consensus révèlent et aggravent le manque de toutes ces valeurs dans le propos de ceux qui s'en réclament. C'est le rapport à l'autre (à l'autre interlocuteur, à l'autre parole, à l'autre rationalité, voire à la rationalité autre) représenté par la déconstruction qui fait alors défaut à ces représentants de la rationalité. Le texte autre de la déconstruction est inconnu, il ne peut être reconnu parce qu'il défait les attendus et les anticipations de la lecture, il est alors systématiquement falsifié et reconduit à des distinctions dont il déjoue pourtant la simplicité. « Que se passe-t-il en ce moment, surtout autour de la déconstruction, pour expliquer cette peur et ce dogmatisme ? Devant la moindre difficulté, la moindre complication, la moindre transformation des règles, les soi-disant avocats de la communication crient à l'absence de règles et à la confusion [1]. » C'est l'autre, la possibilité de la venue de l'autre qui n'est donc pas offerte et qui n'est même pas tolérée. C'est au nom du dialogue et du consensus que les conditions de possibilité de l'altérité dans le discours et la pensée ne sont pas ouvertes, que l'espace pour l'altérité est fermé, et que la possibilité d'une autre politique et d'une politique de l'autre est interdite.

Si la communication semble difficile et les malentendus persistants entre la philosophie de Habermas et celle de Derrida, cela tient d'abord à leur pratique et à leur conception de la « communication ». Habermas tente en effet d'élaborer une théorie systématique dans laquelle il modélise et rationalise ce qu'il appelle « l'activité communicationnelle ». Il écrit par exemple, à la fin de ses deux chapitres consacrés à Derrida, « que chacun s'efforce d'être informatif, de dire des choses significatives, d'être sincère et d'éviter les énonciations obscures, ambiguës et prolixes, ce sont là des présuppositions idéalisantes de l'activité du langage normal et non du discours poétique [2] ». La pensée de Habermas relève par conséquent davantage de la fiction que de la théorie : ce qu'il

1. *Ibid.*, note p. 247.
2. *Ibid.*, p. 240.

théorise correspond à ce qui n'arrive rigoureusement jamais. Dès lors, on comprend pourquoi il a besoin d'attribuer à Derrida une « dénégation du domaine de la pratique quotidienne de la communication » qui serait confondue avec le « règne autonome de la fiction [1] ».

Les « règnes autonomes » de la communication et de la fiction que distingue Habermas ont une autonomie fictive. Les catégories présupposées par sa théorie (celle de « langage normal », de « sincérité », de « sérieux », de « simplicité » ou de « littéralité ») rendraient toute communication impossible si elles s'actualisaient et se réalisaient. Habermas suppose en effet sans cesse comme constitué et factuel ce qui est l'impossible et qui n'arrive jamais ; dans sa théorie, le « rationnel » (les catégories et les genres de la communication) et l'« effectif » (ce qui arrive) sont effectivement dissociés et deviennent incompatibles. On peut situer la pensée de Habermas aux antipodes de la pensée de Hegel pour qui l'effectif et le rationnel sont au contraire pensés dans leur consubstantialité.

1. *Ibid.*, p. 241.

13

LA QUESTION DU MATÉRIALISME À PROPOS DE MARX

En 1993, J. Derrida fait paraître *Spectres de Marx*, « l'État de la dette, le travail du deuil et la nouvelle Internationale », livre qui rassemble deux conférences prononcées aux États-Unis. Pierre Macherey, l'un des commentateurs les plus savants et les mieux informés de la pensée de Marx – on lui doit notamment une participation au travail engagé autour de L. Althusser, qui donna lieu à l'ouvrage collectif paru en 1963, *Lire le Capital,* à l'origine de la relance de la lecture rigoureuse de Marx – fait la recension du livre de Derrida dans la revue *Europe*, sous le titre « Marx dématérialisé ou l'esprit de Derrida ».

LOUIS ALTHUSSER

Althusser a introduit dans le matérialisme historique le concept de « coupure épistémologique ». Cette coupure passe entre la science et l'idéologie (celle-ci est définie comme le reflet inversé de la réalité, elle a pour fonction de masquer l'aliénation et l'exploitation, elle permet donc la conservation de la domination et des rapports de production). Penser l'histoire selon ce concept « théoriciste » de « coupure épistémologique » permet de rompre avec la conception empiriste des phénomènes, qui était encore dominante dans le marxisme et le structuralisme du début des années 1960. D'autre part Althusser résiste à sa propre tendance au théoricisme puisqu'il ne pense pas qu'il y ait de sortie hors de l'idéologie ni de primat de la théorie sur la pratique dans le mouvement de l'histoire. C'est au contraire pour lui la pratique qui transforme l'idéologie et qui doit dès lors se comprendre comme « pratique théorique ». Dans cette perspective, la transformation pratique de la réalité passe par la lutte des classes dans l'idéologie. L'idéologie est donc l'élément à l'intérieur duquel la science peut advenir comme coupure.

L'idée selon laquelle l'idéologie et la pratique sont, comme superstructure et infrastructure, impensables l'une sans l'autre, permet de soustraire la pensée marxiste de l'histoire à l'empirisme et au théoricisme. Il n'y a donc pas pour Althusser de sujet de l'histoire puisqu'il ne peut jamais y avoir simultanéité entre l'idéologie et la pratique, mais seulement écart et contretemps. L'histoire est alors pensée comme un « processus sans sujet[1] ».

P. Macherey publie de nouveau sa recension en 1999 dans son livre *Histoires de dinosaures*, il la fait suivre alors d'un supplément. Cette recension du livre de Derrida est d'autant plus intéressante, qu'à la différence de Habermas, Macherey cite longuement Derrida et interprète ces citations de manière stimulante en appelant toujours, en même temps, la discussion et en cherchant à rendre celle-ci possible. Son interprétation est d'autant plus révélatrice de certains enjeux de l'histoire de la pensée contemporaine qu'il s'agit de disputer à Derrida son appartenance à la famille marxiste, celle proche des travaux de Althusser, mais à partir de principes de lecture déconstruits dans le travail de Derrida. Macherey montre que le livre de Derrida est en porte à faux par rapport à Marx et au matérialisme, et que son droit de cité dans le marxisme doit alors être « négocié ».

1. Le livre d'É. Balibar, *Écrits pour Althusser*, La Découverte, Paris, 1991, est à tous les égards incomparable sur ces questions.

SPECTRES DE MARX

Le livre de Derrida ne se propose pas de restaurer la pensée de Marx, ni de revenir à elle comme si elle était identique à elle-même et éternelle. Contre tous les dogmatismes et conservatismes, il s'agit au contraire d'ouvrir une lecture de Marx qui ne soit ni exclusivement philosophique ni doctrinale, mais qui réactive la dimension révolutionnaire et irréconciliable des textes de Marx. Un des enjeux du livre consiste donc à déterrer Marx de l'oubli produit par la condamnation néo-libérale comme par le consensus marxiste. Il s'agit de faire apparaître l'actualité et la dimension intempestive (révolutionnaire) de cette pensée. Un Marx à venir qu'on ne peut ni reconnaître ni identifier *a priori*. Les spectres de Marx, c'est à la fois ce qu'on tente de conjurer dans le texte de Marx, son avenir, et aussi les spectres que Marx cherche à conjurer.

Les Spectres de Marx reviennent à contretemps et nous permettent d'analyser aujourd'hui ce que Derrida nomme les « dix plaies du nouvel ordre mondial » : l'avenir et la revenance de Marx passe donc par-delà le néo-marxisme et le néo-libéralisme ; l'un et l'autre s'accordent en effet pour faire taire l'exigence nécessairement révolutionnaire de l'appel à la justice. « S'il est un esprit du marxisme auquel je ne serai jamais prêt à renoncer (...) c'est plutôt une certaine affirmation émancipatoire et *messianique*, une certaine expérience de la promesse qu'on peut tenter de libérer de toute dogmatique et même de toute détermination métaphysico-religieuse, de tout *messianisme*[1]. »

Il semble que, au début de son texte, Macherey veuille limiter la portée du livre de Derrida, et montrer que son effectivité théorique et pratique est réduite : « Ce livre lumineux et inspiré, qui est, comme la plupart des productions de son auteur, une splendide œuvre d'art, composée avec une ébouriffante virtuosité, sans que celle-ci altère en rien la par-

1. *Spectres de Marx*, Galilée, Paris, 1993, p. 146-147.

faite transparence de son exposition, incite à une relecture de l'œuvre de Marx, conduisant, sur le double plan de la théorie et de la pratique, à une libre réappropriation de son "héritage"[1]. » L'interprétation de Macherey se distingue d'emblée des mésinterprétations dogmatiques de Habermas et de Searle qui imputent à Derrida confusion, rhétoricisme et irrationalité. Cette critique est donc plus rusée mais elle partage peut-être une stratégie commune avec Searle et Habermas : il semble qu'il s'agisse en effet de retirer à Derrida de la valeur philosophique en lui accordant de la valeur artistique et de la virtuosité. La ruse semble consister à accorder ce qu'on considère comme inessentiel afin de mieux refuser ce qu'on considère comme essentiel, c'est en tout cas l'intentionnalité qui s'inscrit dans ce que dit Macherey si ce n'est l'intention de son auteur.

Derrida ne prétend pourtant à aucun moment s'approprier ni se « réapproprier » l'« héritage » de Marx, mais il interroge ce qu'est un héritage et ce que peut donner celui de Marx. Au lieu de chercher à restituer un héritage parce qu'il serait menacé par une tentative de « réappropriation » « libre », Derrida déconstruit l'idée que l'héritage de Marx soit unifié, homogène, constitué ou donné ; il interroge plutôt la constitution de l'héritage dans sa réception et sa destination ; son analyse permet de penser comment un texte arrive par ce qui lui arrive avec sa réception dans des concepts hétérogènes, et combien il échappe alors d'avance à toute « réappropriation ». Il ne faut peut-être pas dire par conséquent que l'intention du livre de Derrida est de « filtrer l'héritage, de manière à faire ressortir la diversité de ses composantes, qui ne sont pas toutes spectrales en même sorte[2] », puisqu'il s'agit de rendre possible la revenance de ce que les héritages ont tenté de filtrer. Les spectres ne sont pas obtenus par « filtrage » mais sont ce qui résiste à tous les filtrages : ils sont ce qui revient sans revenir au père ni à ses enfants.

Après une tentative pour déterminer ce qu'est le concept derridien de « Spectres », Macherey parle d'une « science des

1. P. Macherey, *Histoires de dinosaures*, PUF, Paris, 1999, p. 251-252.
2. *Ibid.*, p. 253.

fantômes[1] » ou d'« une "apparition" intermédiaire entre la vie et la mort, entre l'être et le non-être, entre la matière et l'esprit[2] », il en vient alors au cœur de la discussion : « En quoi l'interprétation que Derrida propose des "Spectres de Marx" transforme-t-elle l'esprit du Marxisme ? En fixant comme lieu aux présentes "apparitions" de Marx le terrain où se déroulent des fantomachies (...) il est manifeste que Derrida, en s'aidant de l'hypercritique qu'il nomme déconstruction, rompt avec les interprétations de cette pensée qui iraient dans le sens d'une massification, donc procède de ce qu'on pourrait appeler une dé-réalisation de son contenu ; et cette rupture est opérée au bénéfice d'une nouvelle interprétation qui permet au contraire d'en désontologiser le message, en rapport avec la figure d'un Marx autant que possible dématérialisé, et ainsi étroitement identifié à son ou à ses spectres[3]. »

Si on peut douter que la déconstruction soit une « hypercritique » et l'« hantologie » une « science des fantômes » (de telles interprétations sont discutées et mises à distance par Derrida), il reste que cette lecture du livre de Derrida par Macherey (celle de la recension de 1994 et non pas celle du supplément ajouté en 1999) est difficilement séparable du concept métaphysique de texte : il y a en effet, pour Macherey, un « esprit » du marxisme que l'interprétation ne doit pas « transformer » ; il faut donc restituer cet esprit qui ne se donne qu'à une lecture fidèle du « contenu » ; le « contenu » se définit par sa réalité, c'est-à-dire par la portée ontologique du message de Marx, son matérialisme. Cette conception du texte et du rapport entre la pensée et son écriture est retournée contre Derrida de manière d'autant plus intéressante qu'elle est justement ce que Derrida travaille à déconstruire à travers la tradition.

Cette conception du texte de Marx, au nom de laquelle l'« immatérialisme » de Derrida est dénoncé, présuppose un certain mode d'empirisme qu'on rencontre de la même manière dans la réponse de Foucault. L'empirisme implique

1. *Ibid.*, p. 252.
2. *Ibid.*, p. 253.
3. *Ibid.*, pp. 254-255.

qu'un texte est une donnée caractérisée par une certaine identité à soi (un « esprit », une « réalité ») et non l'expression du spectre d'un rapport historique de production. Pour un empirisme de premier degré (qui n'est pas celui de Macherey ni de Foucault), la signification n'a jamais à être conquise par une lutte dans l'idéologie. À la différence de tout empirisme, la pensée de Marx ne se donne jamais aucune « réalité » constituée mais fait apparaître que ladite « réalité » est justement ce qu'il s'agit de constituer et de conquérir en la transformant ; l'empirisme croit ainsi interpréter une réalité pré-existante là où Marx nous fait comprendre que toute interprétation conserve ou bien transforme la réalité, c'est-à-dire produit et reproduit la « réalité » dont elle parle. Même si on ne peut pas attribuer un tel empirisme « de premier degré », à la recension de Macherey, pas plus qu'à l'analyse des pratiques discursives par Foucault, il n'en demeure pas moins que le concept de texte par lequel Macherey tente de soustraire Marx à Derrida partage avec l'empirisme une étrange familiarité. Quelque chose fait donc problème dans l'écriture de Derrida, puisque deux lecteurs aussi avertis que Foucault ou Macherey, issus l'un et l'autre de la critique structuraliste de l'empirisme, lui opposent un certain empirisme. La pensée derridienne n'est pourtant pas un idéalisme qu'on pourrait contredire par un appel à l'expérience et par la référence à la réalité, elle est au contraire une expérience de la réalité sans empirisme.

Dans la page qui suit, ne pouvant pas constater dans le texte de Derrida la présence des thèses connues et reconnues de Marx (la lecture de Derrida n'est en effet pas thétique, elle est plutôt déceptrice, puisqu'il s'agit pour lui d'analyser l'actualité et l'avenir de l'héritage de Marx : comment ils sont transformés et se transforment), Macherey lui attribue alors une stratégie sophistique au sens spéculaire du terme : il parle des « fictions de son "hantologie"[1] » et se demande alors : « S'il était impossible d'échapper au cercle de la spéculation[2] ? » Ce qui apparaît à Macherey, dans le texte de Derrida,

1. *Ibid.*, p. 255.
2. *Ibid.*, p. 256.

comme un cercle spéculaire dont on ne sort jamais, c'est justement ce qui est pour Derrida l'indécidabilité du sens du texte ; Macherey écrit en effet : « Opposer [comme le fait Marx] le spéculatif au réel, ce serait ainsi avouer [selon Derrida] leur mystérieuse familiarité, qui les rend inséparables l'un de l'autre, et qui retourne l'ontologie en une hantologie et réciproquement[1]. »

Après avoir attribué à l'interprétation de Derrida ce qui serait comparable à un cercle vicieux, Macherey lit un immatérialisme ou un fictionnalisme sophistique ; tout ce qui est réel pour Marx serait ainsi transformé en simulacres par Derrida : « Et ainsi la grande scène d'exorcisme sur laquelle s'ouvre *Le Capital* ne fait qu'avérer l'inéluctable présence-absence de ces fantômes à laquelle nul n'échappe, surtout pas celui [Marx] qui entreprend de leur retirer leur poids de réalité : car ces images, pour être des images, n'en sont pas moins réelles, et sont peut-être encore plus réelles[2]. » Mais peut-on vraiment comparer ce que Derrida nomme « Spectres de Marx » avec des « images » qui sont délestées du poids de la réalité ? Les spectres de Marx sont au contraire l'effectivité de son texte, ce qui peut agir et transformer à l'avenir la réalité.

Derrida tente de laisser une chance à tous les héritages potentiels de Marx que la tradition a « filtrés », il tente de les faire revenir : Marx ne peut en effet que revenir autrement et non revenir même qu'en lui-même, son avenir ne peut en cela être semblable à son passé, sinon il ne reviendrait tout simplement pas puisqu'il ne peut y avoir aucune revenance sans altération. Revenir c'est revenir autre. Vouloir « rematérialiser » Marx en restituant l'« esprit du marxisme », cela peut-il, en pratique, revenir à autre chose qu'à interdire toute revenance de la pensée de Marx qui excéderait le revenu, tout héritage autre ? Cette rematérialisation et cette restitution passent pour Macherey par le retour de ce que Derrida aurait « filtré » dans sa lecture de Marx : « les classes sociales », l'« exploitation du travail », la « survaleur[3] ». Il s'agit de ce

1. *Ibid.*, p. 257.
2. *Ibid.*, p 259.
3. *Ibid.*

point de vue de jouer un retour de Marx contre un autre, rejouer le spectre des thèses de Marx contre le spectre des spectres de Marx.

Par-delà la spéculation derridienne qui risque de réduire Marx à un fantôme, s'agit-il alors de revenir à la lecture thétique et « classique » de Marx ? S'agit-il donc de revenir de Marx au marxisme, réduisant ainsi tous les potentiels du texte à sa « réalité » ? Sans doute pas pour Macherey. Si le danger de la lecture derridienne semble celui de la disparition de Marx, l'intention de lecture du texte de Macherey ne s'expose-t-elle pas au risque d'être, non pas dogmatique, mais plutôt doctrinale (tendance critique) ? Ne risque-t-on pas en effet de refuser d'avance toute transformation (tout spectre) du texte. Jouer l'« esprit » de Marx contre les « Spectres » de Marx, comme le fait Macherey, c'est pourtant reconnaître que le texte de Marx est un véritable *work in progress*, dont la lecture ne peut être à jamais qu'interminée et interminable. Macherey serait alors d'accord avec Derrida pour penser que jamais aucune digue n'empêchera un texte de se reproduire ni de se transformer, ce que de fait il a toujours déjà commencé à faire, dès sa matérialisation en écriture.

Dans le supplément ajouté cinq ans plus tard à cette recension, Macherey concède enfin à Derrida l'indécidabilité structurelle du texte de Marx, il écrit que l'analyse de Derrida « révélant l'hétérogénéité à soi de Marx : le dé-systématisant [1] », fait apparaître « la texture complexe, inégale à soi, qui constitue la réalité [2] ». Une telle concession contredit alors la recension qui la précède sur l'essentiel : le concept de texte. Le supplément de quatre pages, ajouté en 1999, contredit ainsi les dix pages de la recension de 1994, ce qui fait toute la tension et la force du texte de Macherey. Ce supplément accepte ce que Derrida fait valoir : l'indécidabilité structurelle du texte de Marx qui l'ouvre à l'avenir, c'est-à-dire à la revenance des Spectres. En accordant l'indécidabilité, Macherey refuse pourtant en même temps ce que Derrida appelle l'« indéconstructible ». Dans le supplément, Mache-

1. *Ibid.*, p. 261.
2. *Ibid.*, p. 262.

rey commence en effet par citer un passage de Derrida qui parle de l'indéconstructible : « On s'oppose à deux tendances dominantes : d'une part, aux interprétations les plus vigilantes et les plus modernes du marxisme par certains marxistes (notamment français, et autour d'Althusser) qui ont plutôt cru devoir tenter de dissocier le marxisme de toute téléologie ou de toute eschatologie messianique (mais mon propos est précisément de distinguer celle-ci de celle-là), d'autre part à des interprétations anti-marxistes qui déterminent leur propre eschatologie émancipatoire en lui donnant des contenus onto-théologiques toujours déconstructibles. Une pensée déconstructrice, celle qui m'importe ici, a toujours rappelé à l'irréductibilité de l'affirmation et donc de la promesse, comme à l'indéconstructibilité d'une certaine idée de la justice (ici dissociée du droit)[1]. »

Dans la citation qu'en donne Macherey, Derrida affirme l'irréductibilité de la pensée de Marx, c'est-à-dire l'avenir de sa promesse. C'est cette irréductibilité qui fait que l'indécidable du texte ne se dissout pas dans l'irréalité, contrairement à ce que pensait Macherey en 1994. Ce qui est irréductible, ce n'est donc pas la réalité de la pensée de Marx (qui serait, selon Macherey, à « resubstantialiser », puisque la lecture de Derrida produirait une « figure désubstantialisée » de Marx), mais l'événement de cette pensée, sa promesse, l'avenir de sa revenance. De ce point de vue, Derrida tente de dissocier radicalement « messianisme » et « téléologie », il voit dans le texte un « messianisme sans messianicité ». Sans la promesse messianique, sans l'appel révolutionnaire à l'émancipation, il ne saurait y avoir d'idée de justice. Si l'avenir des héritages et des « filtrages » de Marx est indécidable, l'événement de sa pensée, sa promesse, ce que Derrida nomme son « affirmation », est irréductible. Cette irréductibilité est l'indéconstructibilité d'une idée de la justice qui ne se réduit pas au droit.

Les deux commentaires que Macherey fait de cet indéconstructible sont discutables. En 1994, il écrit : « Cette position d'un indéconstructible, qui rappelle à sa manière le

1. *Spectres de Marx*, *op. cit.*, p. 147.

cogito cartésien, ne serait-elle pas elle-même un fantôme, le fantôme ou l'"esprit" de Derrida[1]. » L'indéconstructible n'est pourtant pas « posé », ce n'est pas une thèse de la déconstruction qui en appelle bien plutôt à lui et l'appelle en le nommant. L'indéconstructible est à venir et ne peut être comparé à l'indubitable qu'est le cogito : il est plutôt l'appel à la justice affirmé et promis par le texte de Marx. Au moment où Derrida parle de l'irréductible de ce texte (de ce qui dans le texte ne se réduit pas aux interprétations), Macherey en appelle à la réalité du texte de Marx ; il comprend l'irréductible comme un « fantôme » de Derrida comparable à l'arbitraire de la décision du cogito cartésien. Faut-il comprendre que Derrida, selon Macherey, exclurait la « folie » du texte de Marx comme Descartes excluait la folie selon Foucault ? En ce sens, Macherey retournerait contre la lecture de Marx par Derrida la critique que Derrida faisait de la lecture de Descartes par Foucault : celle d'être un cartésianisme pour le XXe siècle.

En 1999, « c'est l'idée d'un indéconstructible qui, au fond, serait la déconstruction elle-même ou ce qui lui donne son principe. Pourquoi la déconstruction échapperait-elle à l'entreprise de la déconstruction ? (...) Dans l'esprit de Derrida, l'indéconstructible, ce serait la justice[2] ». Pourtant ce n'est pas la déconstruction qui est l'indéconstructible mais l'appel à la justice. Si l'idée de justice est l'indéconstructible, cela ne signifie alors aucunement que cette idée serait intouchable, mais plutôt qu'on ne peut s'en approcher qu'à déconstruire le concept qui notamment la confond avec le droit. Tout doit pouvoir en droit se déconstruire et la déconstruction est donc *le déconstructible* appelé et exigé par l'idée de la justice.

L'article de Macherey finit en attribuant à Derrida une position philosophique idéaliste : « La justice en soi n'est-elle pas un leurre, de ces leurres dont s'alimente la pratique courante de l'injustice ? Ce qui aujourd'hui nous manque cruellement, n'est-ce pas le moyen de rematérialiser nos amitiés, en leur donnant un contenu concret qui ne soit pas seulement

1. P. Macherey, *Histoires..., op. cit.*, p. 260.
2. *Ibid.*, p. 263.

de l'ordre de la bonne foi ou du vœu pieux[1]. » L'exigence révolutionnaire que Derrida pense comme la condition irréductible de la justice n'est pourtant aucunement identifiable à ce qui serait la « justice en soi », pas plus que l'ouverture à ce qui vient et l'hospitalité à l'arrivant absolu ne sont comparables à la « bonne foi » et aux « vœux pieux ». La lecture disséminante de Derrida dépossède par contre tous les héritiers de Marx de leur héritage et destine un peu plus son testament à des adresses encore inconnues, elle est donc nécessairement déceptrice et décevante pour les lecteurs les plus savants et les plus raffinés de Marx.

1. *Ibid.*, p. 283.

14

LA DÉCONSTRUCTION COMME FICTION PAUL DE MAN LECTEUR DE DERRIDA

En 1966, lors d'un colloque à l'université J. Hopkins de Baltimore, Paul de Man – un penseur reconnu de la littérature et un lecteur incomparable de Rousseau – rencontre Derrida ; il sera plus tard associé avec lui au travail de la déconstruction inauguré par ce qu'on a appelé « l'école de Yale ». Derrida raconte, à propos de cette rencontre : « Je l'ai rencontré à une table de petit déjeuner où nous avons parlé entre autres choses de Rousseau et de l'*Essai sur l'origine des langues*. Depuis, rien ne nous a jamais séparés, pas l'ombre d'un dissentiment... »

En 1970, la revue *Poétique* publie un texte de Paul de Man intitulé « Rhétorique de la cécité : Derrida lecteur de Rousseau » ; ce texte, repris dans le livre non traduit en français *Blindness and Insight (Essays in the Rhetoric of contemporary criticism)* [1], critique, avec une ampleur et une radicalité jamais atteintes jusque-là, l'interprétation de Rousseau par Derrida.

Pour de Man, l'enjeu de l'interprétation de Derrida est ce qu'il appelle : « la nature du langage en général [2] ». De Man caractérise le texte de Rousseau par son « ambivalence » et il commence par montrer que la lecture de Derrida pense cette ambivalence et ne répète donc pas le « schéma de l'erreur [3] »

1. Paul de Man, *Blindness and Insight,* Oxford University Press, 1970.
2. Aristote, *Poétique*, Seuil, Paris, 1970, n° 4, p. 455.
3. *Ibid.*, p. 456.

qu'on rencontre systématiquement chez les lecteurs de Rousseau. « Plus le discours premier est ambivalent, plus le schéma de l'erreur qui se transmet chez les disciples et commentateurs est uniforme et universel. En dépit de l'empressement apparent avec lequel on sera disposé à reconnaître en principe l'idée que tout langage littéraire et une part du langage philosophique sont essentiellement ambivalents, le propos de la plupart des commentaires critiques et de certaines influences littéraires est encore de se débarrasser à tout prix de ces ambivalences, en les réduisant à des contradictions, en effaçant les lieux inquiétants du texte, ou plus subtilement, en manipulant les systèmes de valorisation qui sont à l'œuvre dans ces textes. Et cela surtout, comme dans le cas de Rousseau, quand l'ambivalence fait elle-même partie de l'énoncé philosophique [1]. » Derrida, comme P. de Man, découvre comment les ambivalences produisent le texte de Rousseau, révélant alors une textualité hétérogène, stratifiée, conflictuelle.

À première vue, l'originalité de la lecture de Derrida semble être la suivante : il présente « la décision d'écrire de Rousseau comme une tentative pour récupérer par la fiction une plénitude, une unité d'être qu'il ne peut jamais atteindre dans la vie [2] ». La fiction littéraire entretient et accomplit la duplicité du sujet qui écrit : celui-ci renonce à la vie pour l'écriture et la littérature, c'est donc un renoncement fictif et littéraire qui permet au sujet d'obtenir un bénéfice « éthique » par ce renoncement. Cette duplicité du sujet et ce double jeu de l'écrivain – qui échange un renoncement fictif contre une valorisation éthique de soi – autorisent les commentateurs à une lecture psychologique et non textuelle de Rousseau : « La vérité du sujet à l'égard de sa propre duplicité a des fondements psychologiques puisque la volonté de ne pas voir le mécanisme de l'illusion est protectrice [3]. »

P. de Man marque la profonde originalité de la lecture de Rousseau par Derrida : il montre qu'il s'agit d'une autre pratique des textes que celle qui a lieu dans la critique littéraire

1. *Ibid.*
2. *Ibid.*, p. 457.
3. *Ibid.*

traditionnelle : « Même à ce niveau, la lecture que Derrida fait de Rousseau s'écarte fondamentalement de l'interprétation traditionnelle. La mauvaise foi de Rousseau envers le langage littéraire, la façon dont il en dépend, tout en condamnant l'écriture comme si c'était un penchant coupable, est pour Derrida la version personnelle d'un problème beaucoup plus vaste qui ne peut être réduit à des causes psychologiques. Dans sa relation à l'écriture, Rousseau n'est pas soumis à ses propres besoins et désirs, mais à une tradition qui définit la pensée occidentale tout entière[1]. »

Véritablement respectueux du texte de Rousseau, Derrida ne réduit pas celui-ci à n'être qu'un effet de la psychologie. L'écriture de Rousseau et la pensée du langage qui s'y fait jour ont une autre nécessité que celle de l'arbitraire de la vie psychique d'un individu, elles sont une version singulière des contraintes plus puissantes qui constituent la tradition occidentale. Le texte de Rousseau sur la parole et l'écriture n'a rien de psychologique, il est plutôt ontologique : « Cette position ontologique est à la fois constituante et constituée par une certaine conception du langage, qui favorise le langage oral ou la voix contre le langage écrit (écriture) en termes de présence et de distance : la présence immédiate du moi à sa propre voix, opposée à la distance réfléchissante qui sépare ce moi du mot écrit. Rousseau est comme un maillon dans une chaîne qui boucle l'ère historique de la métaphysique occidentale. En tant que telle, son aptitude envers le langage n'est pas une idiosyncrasie psychologique, elle est typique et exemplaire de prémisses philosophiques déterminantes. Derrida prend Rousseau au sérieux comme penseur et ne rejette aucune de ses propositions[2]. »

Selon P. de Man, la lecture de Rousseau par Derrida est tout sauf doctrinale. Derrida n'apporte pas une interprétation de la doctrine de Rousseau – qui valorise « la nature, l'origine, la spontanéité[3] », qui affirme la primauté de la voix sur le signe écrit et qui confirme « la répression constante dans

1. *Ibid.*, p. 458.
2. *Ibid.*
3. *Ibid.*, p. 459.

la pensée occidentale de toutes les formes écrites de langage [1] » – mais fait apparaître combien le texte de Rousseau affirme « la disparition de la présence » qui subvertit sa doctrine : le texte de Rousseau est constitué non par une doctrine, mais par sa déconstruction rigoureuse. « La contribution considérable de Derrida aux études rousseauistes consiste à montrer que les propres textes de Rousseau fournissent le témoignage le plus irrécusable contre sa prétendue doctrine, allant bien au-delà du point atteint par les plus pertinents de ses lecteurs modernes. L'œuvre de Rousseau révélerait alors une structure de duplicité semblable à celle qu'on trouve chez certains critiques littéraires : il "savait", en un sens, que sa doctrine camoufle sa vision (*insight*) de quelque chose qui ressemble de près à son contraire, mais il a choisi de rester aveugle à ce savoir. La cécité peut être diagnostiquée comme conséquence directe d'une ontologie de la présence immédiate. » Le texte de Rousseau n'est donc pas le produit de la psychologie de son auteur : l'écriture d'une ontologie de la présence immédiate ne peut qu'engendrer un texte qui (se) dissimule – et donc inscrit – la disparition de cette présence. C'est parce que Rousseau ne « peut se rendre maître du langage » que « par le langage [2] », qu'il ne peut avoir qu'une « attitude ambivalente envers l'écriture [3] », au sens où ce n'est que par l'écriture qu'il peut conjurer l'écriture.

Le roman derridien

C'est en ce point de la lecture que de Man se sépare de Derrida en affirmant que la lecture derridienne de Rousseau possède une texture fictionnelle comparable à celle du texte de Rousseau : « Il reste à savoir pourquoi il postule chez Rousseau une métaphysique de la présence dont on peut montrer ensuite qu'elle n'opère pas ou qu'elle reste dépendante de la puissance implicite d'un langage qui la fait éclater et

1. *Ibid.*
2. *Ibid.*, p. 460.
3. *Ibid.*

la détourne de son fondement. Derrida “raconte” pour ainsi dire que Rousseau entrevoit la vérité, mais se met à l'effacer, la fait disparaître par un tour de passe magique, tout en l'admettant clandestinement et en l'important en fraude dans le lieu clos qu'il s'était donné pour tâche de défendre. Le conte est joli. Il renverse le schéma traditionnel du “braconnier devenu garde-chasse” puisque c'est plutôt le garde-chasse lui-même qui accomplit ici le braconnage [1]. »

Autrement dit, de Man entreprend de « lire Derrida à partir de Rousseau [2] », il fait apparaître que la lecture derridienne est surdéterminée par le texte qu'elle lit et qu'elle imite ou répète à son insu. De Man commence par soustraire Rousseau à l'interprétation qu'en donne Derrida à partir de la question de l'imitation : « L'analyse de Derrida va montrer comment l'imitation, qui exprime un désir avoué de “présence”, fonctionne clandestinement dans le texte de Rousseau comme la destruction d'un désir qu'elle réduit à l'absurde par son existence même : il n'y aurait jamais eu besoin de l'imitation si la présence n'avait pas été vidée *a priori* (entamée) [3]. » En suppléant la présence, l'imitation la ruine inévitablement : de Man s'accorde avec ce diagnostic de Derrida, mais il ne partage pas l'interprétation du désir de Rousseau qui anime la théorie de l'imitation de celui-ci : « Le signe est vide de toute substance, non [comme le suggère Derrida] parce qu'il doit être un indice transparent se gardant bien de masquer une plénitude, mais parce que la signification elle-même est vide. Contrairement à l'affirmation de Derrida, la théorie de la représentation de Rousseau ne tend pas vers une signification comme présence et plénitude, mais vers la signification comme vide [4]. »

Derrida interpréterait la pensée rousseauiste de l'écriture à partir de la théorie rousseauiste de la peinture comme imitation, alors que de Man comprend la structuration de cette pensée comme musicale : « les caractéristiques structurales

1. *Ibid.*, p. 461.
2. *Ibid.*, p. 462.
3. *Ibid.*, p. 464.
4. *Ibid.*, p. 465.

du langage sont exactement les mêmes que celles de la musique : le synchronisme qui égare la perception visuelle et qui crée une illusion de présence doit être remplacé par une succession de moments discontinus qui créent la fiction d'une temporalité qui se répète [1]. »

La structure fictionnelle du récit littéraire produit une succession chronologique normative qui implique une absence de signification du langage et un vide du signe, autrement dit « la nature figurée du langage littéraire ». Cette nature figurée du langage littéraire contredirait l'interprétation derridienne du texte de Rousseau comme recherche d'une origine : « La pitié, l'archétype de la passion chez Rousseau, est elle-même, comme Derrida l'a très bien vu, un processus de fiction qui transpose une situation réelle dans un monde d'apparaître, de drame, et de langage littéraire : toute pitié est par essence théâtrale. D'où il suit que la structure diachronique de la narration, qui confère à ce discours l'illusion d'un commencement, d'une continuité et d'une fin, n'implique en aucune façon la recherche d'une origine, pas même la représentation métaphorique d'une telle recherche [2]. »

Au chapitre II de l'*Essai sur l'origine des langues*, intitulé « Que le premier langage dut être figuré », Rousseau affirme que le premier langage doit être poétique et métaphorique avant de nommer proprement les choses ; de Man explique comment Derrida est obligé, selon lui, de fictionner sa lecture de ce chapitre de l'*Essai* : « Derrida, qui considère Rousseau comme un écrivain soumis à la représentation, doit montrer au lieu de cela que sa théorie de la signification est fondée sur la priorité du "sens propre" sur le "sens figuré". Et puisque Rousseau dit explicitement le contraire, Derrida doit interpréter le chapitre sur la métaphore comme un moment de cécité dans lequel Rousseau dit le contraire de ce qu'il voulait dire [3]. » Autrement dit, P. de Man pense que la lecture de Derrida procède par une interprétation qui force la lettre du texte.

1. *Ibid.*, p. 468.
2. *Ibid.*
3. *Ibid.*, p. 469.

Sur ce point, de Man contredit radicalement Derrida : « À propos de la rhétorique, de la nature du langage figuré, Rousseau n'a pas été abusé et a dit ce qu'il voulait dire. Et il est également significatif que, précisément sur ce même point, le meilleur de ses interprètes modernes se soit écarté de sa problématique afin de *ne pas* le comprendre [1]. » Alors que Derrida montre comment ce que dit le texte de Rousseau (le langage est écriture à l'origine) contredit ce que Rousseau veut manifestement dire (que l'écriture est dérivée de la parole vive et entame la présence pleine de celle-ci), P. de Man identifie quant à lui le dire du texte au vouloir-dire de Rousseau : il pense comme unifiées l'intentionnalité du texte et l'intention de signification de son auteur. Pour de Man, l'intention de Derrida est de ne pas comprendre Rousseau mais de l'interpréter, alors qu'on pourrait aussi penser que de Man reste prisonnier de la conception métaphysique du texte qui le contraint à effacer le texte au profit de l'intention de l'auteur.

La littérature implique sa mésinterprétation

À ce moment la lecture de P. de Man atteint son point de plus grand raffinement et de plus grande complexité : « La nature rhétorique du langage littéraire ouvre la possibilité d'une mésinterprétation : la confusion constante du signe et de la substance. Le fait que Rousseau ait été mésinterprété confirme sa propre théorie de la mésinterprétation. La version que Derrida donne de cette mésinterprétation s'approche plus de la réalité de l'énoncé de Rousseau que toutes les versions antérieures parce qu'il distingue comme le point maximum de cécité la zone de la plus grande lucidité : la théorie de la rhétorique et ses conséquences inéluctables [2]. »

Selon P. de Man, Rousseau sait que « la fiction sera prise pour la réalité et la réalité pour la fiction [3] », la lecture de

1. *Ibid.*, p. 470.
2. *Ibid.*, p. 471.
3. *Ibid.*

Derrida serait la version la plus proche de la réalité de cette confusion et de cette mésinterprétation. Même s'il confond la réalité du texte de Rousseau (la lucidité à l'égard de la nature rhétorique du langage et de la mésinterprétation inévitable des textes) avec sa fiction (la cécité à l'égard du caractère général de la métaphore), il parvient cependant à identifier la réalité du discours de Rousseau : la théorie de la rhétorique et la mésinterprétation comme conséquence de cette théorie.

Il faut dire ici que l'interprétation de P. de Man procède d'un dualisme métaphorique (cécité/lucidité) qui n'est ni dans le texte de Derrida ni dans celui de Rousseau. Et si la mésinterprétation et la cécité sont inévitables, la lecture de De Man prétend être lucide et pouvoir identifier la réalité du texte : elle suppose constamment qu'elle se situe en dehors de la confusion entre fiction et réalité, puisqu'elle est capable d'apercevoir lucidement cette confusion sous la mésinterprétation.

Malgré la contradiction patente entre les présupposés du texte de De Man et son vouloir-dire, la suite de la lecture est toujours véritablement passionnante et rusée : « Comment alors le texte de Derrida diffère-t-il de celui de Rousseau ? Nous sommes en droit de généraliser notre définition en donnant à Rousseau une valeur exemplaire et en appelant littéraire, au sens plein du terme, tout texte qui implicitement ou explicitement signifie son propre mode rhétorique et préfigure sa propre mésinterprétation comme corrélat de sa nature rhétorique, de sa "rhétoricité"[1]. » Autrement dit, le texte de Derrida et celui de Rousseau seraient semblables, la nature « littéraire » de celui de Rousseau le différencierait de celui de Derrida. Mais la manière dont de Man définit le texte littéraire correspond rigoureusement à la définition derridienne de l'écriture déconstructrice : la déconstruction « signifie son propre mode rhétorique » puisque sa « forme » et son « fond » sont indissociables, et c'est à chaque pas qu'elle prend le risque de l'incompréhension. Ce n'est alors peut-être pas tant le texte de Rousseau et celui de Derrida

1. *Ibid.*

qui se ressembleraient que celui de De Man et celui de Derrida.

P. de Man continue d'expliquer ce qui lui apparaît comme la *mêmeté* des textes de Rousseau et de Derrida : « En somme, la théorie derridienne de l'écriture comme *différance* correspond intimement à l'exposé que fait Rousseau sur la nature figurée du langage de la passion. Est-il nécessaire alors d'attribuer le mot de la fin à Rousseau ou à Derrida, puisque tous deux disent en fait la même chose ? Évidemment, si Rousseau n'appartient pas à la "période" logocentrique, le tableau périodique établi par Derrida s'avère arbitraire. Si l'on oppose, en outre, que Rousseau échappe au logocentrisme dans la mesure où son langage est *littéraire*, alors nous impliquons que le mythe de la priorité de la voix sur l'écriture a toujours déjà été démystifié par la littérature, bien que la littérature reste constamment ouverte à la possibilité d'une mésinterprétation qui croit qu'elle fait le contraire [1]. » Autrement dit, pour de Man, Rousseau échappe au mythe (de la priorité de la voix sur l'écriture) par la littérature : l'écriture littéraire est selon lui démystifiante. À son insu, P. de Man affirme que l'écriture de Rousseau déconstruit le mythe sur lequel elle ouvre, et que son texte se déconstruit comme de lui-même. Derrida ne contredirait sans doute pas de Man sur cette analyse.

P. de Man déplace alors l'objet de la déconstruction : Derrida « se trompe d'objet. Il n'y a aucun besoin de déconstruire Rousseau ; la tradition établie de l'exégèse rousseauiste a cependant un besoin urgent d'être déconstruite [2] ». Il faut répondre que Derrida ne déconstruit pas Rousseau mais c'est plutôt, comme de Man le voit lucidement, le texte de Rousseau qui se déconstruit comme de lui-même et qui est constitué de plusieurs strates conflictuelles. C'est à ce moment de sa lecture que P. de Man retourne contre Derrida l'interprétation nietzschéenne de Platon : l'exclusion des poètes hors de la cité s'expliquerait, selon Nietzsche, par la rivalité mimétique de Platon avec Homère, comme la déconstruction de

1. *Ibid.*, p. 472.
2. *Ibid.*

Rousseau révélerait une rivalité mimétique de Derrida à l'égard de Rousseau : « Rousseau sert de partenaire dans un simulacre de combat. Rousseau joue pour Derrida à peu près le même rôle que Wagner pour Nietzsche dans *La naissance de la tragédie*, un texte auquel *De la grammatologie* ressemble encore plus qu'il ne ressemble à l'*Essai sur l'origine des langues*[1]. »

On peut donc aussi bien affirmer que la lecture de Rousseau par Derrida sert de « simulacre de combat » – c'est-à-dire de combat effectif – à P. de Man, et lui permet de conquérir sa lecture de Rousseau. La rivalité mimétique de De Man à l'égard de Derrida est le processus qui permet à de Man de déconstruire la « tradition de l'exégèse rousseauiste » depuis une interprétation déconstructrice de la lecture derridienne. L'accord de Derrida et de P. de Man (ce que l'un pense comme déconstruction du texte l'autre le pense comme écriture littéraire) signifie que la déconstruction implique la déconstruction de soi comme sa possibilité même.

1. *Ibid.*, p. 474.

CONCLUSION

L'affirmation déconstructrice « il n'y a pas de hors texte » signifie de manière économique qu'il n'y a plus aucune transcendance ni de signifié transcendantal et qu'il ne reste plus, à la limite, que des traces de traces. Derrida pense en effet l'écriture comme traces. Quel intérêt y a-t-il donc à investir ainsi le concept d'écriture et à penser l'écriture comme traces ? Qu'est-ce qu'un tel concept change dans la pensée et dans la pratique ? Que libère-t-il et rend-il pensable ?

Pour répondre à ces questions et montrer que les concepts d'« écriture » et de « traces » ouvrent d'abord une autre pensée de la vie, la mort, il faut rappeler que Derrida entre dans l'histoire de la philosophie en faisant apparaître la récurrence dans la tradition occidentale de la dévaluation de l'écriture et de sa subordination à la parole vive et présente. Derrida montre en effet que la dévaluation de l'écriture au nom de la présence pleine de la signification – ainsi que l'oubli ou le mépris philosophique de la lettre – n'est ni anecdotique ni accidentelle, elle constitue au contraire le présupposé métaphysique le plus constant.

Dans ce sort qui est échu à l'écriture, la parole est toujours pensée à partir de la vie et de la présence à soi, alors que l'écriture est associée à la mort comme à la répétition. Deux penseurs aussi éloignés et différents que Platon et Artaud pensent respectivement l'écriture comme corps (Platon) ou comme effacement du corps (Artaud), mais aucun des deux ne manque de critiquer l'écriture comme puissance qui nous sépare de la vie [1] ; l'un et l'autre associent donc, aux deux

1. « Le théâtre de la cruauté et la clôture de la représentation » dans *L'écriture et la différence*, *op. cit.*, p. 364.

extrémités de la tradition occidentale, l'écriture à la mort et ils la pensent ainsi comme une puissance mortifère. Contre toute cette tradition, Derrida essaie plutôt de penser « le mouvement indéfini de la finitude, l'unité de la vie et de la mort...[1] », autrement dit la vie comme « l'économie de la mort[2] » ou bien la vie comme survie au-delà de toute économie.

La vie comme traces. De l'ontologie à l'hantologie

Les textes de Derrida travaillent donc à soustraire l'écriture à la dévaluation qui se fait au nom de la présence vive et pleine, dévaluation qui classe l'écriture du côté du mécanique, de l'artifice et de la mort. La réévaluation derridienne de l'écriture et la généralisation du concept de texte ne peut alors se faire qu'en élaborant une pensée de la-vie-la-mort, une pensée de la vie et de la mort qui n'est plus prise dans les dualismes hérités du vitalisme et du mécanisme (qui opposent la vie et la mort).

On peut ainsi lire, dans *L'écriture et la différence* : « La vie se protège par la répétition, la trace, la différance (...) Il faut penser la vie comme trace[3]. » La vie n'est donc pas immédiate, originaire, spontanée, elle n'est pas présence pleine qui pourrait se passer du « supplément » d'une écriture, la vie n'est pas un principe métaphysique ou biologique un et identique à lui-même. À travers une telle pensée de la vie comme mort se marque tout l'écart infime et infini de Derrida aux phénoménologies d'inspiration husserlienne ou heideggerienne : celles-ci se rejoignent dans l'idée d'aller « droit aux choses mêmes », droit à l'être des phénomènes.

Penser en effet la vie comme traces, écrire que la trace « n'arrive qu'à s'effacer[4] » ou que la vie c'est la mort en différance, c'est « reconnaître la différence à l'origine. C'est

1. *Ibid.*
2. « Freud et la scène de l'écriture », art. cit., p. 300.
3. *Op. cit.*, p. 302.
4. *Psyché*, *op. cit.*, p. 89.

donc le retard qui est originaire. Sans cela la différence serait le délai que s'accorde une conscience, une présence à soi [la constitution intentionnelle des phénomènes dans la conscience selon Husserl est entamée par ce propos] [1] ». Déterminer ainsi l'écriture comme traces, la penser plus tard comme « cendres », penser par conséquent la vie comme écriture de la mort, c'est précéder et déjouer la détermination qui constitue le présupposé de fond de la métaphysique occidentale : celui de l'être comme présence.

LA FORCE ET LE SENS

L'écriture selon Derrida précède et déjoue aussi la distinction organisatrice de la pensée de Deleuze, celle entre la force et le sens. Deleuze se sert notamment de cette distinction qu'il emprunte à Artaud, afin de lire Nietzsche : elle lui permet de soustraire Nietzsche à la fin de la métaphysique et au « renversement du platonisme » dont Heidegger charge Nietzsche. Pour Derrida, « la distinction entre la force et le sens est dérivée par rapport à l'archi-trace, elle appartient à la métaphysique de la conscience et de la présence [2] ». Pour lui, la force et le sens comme texte ne sont pas séparables. À travers son concept de « force », la pensée de Deleuze est donc secrètement complice de ce qu'elle tente de déjouer, elle est reprise par le territoire de pensée qu'elle cherche à fuir : la métaphysique de la présence à soi.

Derrida pense la vie comme écriture, le texte ne peut donc plus être un concept régional, il devient général ; le texte n'est donc pas en ce sens une région de la vie, contrairement à ce que feint de croire Deleuze quand il affirme, de manière faussement innocente, que la déconstruction l'intéresse comme une méthode de lecture de texte.

La complicité des penseurs les plus subversifs et les plus différents (Artaud, Bataille, Deleuze, Foucault, Freud,

1. « Freud et la scène de l'écriture », *op. cit.*, p. 303.
2. *Ibid.*, p. 315.

Heidegger, Levinas) avec ce contre quoi ils travaillent n'est ni un accident, ni une insuffisance de leur part. Derrida montre de manière incessante que cette complicité est fatale, qu'elle est la loi de la métaphysique. L'analyse de la complicité des discours les plus complexes avec ce qu'ils tentent d'esquiver, c'est le travail exigeant et difficile de la déconstruction qui le fait apparaître. La fatalité de cette complicité montre qu'il ne saurait y avoir de dehors au texte métaphysique.

La vie est texte, c'est-à-dire délai et non-immédiateté, elle se répète en se différenciant de soi et n'est ni une ni identique à elle-même ; elle est traces et non pas présence pleine, autrement dit elle est l'apparition disparaissante des êtres. Avec ce concept de traces, l'apparition des phénomènes et des choses est pensée comme ayant lieu « sur fond » de disparition, la disparition étant en quelque sorte la « condition » de l'apparition des phénomènes, au sens où tout vivant qui apparaît peut disparaître dès qu'il apparaît. La vie est texte stratifié parce que l'être des phénomènes, leur phénoménalité, est traces ; leur mouvement d'apparition est mouvement de disparition au sens où l'apparition de ce qui apparaît n'apparaît pas, disparaît dans son mouvement même. La vie des vivants, la phénoménalité des phénomènes, se donne en se retirant, son trait est retrait en strates : le tracé de son trait est sa répétition en même temps que son effacement ; la vie est écriture et le retrait est une métaphore ; l'ontologie comme la phénoménologie résultent alors du jeu et l'histoire des métaphores.

Avec le concept de « traces », Derrida découvre aussi le concept de « cendres » dès « La pharmacie de Platon », en 1967. Ce concept de « cendres » revient vingt ans plus tard dans *Feu la cendre*. Il ne faut voir là aucun jeu gratuit sur les mots ni aucun artifice linguistique ou « rhétorique » au sens étroit du terme : ces concepts de « traces » et de « cendres » ont la plus grande nécessité phénoménologique. Ce que Heidegger appelle en effet « étant » et qu'il différencie de l'« être » (l'étant est, alors que l'être de l'étant n'est pas, n'est pas un étant et ne se donne qu'à même l'étant) suppose le mouvement de la trace. La trace est en quelque sorte l'être-écrit, l'écriture de l'étant. Derrida : « Il faut penser la trace avant l'étant. Mais le mouvement de la trace est nécessairement occulté, il se produit comme occultation de soi [1]. »

Les concepts de « traces », de « cendres » et aussi de « spectres » disent que l'ontologie rigoureuse suppose une « hantologie » ; autrement dit la phénoménologie est une spectrologie, et de tels « concepts » disent que la vie est l'économie de la mort, le détour et la différance de la mort qui s'appelle « vie ». Comme le dit économiquement Derrida, les traces « n'arrivent qu'à s'effacer » et toute écriture est alors celle d'un survivant. On peut lire aussi dans *Circonfessions* : « Je posthume comme je respire. » Je suis posthume, je peux être mort à l'instant où j'écris et c'est la condition pour qu'il y ait de la trace ou de l'écriture, autrement dit pour qu'il y ait des étants ou des phénomènes : que celui qui écrit puisse être mort au moment où il est lu, donc au moment où il se lit en écrivant. Celui qui écrit se sépare, se retire pour qu'il y ait inscription : le tracé de l'inscription, son trait, est le retrait de l'auteur : « L'énoncé "je suis vivant" s'accompagne de mon être mort et sa possibilité requiert la possibilité que je sois mort ; et inversement. Ce n'est pas là une histoire extraordinaire de Poe, mais l'histoire ordinaire du langage [2]. »

On comprend alors mieux le retrait de toute problématique du sujet, de l'auteur ou de l'œuvre dans la pensée derridienne de l'écriture et de la littérature : « Le "sujet" de l'écriture n'existe pas si l'on entend par là quelque solitude souveraine de l'écrivain. Le sujet de l'écriture est un système de rapports (...). À l'intérieur de cette scène, la simplicité ponctuelle du sujet classique est introuvable [3]. » L'écriture commence en effet avec la possibilité folle d'écrire « je suis mort » : écrire, c'est pouvoir écrire je suis mort à l'instant de l'écriture. Celui qui écrit n'est donc ni simplement un mort, ni simplement

1. *De la grammatologie*, *op. cit.*, p. 69.
2. *La voix et le phénomène*, *op. cit.*, pp. 106-108.
3. « Freud et la scène de l'écriture », *op. cit.*, p. 335.

un vivant qui écrit, mais un survivant dans l'instant indéfini, le délai, la différance de sa mort : pas encore mort, déjà plus vivant.

LA VIE ET L'EXISTENCE

On aperçoit la force et la nécessité de la pensée derridienne de l'écriture et de la spectralité, si on la met en perspective avec le geste de la pensée de Heidegger. En 1927, dans *Être et Temps*, Heidegger disjoint radicalement la mort et la vie en affirmant qu'un vivant ne meurt pas et n'a pas de rapport à la mort en tant que vivant [1]. Seul le *Dasein*, l'être de l'homme, meurt, a rapport à la mort (c'est-à-dire à un non-rapport) en tant qu'il parle. Mais le *Dasein* n'est pas « d'abord » vivant, il ne respire pas *d'abord*, il est *d'abord* un existant. Autrement dit, les vivants ne sont pas des mortels, vivre ce n'est pas mourir ; en effet le vivant animal « crève » (*Verenden*, « crever », « périr ») alors que le *Dasein* ne peut pas crever. La mort n'est donc pas un phénomène biologique pour Heidegger et l'« humain » n'est pas d'abord un vivant, ni un animal : il n'est proprement ce qu'il est qu'en tant qu'il meurt, c'est-à-dire en tant que, par la parole, il a rapport au non-rapport et peut dire l'impossibilité de dire la mort.

Pour Derrida, qui rompt en cela radicalement avec le cœur de la pensée de Heidegger, la vie est pensée *comme* la mort et comme mort différant d'elle. Derrida n'est donc pas un « heideggerrien », et la déconstruction n'est pas, comme le pense A. Badiou, l'accomplissement du « programme heideggerien ».

La pensée derridienne de la-vie-la-mort, de la vie comme mort différant d'elle-même, est radicalement « bio-logique » au sens où elle ne disjoint plus la vie de la mort comme le fait la pensée heideggerienne du *Dasein*. Derrida ne sépare pas la vie et la mort et ne les oppose pas non plus. À la différence de ce que Heidegger essaie de faire valoir de manière traditionnellement métaphysi-

1. Cf. ici même, partie I, chapitre 3.

que, le *Dasein* ne peut par conséquent pas être pensé comme le seul étant qui aurait rapport à la mort parce qu'il serait le seul à parler.

C'est le concept de traces qui permet de penser de manière phénoménologiquement rigoureuse l'être des vivants, c'est-à-dire de penser que leur présence est déjà entamée par leur absence : elle est un mouvement d'apparition qui est en même temps disparition ; les vivants ne sont pas des mortels, mais des mourants. Les vivants ne sont ni simplement vivants, ni simplement morts, ils sont sur-vivants et leur vie est l'écriture qui diffère la mort ; l'écriture, avant d'être celle des livres, est celle de la-vie-la-mort. La-vie-la-mort (s')écrivent. L'écriture est donc toujours posthume et Derrida écrit : « Tout graphème est d'essence testamentaire. » L'écriture, en ce sens général et transformé, est pré-posthume et non humaine, elle est le testament, posté à l'avance (mais il est déjà trop tard, je suis déjà mort) de celui qui écrit (mais il est encore trop tôt, il est encore vivant). Cette avance et ce retard de l'écriture de la vie sur la mort montrent la nécessité qu'il y a à passer par une pensée des spectres pour dire l'unité différante de la vie et de la mort.

La pensée derridienne de l'écriture comme traces, cendres, testament[1] passe par une pensée de la littérature dans sa littérarité. Elle pense la littérature dans l'immanence de sa lettre et libère celle-ci de tous les signifiés transcendants et transcendantaux (tels l'intention de l'auteur, sa vie, le génie, la psychologie des personnages, le message, l'idée d'œuvre, la beauté, la signification, le signifiant, etc.) ; Derrida analyse et met donc au jour ce qu'il appelle les « signifiants littéraires » ensevelis sous les transcendances qui fascinent la philosophie et la critique littéraire ; cette libération des signifiants littéraires marque le profond « matérialisme » de Derrida. On peut lire à ce propos : « Ce fut, je crois, un

1. « L'écriture est un représentant de la trace en général, elle n'est pas la trace elle-même. La trace elle-même n'existe pas », *De la grammatologie*, *op. cit.*, p. 238.

progrès, un progrès décisif de ce demi-siècle que de formuler explicitement la question de la "littérarité" (...). L'émergence de cette question de la littérarité a permis d'éviter un certain nombre de réductions et de méconnaissances qui auront toujours tendance à resurgir (thématisme, sociologisme, historicisme, psychologisme sous les formes les plus déguisées). D'où la nécessité du travail formel et syntaxique. Néanmoins, une réaction ou une réduction symétriques pourraient maintenant se dessiner : elle consisterait à isoler, pour le mettre à l'abri, une spécificité formelle du littéraire qui aurait une essence et une vérité propres, théoriques ou pratiques [1]. »

La matérialité sans matérialisme de l'écriture

La force pratique de la pensée de Derrida apparaît lorsqu'on voit qu'il s'agit d'une matérialité profondément originale, une matérialité de la lettre ou du signifiant littéraire : pas un nouveau matérialisme ni un matérialisme de plus, mais une matérialité sans matérialisme.

Derrida conquiert cette matérialité hors du commun, hors de l'opposition matérialisme/idéalisme, matérialisme nouveau/matérialisme ancien, par une pensée de la *préséance* : préséance de la différance et de la répétition. Cette remontée en deçà des concepts et des discours radicalise en les déplaçant le texte foucaldien de la « folie [2] », la pensée freudienne de la « trace [3] » ou le texte heideggerien sur le « temps [4] ». Derrida fait apparaître que les textes parmi les plus subversifs de la tradition occidentale et les plus hétérogènes à sa logique sont pourtant inévitablement repris dans ce qu'ils subvertissent : « Il n'y a aucun sens à se passer des concepts de la métaphysique pour ébranler la métaphysique ; nous ne disposons d'aucun langage – d'aucun symbole et d'aucun lexi-

1. *Positions*, *op. cit.*, pp. 94-95.
2. Cf. « Cogito et histoire de la folie », in *L'écriture et la différence*, *op. cit.*
3. Cf. « Freud et la scène de l'écriture », art. cit.
4. « Ousia et Grammé », in *Marges – de la philosophie*, *op. cit.*

que – qui soit étranger à cette histoire ; nous ne pouvons énoncer aucune proposition destructrice qui n'ait déjà dû se glisser dans la forme, dans la logique et dans les postulations implicites de cela même qu'elle voudrait contester[1] » et aussi « comme ces concepts ne sont pas des éléments, des atomes, comme ils sont pris dans une syntaxe et un système, chaque emprunt déterminé fait venir à lui toute la métaphysique. Ce qui permet à ses destructeurs [Nietzsche, Freud, Heidegger] de se détruire réciproquement[2] ».

La pensée de Derrida donne un tour supplémentaire à tous ces concepts et ces discours, elle montre comment ils sont encore inclus dans la métaphysique occidentale à laquelle ils n'appartiennent pourtant plus puisqu'ils la subvertissent. C'est l'omniprésence de la métaphysique occidentale qui apparaît ainsi dans toute sa dimension, en même temps que ses limites et ses présupposés.

Ce tour supplémentaire que Derrida donne aux discours et aux concepts ne peut pas être compris comme un immatérialisme métaphysique au sens traditionnel du terme. Il s'agit au contraire de la matérialité la moins métaphysique, celle de la vie comme traces, écriture, texte : tout texte, écrit, trace, fût-il de science ou de philosophie, est « bio-graphique ». C'est pour cela qu'il faut pour Derrida remettre la biographie des philosophes en scène, à commencer par la sienne, mais en un sens textuel et « radical » (non psychologique) du biographique.

On accède donc aux choses et aux vivants comme texte ou traces ; l'écriture est l'immanence dans laquelle tout est donné et soustrait, elle est la « matière » ou la « texture » non unifiée des phénomènes, stratifiée et conflictuelle. C'est pourquoi, pour cette matérialité générale et autre, il importe plus que tout d'analyser la lettre, la littérarité et le signifiant littéraire avec une rigueur et une systématicité jamais pratiquées dans l'histoire de la philosophie et de la critique littéraire :

1. « La structure, le signe, le jeu dans le discours des sciences humaines », in *L'écriture et la différence*, *op. cit.*, p. 412.
2. *Ibid.*, p. 413.

analyser donc la philosophie dans ses effets[1], montrer l'incidence des « effets » (les titres, les marges, le style, le ton, les contextes, les institutions...) sur le discours philosophique, autrement dit analyser les effets des textes philosophiques qui prétendaient plus qu'aucun autre discours neutraliser les effets et les secondariser.

Derrida pense la vie comme une matérialité sans matérialisme, et ce en trois sens.

1/ L'immanence de la matière signifiante (la vie comme écriture) est en effet libérée de toute transcendance. À la fin de son article consacré à Freud et à la pensée freudienne de l'écriture, Derrida écrit : « On n'a fait jusqu'ici que l'analyse des signifiés littéraires, c'est-à-dire non littéraires[2]. » Les signifiés étant ce qui reste transcendant à la dimension littéraire des textes, ils excèdent les signifiants littéraires et la textualité. On n'a en ce sens jamais vu, écrit Derrida, « une psychanalyse de la littérature respectueuse du signifiant littéraire[3] ». Quand on analyse les textes littéraires par leurs signifiés en cherchant à reconstituer leur signification, on subordonne en effet le signifiant, la littérarité, la matière littéraire à des idéalités. C'est la lecture qui est obligée de respecter et d'analyser la littérarité et la dimension constitutivement littéraire des textes « littéraires », « philosophiques », « scientifiques » ou autres. Il s'agit donc d'analyser le signifiant littéraire, c'est-à-dire les « effets » textuels, d'abord en eux-mêmes et pour eux-mêmes, parce que les signifiés et les idéalités sont d'abord des produits et des effets de texte (ce qui ne signifie pas que tout est littérature).

2/ Cette immanence est en quelque sorte sans profondeur, pure surface littéraire : « Un texte n'est un texte que s'il cache au premier regard, au premier venu, la loi de sa composition et la règle de son jeu. Un texte reste d'ailleurs toujours imperceptible. La loi et la règle ne s'abritent pas dans l'inaccessible

1. Derrida a fondé avec S. Kofman, P. Lacoue-Labarthe et J.-L. Nancy une collection aux éditions Galilée, « La philosophie en effet ».

2. « Freud et la scène de l'écriture », in *L'écriture et la différence*, *op. cit.*, p. 340.

3. *Ibid.*

d'un secret, simplement elles ne se livrent jamais, au présent, à rien qu'on puisse rigoureusement nommer une perception [1]. » Aucun texte, aucune surface n'est donc immédiatement lisible sans délai ni relais, tout texte reste en un certain sens illisible, sa lisibilité ne se livre que différée, à travers le travail de la lecture et de l'écriture.

Trente-quatre ans plus tard, dans un entretien accordé au *Monde de l'éducation*, Derrida écrit encore : « La littérature garde un secret qui n'existe pas, en quelque sorte (...) le secret d'un personnage, par exemple, n'existe pas, il n'y a aucune épaisseur en dehors du phénomène littéraire. Tout est secret dans la littérature et il n'y a pas de secret caché derrière elle, voilà le secret de cette étrange institution au sujet de laquelle et dans laquelle je ne cesse de (me) débattre [2]. » La littérature ou le texte sont ainsi pensés comme une surface sans profondeur ni arrière-monde, la surface immanente mais stratifiée des choses, la « texture » des phénomènes.

3/ La matière est libérée des présupposés ontologiques et phénoménologiques qui retiennent encore les matérialismes philosophiques dans la métaphysique de la présence : aucun matérialisme digne de ce nom n'a d'ailleurs jamais pensé la matière comme donnée ou présente, mais toujours comme un plan à conquérir par les concepts et la critique. La matière de la vie, la vie qui se donne comme écriture déjouent pour les rejouer autrement tous les principes de la phénoménologie et de l'ontologie, notamment le primat et la souveraineté de la présence. En effet Derrida découvre, thématise et conceptualise la vie comme traces, cendres, spectres. Il pense en ce sens la spectralité des phénomènes, l'effacement qui arrive d'avance à ce qui arrive, la disparition au cœur de l'apparition des phénomènes : les cendres comme « essence » sans essence de la matière. Cette matérialité exige alors que le concept de réalité soit repensé et que l'histoire et la temporalité de l'être soient précédées par la spectralité des phénomènes, par la vie comme traces et l'être-en-déconstruction des textes.

1. « La pharmacie de Platon », art. cit., p. 257.
2. *Ibid.*, p. 21.

La politique à l'épreuve de la déconstruction. L'à venir de la démocratie

Cette matérialité du texte n'est pas une pensée abstraite, elle rend possible et nécessaire l'analyse sans concessions de l'historico-politique. En effet, Derrida pense d'une part les fondements et la possibilité des formes traditionnelles dans lesquelles se fait et se réfléchit la politique (l'État, la nation, le droit, la souveraineté, etc.), mais d'autre part il est attentif aux mutations d'« essence » de la politique ; il s'intéresse à la manière dont celle-ci est transformée par ce qui vient et ce qui arrive. Aimantée par l'événement – dont la discrétion et la singularité exigent une invention de concepts – la politique derridienne appelle l'ouverture à l'avenir et à l'altérité de l'événement.

Derrida fait apparaître la fatalité qui structure la politique lorsqu'il analyse la solidarité de la logique du nazisme et de l'opposition au nazisme, ou encore quand il remarque comment la traduction de la cruauté psychique dans l'historico-politique signifie que le mal radical est indéracinable. Cette fatalité n'implique pourtant aucun fatalisme ni aucune renonciation puisqu'elle n'apparaît qu'à la faveur d'un travail d'anamnèse et d'analyse de l'archive, travail qui est aussi la condition de la libération de l'événement et de la démocratisation des États. Les processus de démocratisation sont donc accélérés par la technique entendue comme déconstruction effective d'un certain pouvoir d'État.

Cette responsabilité à l'égard et à l'appel des Spectres, produits notamment par la technique, peut définir la déconstruction, elle est en tout cas inséparable des processus de démocratisation auxquels elle participe activement. L'enjeu politique de la déconstruction est donc l'à venir et la venue de la démocratie dans un contexte qui n'a plus rien à voir avec celui qui en a vu naître l'idée. L'engagement politique de Derrida ne peut alors plus ressembler à celui des figures de l'intellectuel engagé comme Zola ou Sartre : « Où est Zola aujourd'hui ? demandait [... une journaliste]. J'ai essayé de lui expliquer pourquoi, malgré mon immense respect pour

Zola, je ne suis pas sûr que ce soit le seul ou le meilleur modèle pour quelque "j'accuse" aujourd'hui. Tout a changé, l'espace public, les trajets de l'information, et la décision, le rapport du pouvoir au secret, les figures de l'intellectuel, de l'écrivain, du journaliste, etc. Ce n'est pas le "j'accuse" qui est périmé, mais la forme et l'espace de son inscription [1]. »

Si la déconstruction est un travail d'anamnèse interminable sur l'archive, un travail en faveur de la venue de l'événement et de l'à venir de la démocratie (c'est-à-dire une nouvelle internationale), cela ne doit pourtant en aucun cas faire oublier l'humour qui traverse et anime toute l'écriture de Derrida : le rire de soi sans lequel la déconstruction ne serait, à la lettre, sans doute pas possible.

1. « La déconstruction de l'actualité », *Passages*, n° 57, septembre 1993, p. 72.

REPÈRES BIOGRAPHIQUES

La déconstruction ne va pas sans que la vie et le corps ne soient exposés à l'histoire et à la politique. Les quelques éléments biographiques que nous donnons ici attestent des engagements d'une vie animée par l'inquiétude démocratique ; cette vie consacrée à l'écriture, et d'abord à l'écriture de la vie, est constamment traversée par le rapport à l'autre et le penchant pour l'altérité. La déconstruction agit et engage la vie de Derrida ; celle-ci est constamment tournée vers la venue de l'autre. La multiplicité et l'hétérogénéité des voyages montrent combien la parole est ainsi ouverte à l'étranger. Toutes les indications qui suivent, concernant les voyages pour les séminaires, les conférences, sont données d'après Derrida lui-même[1] ; elles sont rappelées ici pour montrer l'investissement sans réserve et la dépense généreuse d'une pensée et d'une vie.

Jacques Derrida naît le 15 juillet 1930 à El-Biar, près d'Alger. De 1935 à 1941, il va à l'école maternelle et primaire d'El-Biar. Dans une Algérie qui n'est pas soumise à l'occupation allemande, l'école est pourtant contrainte à des rites pétainistes et les enfants sont obligés de manifester leur attachement au Maréchal de multiples manières (envoi de lettres et de dessins, lever de drapeau tous les matins, sauf pour les enfants juifs). J. Derrida, dont le frère et la sœur ont déjà été exclus de l'école en qualité de juifs, laisse sa place au second de la classe pour le lever de drapeau traditionnellement réservé à l'élève le mieux classé.

1. Cf. chapitre « Haltes » de *La contre-allée*, avec C. Malabou, éd. La Quinzaine Littéraire-Louis Vuitton, Paris, 1999.

En 1938, son frère Norbert Derrida naît, il meurt deux ans plus tard.

J. Derrida entre en 1941 en sixième au lycée Ben Aknoun. L'année suivante, il est exclu du lycée le jour de la rentrée scolaire. Dans cette Algérie en guerre, l'histoire, la politique, l'antisémitisme traversent l'enfance de Derrida, notamment par l'intermédiaire de l'institution scolaire ; nul ne peut sans doute mesurer combien ces événements historiques et politiques seront déterminants dans la formation de sa pensée. Jusqu'au printemps 1943, J. Derrida est inscrit au lycée Émile-Maupas où il rencontre les enseignants juifs chassés de la fonction publique ; il n'en supporte pas l'atmosphère communautaire et pendant près d'un an fait l'« école buissonnière ». La difficulté d'appartenir à une communauté, fût-elle de juifs et d'exclus, se manifeste dès cette époque.

Derrida retourne au lycée Ben Aknoun en 1944 où sa scolarité est irrégulière, consacrée au sport, essentiellement au football et à la course à pied, il rêve à cette époque de devenir footballeur professionnel. Il échoue au bac en 1947. À ce moment Derrida commence à écrire un « journal intime » et lit avec passion Rousseau, Gide, Nietzsche et Camus.

En 1947-1948, en classe de philosophie au lycée Gauthier à Alger, il lit Bergson et Sartre qui seront déterminants, dit-il, dans ses débuts en philosophie. Dès 1948, inscrit en lettres supérieures au grand lycée Bugeaud d'Alger, il est marqué par la lecture de Kierkegaard et de Heidegger.

Derrida effectue son premier voyage en 1949 sur le *Ville d'Alger* qui l'emmène vers Marseille, puis il prend le train vers Paris. Etudiant en khâgne et interne au lycée Louis-le-Grand, il vit alors des moments difficiles et douloureux qui sont accompagnés par la lecture intense de Simone Weil et des « existentialistes ». Étienne Borne, son professeur de philosophie, dit de ses dissertations de l'époque qu'elles sont « plotiniennes ». Derrida échoue au concours de l'École normale supérieure. En 1950-1951, il rentre à El-Biar pour trois mois et quitte l'internat du lycée Louis-le-Grand. Il retourne ensuite à Louis-le-Grand pour suivre sa deuxième année de khâgne. Ses années sont marquées par des problèmes de santé, des insomnies régulières et des prises de médicament qui l'aident à « tenir » nerveusement. Il abandonne le concours d'entrée à l'ENS à la première épreuve.

En troisième année de khâgne à Louis-le-Grand Derrida rencontre dans ce lycée prestigieux certains de ceux qui resteront pour la plupart ses amis, notamment Pierre Bourdieu, Michel Deguy, Louis Marin, Pierre Nora, Michel Serres ; ces étudiants deviendront tous des chercheurs, des enseignants et des écrivains importants dans leur discipline et au-delà, c'est donc une époque de l'histoire de la pensée qui se constitue à ce moment et en ce lieu. Derrida est reçu cette année-là à l'École normale supérieure.

En 1952-1953, il rencontre Marguerite Aucouturier, et fait la connaissance de Louis Althusser, né lui aussi à Alger, et qui exerce comme « caïman » rue d'Ulm ; ils deviennent amis et seront plus tard collègues à l'École normale supérieure durant près de vingt ans. Derrida milite de manière irrégulière dans des groupes d'extrême gauche non communiste.

Derrida part aux Archives-Husserl de Louvain en 1953-1954 et écrit « Le problème de la genèse dans la philosophie de Husserl » (équivalent du mémoire de maîtrise). Il suit les cours de Michel Foucault dont il devient ami. « Quelques aller-retours entre Paris et Alger, souvent en passager semi-clandestin, en tout cas en situation "irrégulière" sur de petits avions de transports aux allures peu rassurantes (voyages moins coûteux, parfois effrayants dans des "trous d'air" alors autrement plus vertigineux quand on est à peine assis sur un banc au milieu de caisses de légume) [1]. »

En 1955, Derrida échoue à l'oral de l'agrégation de philosophie après avoir abandonné à la troisième épreuve d'écrit comme déjà en 1951 au concours d'entrée à l'ENS. Il est reçu l'année suivante et obtient une bourse de *special auditor* de l'université de Harvard, à Cambridge. Il commence la traduction et l'introduction de *L'origine de la géométrie* de Husserl et lit Joyce. C'est en juin 1957 à Boston que Jacques Derrida épouse Marguerite Aucouturier.

De 1957 à 1959, il effectue son service militaire en pleine guerre d'Algérie et demande à être affecté en tant qu'ensei-

1. *La contre-allée, op. cit.*, p. 284.

gnant dans une école d'enfant près d'Alger ; il y enseigne le français et l'anglais à de jeunes Algériens et à de jeunes Français. Il enseigne ensuite dans une école privée et traduit des articles de journaux. Pendant cette période, J. Derrida rencontre régulièrement P. Bourdieu à Alger, avec qui il partage une commune inquiétude politique. Dès le début, il condamne la politique coloniale de la France en Algérie et espère secrètement une forme d'indépendance qui verrait coexister Algériens et Français d'Algérie. C'est sans doute par rapport à ce rêve qu'il parlera plus tard de sa « Nostalgérie ».

En 1959-1960 Derrida enseigne la philosophie en hypokhâgne au lycée du Mans. Il participe pour la première fois à une décade au château de Cerisy-la-Salle, et il effectue son premier voyage en 2 CV à Prague où il rend visite à la famille de sa femme.

Pendant quatre ans, de 1960 à 1964, Derrida enseigne à la Sorbonne (« philosophie générale et logique »). Il donne une conférence au Collège de philosophie sur Foucault en sa présence. Il effectue à cette époque son second voyage à Prague dans les mêmes conditions que le premier. Derrida publie aussi dans les revues *Critique* et *Tel Quel*. Une « grande amitié » débute alors avec Philippe Sollers, elle durera jusqu'en 1972. Il reçoit cette année-là le prix d'épistémologie moderne Jean Cavaillès pour son livre : *Introduction à L'origine de la géométrie* (de Husserl). Admis au CNRS, Derrida en démissionne aussitôt pour l'ENS de la rue d'Ulm où il est invité à enseigner par Jean Hyppolite et Louis Althusser. Il ne quittera plus l'« École » pendant près de trente ans et y enseignera avec le titre de maître-assistant jusqu'en 1984. Il retourne à Prague. Toute sa famille s'installe à Nice au moment de l'indépendance de l'Algérie.

À partir de 1965, chez ses amis Y. et P. Thévenin, Derrida rencontre Robert Antelme, Pierre Boulez, Jean Genet, Pierre Klossowski, Francis Ponge, Nathalie Sarraute. Il aura côtoyé constamment les « plus grands » penseurs et écrivains de son époque et tissé avec eux des relations de travail et de dialogue.

En 1966, il participe, sur l'invitation de R. Girard, au fameux colloque de l'université Johns Hopkins de Baltimore qui marqua le commencement de l'intérêt des États-Unis pour une certaine pensée « française ». C'est le début de ce qu'on a appelé « la déconstruction en Amérique ». S'ensuivra une véritable guerre entre les adversaires et les tenants de la « déconstruction », à travers les institutions universitaires et les médias. Il rencontre à cette occasion Paul de Man et Jacques Lacan, et retrouve Roland Barthes, Jean Hyppolite, Jean-Pierre Vernant, Lucien Goldman au colloque de Baltimore.

En 1967 Derrida donne une conférence à la Société française de philosophie : « La différance », reprise dans *Marges*. Jusqu'en 1973, il participe au comité de rédaction de la revue *Critique* et fait, depuis cette époque, toujours partie de son comité de rédaction. Il publie cette année-là ses trois premiers livres : *De la grammatologie*, *L'écriture et la différence*, *La voix et le phénomène*. Depuis ces premières publications, la pensée de Derrida est accueillie avec une très grande hospitalité à l'étranger, et pas uniquement aux États-Unis : Derrida enseigne dans des dizaines d'universités, il donne des centaines de conférences partout dans le monde, reçoit des prix multiples, il est élu dans plusieurs Académies et reçoit treize doctorats *honoris causa* des universités suivantes. Dans le même temps on assiste en France à une opposition massive à son travail et à celui des collègues ou des étudiants qui sont proches de ce travail.

Contrairement à la réception qui est accordée à ses textes et à sa pensée à l'étranger, les portes de l'université française lui sont fermées : en 1980, on lui demande de soutenir sa thèse en vue d'accéder à un poste de professeur pour succéder à Paul Ricœur ; ce poste est immédiatement supprimé par le ministre, et lorsqu'un autre poste est créé en remplacement, les collègues de l'université qui l'avaient appelé à postuler votent contre sa candidature, avec ceux de l'instance nationale. L'analyse de tels phénomènes institutionnels est amplement engagée par Derrida avant même qu'il ne connaisse ces phénomènes de rejet et de résistance à l'égard de son travail ; l'archive de ces analyses se trouve notamment dans son livre *Du droit à la philosophie*. Derrida a toujours pensé que les institutions et les contextes géo-politiques étaient des questions philosophiques essentielles et il n'a jamais pensé la philosophie séparément des institutions où elle a lieu.

J. Derrida participe aux défilés de mai 1968 et organise la première assemblée générale à l'ENS d'Ulm ; pendant cette période, il rencontre régulièrement Maurice Blanchot avec lequel se tissent une amitié durable et une admiration partagée.

Le père de Derrida meurt d'un cancer à l'âge de 74 ans, en 1970.

Derrida revient en Algérie en 1971, après neuf ans d'absence et d'éloignement. Il y prononce des conférences et enseigne à l'université d'Alger. Il donne la fameuse conférence « Signature, événement, contexte » à l'université de Montréal. Séminaires à Baltimore, à Alger, à Oxford et conférences à Alger, Nice, Montréal, Strasbourg.

Derrida participe en 1972 avec notamment Deleuze, Klossowski, Kofman, Lacoue-Labarthe, Nancy, au colloque « Nietzsche » à Cerisy-la-Salle qui donnera lieu à la publication : « Nietzsche aujourd'hui ». Il rompt à cette époque définitivement avec Sollers et la revue *Tel Quel* : le différend porte sur le dogmatisme marxiste du groupe, sur ses positions en faveur du PCF, et sur la propagande maoïste auxquels Derrida ne peut souscrire. Pour comprendre le sens de cette rupture, Derrida invite sans cesse à « lire les textes » et à ne pas se fier à sa réinterprétation « grossièrement falsificatrice » par certains membres du groupe *Tel Quel.* Il effectue son premier voyage en Hongrie et donne des séminaires à Oxford et à Zurich.

En 1975, Derrida participe à la rencontre de Cerisy sur Ponge en présence du poète. Il rencontre aussi à cette époque les peintres Adami et Titus-Carmel, et écrit sur leur travail à l'occasion d'expositions. Derrida commence à donner tous les ans un séminaire à l'université de Yale. C'est le début de ce qu'on a appelé, aux États-Unis, l'« école de Yale » à laquelle on associe H. Bloom, P. de Man, J. Derrida, G. Hartman, J.H. Miller. On assiste alors à de multiples controverses et polémiques à propos de l'« invasion » de la déconstruction en Amérique.

En 1979 Derrida prend l'initiative, avec d'autres, des états généraux de la philosophie à la Sorbonne, au moment où la réforme Haby-Giscard menaçait de faire de la philosophie un enseignement optionnel dans les lycées. Les premières photographies de Derrida paraissent à cette occasion dans la presse.

En 1980 il soutient sa thèse d'État à la Sorbonne[1]. Cette même année a lieu le colloque de Cerisy « à partir du travail de J. Derrida » organisé par les deux philosophes français les plus proches de sa pensée, P. Lacoue-Labarthe et J.-L. Nancy. Ce colloque donnera lieu au recueil *Les fins de l'homme*.

Avec J.-P. Vernant et d'autres amis, Derrida fonde en 1981 l'association Jean-Hus d'aide aux intellectuels tchèques dissidents ou persécutés, dont il est le vice-président. Pris en filature par la police tchécoslovaque et interpellé à la fin de son séminaire clandestin à Prague, Derrida est arrêté à l'aéroport ; la police feint de découvrir de la poudre blanche dans ses valises, J. Derrida est emprisonné et inculpé de « production et trafic de drogue ». S'ensuit une campagne de signature en faveur de sa libération. L'intervention décisive de F. Mitterrand et du gouvernement français permet son expulsion vers la France.

En 1982 il joue son « propre » rôle au côté de P. Ogier dans le film de Ken McMullen, *Ghost Dance*. Il est chargé la même année de coordonner une mission avec F. Châtelet, J. P. Faye et D. Lecourt afin de fonder le « Collège international de philosophie ». Il est nommé *professor at large* à l'université de Cornell où il anime un séminaire de 1982 à 1988.

À l'origine de la fondation du « Collège international de philosophie » en 1983, Derrida en est élu directeur. Il est le coorganisateur de l'exposition « Art contre Apartheid » et devient membre du conseil de tutelle de la Fondation culturelle contre l'apartheid, il prend aussi part au comité d'écrivains « Pour Nelson Mandela ». Élu la même année à l'École des hautes études en sciences sociales (EHESS), sa direction d'études a pour titre : « Les institutions philosophiques ». Son ami P. de Man meurt cette année-là.

En 1985 a lieu la deuxième rencontre avec Borges, chez lui, en Amérique latine ; la première rencontre avait eu lieu dans un avion.

À l'invitation de l'architecte Bernard Tschumi, Derrida

1. Cf. « Ponctuations » dans *Du droit à la philosophie*, Galilée, Paris, 1990.

commence en 1986 à travailler à un projet pour le Parc de la Villette avec l'architecte américain Peter Eisenman[1]. Il participe à l'élaboration d'un film sur le condamné à mort C. Chessman. Il quitte l'université de Yale et accompagne son ami John-Hillis Miller à l'université d'Irvine, en Californie. Séminaires à New York (Cuny), tous les ans jusqu'en 1991.

En 1987 Derrida joue dans *Disturbance*, film du vidéo-artiste Gary Hill ; il enregistre aussi avec Carole Bouquet la lecture de son texte « Feu la cendre ». L'« affaire P. de Man » éclate alors, en même temps que l'« affaire Heidegger[2] » dans le but manifeste de discréditer Derrida et son travail ; son séminaire à Irvine en Californie a lieu tous les ans depuis cette année jusqu'à aujourd'hui.

En 1988 Derrida effectue son troisième voyage à Jérusalem et rencontre à cette occasion des intellectuels palestiniens en territoires occupés.

En 1989 il copréside pour l'Éducation nationale la Commission de réflexion pour l'épistémologie et la philosophie, avec Jacques Bouveresse (une des parties de la commission Bourdieu-Gros).

Il tient des séminaires à l'Académie des sciences de l'URSS et à l'université de Moscou en 1990. Il inaugure la même année au Louvre la série « Partis pris » en prononçant une conférence pour accompagner une exposition de dessins[3]. Derrida prononce la conférence d'ouverture du colloque sur « la solution finale et les limites de la représentation » à l'université de Los Angeles en Californie. Il retourne pour la première fois à Prague depuis son emprisonnement en 1981.

En 1998, il rencontre Nelson Mandela et Desmon Tutu. Derrida donne sept conférences, notamment à propos de la commission « Vérité et Réconciliation ».

Derrida multiplie les voyages, les conférences et les séminaires à l'étranger, comme en porte témoignage la liste

1. Cf. « Choral Work » dans *Psyché*, *op. cit.*

2. Cf. à ce sujet *Mémoires – pour Paul de Man*, Galilée, Paris, 1988, et *De l'esprit*, *op. cit.*

3. *Mémoires d'aveugle, l'autoportrait et autres ruines*, Réunion des Musées nationaux, Paris, 1990.

impressionnante des destinations qui précèdent et de celles qu'on peut lire dans *La contre-allée*. Cette vie en transit et en transport signe l'investissement politique de Derrida dans une multiplicité de langues et de lieux ; elle atteste le cosmopolitisme pratique de la déconstruction. Une telle dépense est l'affirmation de la multiplicité des langues et de la nécessité impossible de la traduction, elle est un acte de résistance pratique à toutes les réductions de la politique au national et au nationalisme.

BIBLIOGRAPHIE

Cette bibliographie a pour fonction de donner une idée, et non pas une vue panoptique, de l'immensité de l'archive engendrée par l'écriture de Derrida ; il ne saurait être question de livrer une bibliographie encyclopédique des articles ou des livres consacrés à Derrida, un seul volume n'y suffirait sans doute pas ; il serait d'ailleurs sans doute impossible de repérer tous les textes qui parlent de Derrida mais qui ne le nomment pas dans leur titre.

Ouvrages de Jacques Derrida

L'origine de la géométrie de Husserl, Introduction et traduction, PUF, Paris, 1962.

La voix et le phénomène, PUF, Paris, 1967.

L'écriture et la différence, Seuil, Paris, 1967.

De la grammatologie, Minuit, Paris, 1967.

La dissémination, Seuil, Paris, 1972.

Marges – de la philosophie, Minuit, Paris, 1972.

Positions, Minuit, Paris, 1972.

L'archéologie du frivole (Introduction à l'*Essai sur l'origine des connaissances humaines* de Condillac), Galilée, Paris, 1973.

Glas, Galilée, Paris, 1974.

« Economimésis », in *Mimésis*, Aubier-Flammarion, Paris, 1975.

« Fors », préface à *Le Verbier de l'Homme aux loups*, de

N. Abraham et M. Torok, Aubier-Flammarion, Paris, 1976.
« Scribble », préface à l'*Essai sur les hiéroglyphes de Warburton*, Aubier-Flammarion, Paris, 1978.
Éperons. Les styles de Nietzsche, Flammarion, Paris, 1978.
La vérité en peinture, Flammarion, Paris, 1978.
La carte postale, de Socrate à Freud et au-delà, Aubier-Flammarion, Paris, 1980.
Ocelle comme pas un, préface à *L'enfant au chien-assis*, de Jos Joliet, Galilée, Paris, 1980.
L'oreille de l'autre. Textes et débats, éd. Cl. Lévesque et Ch. McDonald, VLB, Montréal, 1982.
D'un ton apocalyptique abordé naguère en philosophie, Galilée, Paris, 1983.
Otobiographie. L'enseignement de Nietzsche et la politique du nom propre, Galilée, Paris, 1984.
La filosofía como institución, Juan Granica, Barcelone, 1984.
Popularités. Du droit à la philosophie de droit, avant-propos à Les sauvages dans la cité, Champ Vallon, Paris, 1985.
Lecture de Droit de regards, de M.-F. Plissart, Minuit, Paris, 1985.
Préjugés – devant la loi, Minuit, Paris, 1985.
Forcener le subjectile, étude pour les Dessins et portraits d'Antonin Artaud, Gallimard, Paris, 1986.
Schibboleth, pour Paul Celan, Galilée, Paris, 1986.
Parages, Galilée, Paris, 1986.
Ulysse grammophone, Deux mots pour Joyce, Galilée, Paris, 1987.
De l'esprit, Heidegger et la question, Galilée, Paris, 1987.
Psyché, inventions de l'autre, Galilée, Paris, 1987.
Feu la cendre, Des femmes, Paris, 1987.
Signéponge, Columbia University Press, 1983, Seuil, Paris, 1988.
« Mes chances », in *Confrontation*, 19, Aubier, Paris, 1988.
Mémoires, pour Paul de Man, Galilée, Paris, 1988.
Le problème de la genèse dans la phénoménologie de Husserl, PUF, Paris, 1990.
Mémoires d'aveugle, l'autoportrait et autres ruines, Louvre. Réunion des Musées nationaux, Paris, 1990.

« Interprétations at War, Kant, le Juif, l'Allemand », *Phénoménologie et politique, mélanges offerts à J. Taminiaux*, Ousia, Bruxelles, 1990.
Heidegger et la question, Flammarion, Paris, 1990.
Limited Inc., Galilée, Paris, 1990.
L'archéologie du frivole, Galilée, Paris, 1990.
Du droit à la philosophie, Galilée, Paris, 1990.
L'autre cap, Minuit, Paris, 1991.
Qu'est-ce que la poésie ? (éd. quadrilingue), Brinkmann & Bose, Berlin, 1991.
Donner le temps, 1, La fausse monnaie, 1991.
Points de suspension, Entretiens, Galilée, Paris, 1992.
Prégnances, Brandes, Paris, 1993.
Passions, Galilée, Paris, 1993.
Sauf le nom, Galilée, Paris, 1993.
Khôra, Galilée, Paris, 1993.
Spectres de Marx, Galilée, Paris, 1993.
Politiques de l'amitié, Galilée, Paris, 1994.
Force de loi, Galilée, Paris, 1994.
Moscou aller-retour, éd. de l'Aube, 1995.
Mal d'archive, Galilée, Paris, 1995.
Erradid (en coll. avec Wanda Mihuleac), Galerie La Hune Brenner, 1996.
Apories, Galilée, Paris, 1996.
Résistances – de la psychanalyse, Galilée, Paris, 1996.
Le monolinguisme de l'autre, Galilée, Paris, 1996.
Échographies – de la télévision (Entretiens filmés avec Bernard Stiegler), Galilée, Paris, 1996.
De l'hospitalité, Calmann-Lévy, Paris, 1997.
Le droit à la philosophie du point de vue cosmopolitique, Unesco-Verdier, 1997.
Choral Work (en coll. avec Peter Eisenmann), The Monacelli Press, New York, 1997.
Cosmopolites de tous pays, encore un effort !, Galilée, Paris, 1997.
Adieu à Emmanuel Levinas, Galilée, Paris, 1997.
Demeure, Maurice Blanchot, Galilée, Paris, 1998.
Psyché, Invention de l'autre, t. 1 (nouvelle édition augmentée), Galilée, Paris, 1998.

Voiles (en coll. avec Hélène Cixous), Galilée, 1998.
La contre-allée (en coll. avec Catherine Malabou), éd. La Quinzaine Littéraire-Louis Vuitton, 1999.
« L'Animal que donc je suis », in *L'animal autobiographique. Autour de Jacques Derrida*, Galilée, 1999.
Donner la mort, Galilée, Paris, 1999.
Le toucher, Jean-Luc Nancy, Galilée, Paris, 2000.
États d'âme de la psychanalyse, Galilée, Paris, 2000.
« H.C. Pour la vie, c'est-à-dire » dans Hélène Cixous, *Croisées d'une œuvre*, Galilée, Paris, 2000.
Tourner les mots, au bord d'un film (en coll. avec Safaa Fathy), Galilée, Paris, 2000.
La connaissance des textes, lecture d'un manuscrit illisible, avec S. Hantaï et J.-L. Nancy, Galilée, Paris, 2001.
De quoi demain... Dialogue avec E. Roudinesco, Fayard Galilée, Paris, 2001.
L'université sans condition, Galilée, Paris, 2001.
Papier machine, Galilée, Paris, 2001.
Fichus, Galilée, Paris, 2002.
Artaud le MOMA, Galilée, Paris, 2002.

Articles et entretiens de Jacques Derrida

Sur « Lebenswelt und Geschichte » de H. Hohl, *Les études philosophiques*, n° 1, 1963.
Sur « Phänomenologische Psychologie » de E. Husserl, *Les études philosophiques*, n° 2, avril-juin 1963.
Sur « E. Husserl's Theory of Meaning » de J. N. Mohanty, *Les études philosophiques*, n° 4, 1964.
« Culture et écriture. Prolifération et la fin du livre », *Noroît*, 132, nov. 1968.
« The Ends of Man », *Philosophy and Phenomenological Research*, 30-1, 1969.
« D'un texte à l'écart », *Les Temps modernes*, n° 284, mars 1970.
« La mythologie blanche », *Poétique*, 5, 1971.

« Avoir l'oreille de la philosophie. Entretien avec Lucette Finas », *La Quinzaine littéraire*, 152, nov. 1972.
« Philosophie et Communication » (avec Paul Ricœur), *La Communication*. Actes du XVe congrès de l'Association des sociétés de philosophie de langue française, Montréal, 1973.
« Linguistics and Grammatology », *Sub-Stance*, 10, 1974.
« A-coup » (J.D. et al., Trente-huit réponses sur l'avant-garde), *Digraphe*, 6, 1975.
« Jacques Derrida » (entretien), 2, 1975. *Almanach* de Shakespeare and Company.
« Littérature et philosophie mêlées », *Poétique*, 21, 1975.
« Où sont les chasseurs de sorcières ? », *Le Monde*, 1er juillet 1976.
« Envoi », *Archives des lettres modernes*, 2/160, 1976.
« Entre Crochets », *Digraphe*, 8, 1976.
« Littérature, philosophie et politique sont inséparables », avec Agacinski, Kofman, Lacoue-Labarthe, Nancy, Pautrat, *Le Monde*, 30 nov. 1976.
« Ja, ou le faux bond », *Digraphe*, 11, 1977.
Table ronde avec le Greph, « Qui a peur de la philosophie ? », *Noroît*, no 224, 225, 226, 227, janv.-avril 1978.
« Ce qui reste à force de musique », *Digraphe*, 18-19, 1979.
« Les morts de Roland Barthes », *Poétique*, 47, 1981.
« Je n'écris pas sans lumière artificielle », avec A. Rollin, *Le fou parle*, 21-22, nov./déc., Balland, 1982.
« Jacques Derrida sur les traces de la philosophie », avec Christian Descamps, *Le Monde*, 31 janv. 1982.
« Tout redéfinir », *Le Matin*, 28 juillet 1983.
« Économies de la crise », *La Quinzaine littéraire*, août 1983.
« La langue et le discours de la méthode », *Recherches sur la philosophie et le langage*, no 3, Grenoble, Groupe de recherche sur la philosophie et le langage, 1983.
« Dialangues. Une conversation avec Jacques Derrida », avec Anne Berger, *Fruits*, 1, déc. 1983.
« Économies de la crise », *La Quinzaine littéraire*, 1-31 août 1983.
« Derrida, philosophie au Collège », avec J.-L. Thébaud, *Libération*, no 692, 11 août 1983.

« Entretien avec Catherine David », *Le Nouvel Observateur*, 9 septembre 1983.
« Derrida l'insoumis », *Le Nouvel Observateur*, 983, 9-15 sept. 1983.
« Bonnes volontés de puissance. Une réponse à Hans-Georg Gadamer », *Revue internationale de philosophie*, n° 151, 1984.
« Les événements ? Quels événements ? », *Le Nouvel Observateur*, n° 1045, 1984.
« Ce que j'aurai dit... », *Le complexe de Léonard ou la Société de création* (Actes de la rencontre internationale de la Sorbonne, févr. 1983), Les éd. du Nouvel Observateur/J.-C. Lattès.
« Les philosophes et la parole. Passage de témoin de François George à Jacques Derrida », *Le Monde*, 21-22 oct. 1984.
« Eidos et télévision : questions à Jacques Derrida. Entretien avec Bernard Stiegler », *Digraphe*, 33, mai 1984.
« Plaidoyer pour la métaphysique. Entretien avec J.-F. Lyotard », *Le Monde*, 28-10-1984.
« Épreuves d'écriture », participation, in *Les Immatériaux* par J.-F. Lyotard et Th. Chaput, Paris, Centre Georges-Pompidou, 1985.
« Le langage », in *Douze leçons de philosophie*, présentation de Ch. Delacampagne, La Découverte/*Le Monde*.
« Pardonnez-moi de vous prendre au mot », *La Quinzaine littéraire*, n° 459, 16-31 mars 1986.
« L'œuvre chorale » avec Peter Eisenman, *Vaisseau de Pierres 2*. Parc-Ville Villette, Champ Vallon, 1987.
« La réponse de J.D. » (à V. Farias), *Le Nouvel Observateur*, 27 nov.-3 déc. 1987.
« Entretien avec Didier Cahen », *Digraphe*, 41, 1987.
« Artaud et ses doubles », avec M. Olivier, *Scènes magazines*, 5, févr. 1987.
« Les mots autobiographiques. Pourquoi pas Sartre ? », *Revue de la pensée d'aujourd'hui*, 15-18, 1987.
« Abus de pouvoir à la Sorbonne », *Le Nouvel Observateur*, 24 novembre 1987.
« Heidegger, l'enfer des philosophes », avec Didier Éribon, *Le Nouvel Observateur*, 6-12 nov. 1987.

« Les chances de la pensée », *Légende du siècle*, n° 5, 19 avr. 1988.
« Derrida-Bourdieu. Débat » (Lettre à *Libération*, 19-20 mars 1988).
« Une nouvelle affaire », lettre à *La Quinzaine littéraire*, 16-29 févr. 1988.
« Une lettre de Jacques Derrida », *Libération*, 3 mars 1988.
« L'herméneutique et la déconstruction. Introduction et rencontre avec Jacques Derrida », avec Hachem Salah, Beyrouth, Liban, 54-55, 1988.
« Y a-t-il une langue philosophique ? », *Autrement*, 102, nov. 1988.
« Controverse sur la possibilité d'une science de la philosophie. Entretien avec F. Laruelle », *La décision philosophique*, 5, Paris, 1988.
« Le philosophe et les architectes », *Diagonal*, 73, 1988.
« Maurice Nadeau », *La Quinzaine littéraire*, 503, 1988.
« La démocratie ajournée », *Le Monde de la Révolution française. Gazette du bicentenaire* (mensuel), n° 1, janv. 1989.
« Rhétorique de la drogue », *Autrement*, 106, avr. 1989.
« L'école a été un enfer pour moi. Entretien avec B. Defrance », *Cahiers pédagogiques*, 270, janvier 1989.
« Il faut bien manger, ou le calcul du sujet, entretien avec J.-L. Nancy », *Confrontation*, 20, 1989.
« Point de vue » [réponse à la question « le seuil de tolérance, c'est quoi pour vous ? »], *Libération*, 22 janv. 1990.
« Videor » in *Passages de l'image*, Centre Georges-Pompidou, 1990.
« L'autre cap », in *Liber*, n° 5, oct. 1990 (*Le Monde*, 29 sept. 1990).
« Le dessein du philosophe. Entretien avec J. Coignard », *Beaux-Arts*, 85, déc. 1990.
« Louis Althusser », texte prononcé à la mort de Louis Althusser, *Les Lettres françaises*, n° 4, déc. 1990.
« Droit de réponse : à propos de l'enseignement philosophique. J. Derrida répond à Guy Coq », *Esprit*, 6, 1990.
« Un penseur dans la cité : le philosophe n'a pas à parler comme tout le monde... », *L'événement du jeudi*, 12-18 avr. 1990.

« Mise au point », *Figaro-Magazine*, 10 mars 1990.
« La voix de l'ami », en hommage à Henri Joly, *Cahier du Groupe de recherches sur la philosophie et le langage*, Grenoble, 12, 1990.
« Le programme philosophique de Jacques Derrida, Entretien avec Robert Maggiori », *Libération*, 15 nov. 1990.
« Jacques Derrida ici et ailleurs », avec R. P. Droit, *Le Monde*, 16 nov. 1990.
« La philosophie demandée », *Bulletin de la société francaise de philosophie*, janvier-mars 1991.
« Une folie doit veiller sur la pensée », *Magazine littéraire*, 286, mars 1991.
« Résistances. La notion de l'analyse », Presses universitaires du Mirail/Paris : éditions TER, 1992.
« Lignées. Fini & Infini », *Le genre humain*, 25, 1992.
« La poésie comme avenir : essai sur l'œuvre de Michel Deguy », Jean-Pierre Moussaron, 1992.
« Répliques. Entretien sur Francis Ponge avec Gérard Farasse », *Revue des sciences humaines*, 228, oct.-nov. 1992.
« L'atelier de Valerio Adami : Le tableau est avant tout un système de mémoire », *Rue Descartes*, 4, 1992.
« Les chances de la pensée », *Légende du siècle*, 5, 19 avr. 1992.
« Pour Louis Marin », *Liber*, 12, décembre 1992.
« Spectres de Marx. Entretien avec Christian Boissinot », 50 (3), 1994.
« Adieu », *Libération*, 28 décembre 1995.
« Sauver le phénomène. Pour Salvatore Puglia », *Contretemps*, 1, hiver 1995.
« Il courait mort : salut, salut. Notes pour un courrier aux Temps modernes », *Les Temps modernes*, 587, 1996.
« Traitement de texte. Entretien avec Louis Seguin », *La Quinzaine littéraire*, 698, 1996.
« Oui, mes livres sont politiques. Entretien avec Didier Éribon », *Le Nouvel Observateur*, 1633, 22-28 janvier 1996.
« Joue – le prénom », *Les Inrockuptibles*, 115, 20 août-2 septembre 1997.

« La langue de l'autre », avec Ornette Coleman, *Les Inrockuptibles*, 115, 20 août-2 sept. 1997.
« Sokal et Brickmont ne sont pas sérieux », *Le Monde*, 20 novembre 1997.
« Il n'y a pas de culture ni de lien social sans un principe d'hospitalité », *Le Monde*, 2 décembre 1997.
« Les intellectuels. Tentative de définition, par eux-mêmes. Enquête », *Lignes*, 32, octobre 1997.
« Idiomes, nationalités, déconstructions. Rencontre de Rabat avec Jacques Derrida », *Cahiers Intersignes*, automne 1998.
« Le temps des adieux. Heidegger (lu par) Hegel (lu par) Malabou », *Revue philosophique*, 1, 1998.
« Comme si c'était possible, within such limits... », *Revue internationale de philosophie*, numéro spécial, octobre 1998.
« Le siècle et le pardon », *Le Monde des débats*, 9, décembre 1999.
« Autrui est secret parce qu'il est autre », avec Antoine Spire, *Le Monde de l'éducation*, septembre 2000.
« Pulsion de mort, cruauté et psychanalyse », *Le Monde interactif*, 8 juillet 2000.
« Comme si la fin de l'œuvre était à l'origine du monde », 65, automne 2000, Ramallah, Palestine (Conférence prononcée au Caire en févr. 2000).

Livres en français sur Jacques Derrida

L. Finas, S. Kofman, R. Laporte, J.-M. Rey, Ecarts, *Quatre essais à propos de Jacques Derrida*, Fayard, Paris, 1973.
F. Laruelle, *Machines textuelles. Déconstruction et libido d'écriture*, Seuil, Paris, 1976.
C. Levesque, *L'étrangeté du texte. Essais sur Nietzsche, Freud, Blanchot et Derrida*, VLB, Montréal, 1976.
J. Greisch, *Herméneutique et Grammatologie*, CNRS, 1977.
P. Lacoue-Labarthe et J.-L. Nancy (sous la dir.), *Les fins de l'homme. À partir du travail de Jacques Derrida*, Galilée, Paris, 1981.

R. MAJOR (sous la dir.), *Affranchissement du transfert et de la lettre*, colloque autour de *La carte postale* de Jacques Derrida, 4-5 avr. 1981, éd. Confrontation, 1982.

S. KOFMAN, *Lectures de Derrida*, Galilée, Paris, 1984.

S. BRETON, F. GUIBAL, *Altérités. Jacques Derrida et Pierre-Jean Labarrière*, Osiris, Paris, 1986.

F. LARUELLE, *Les philosophies de la différence*, PUF, Paris, 1986.

M. LISSE, *Auteurs contemporains. Patrick Modiano, Jacques Derrida, Maurice Blanchot*, Hatier, 1986.

Ch. RUBY, *Les archipels de la différence. Foucault, Derrida, Deleuze, Lyotard*, Félin, Paris, 1990.

G. BENNINGTON, *Derrida Jacques, Jacques Derrida*, Les contemporains/Seuil, Paris, 1991.

R. MAJOR, *Lacan avec Derrida. Analyse désistentielle*, Mentha, Paris, 1991.

J. M. RABATÉ, M. WETZEL (sous la dir.), *L'éthique du don. Jacques Derrida et la pensée du don*, Métailié-Transition, Paris, 1992.

M. L. MALLET (sous la dir.), *Le passage des frontières. Autour du travail de Jacques Derrida,* Galilée, Paris, 1993.

P. ZIMA, *La déconstruction*, PUF, Paris, 1994.

M. LISSE (sous la dir.), *Passions de la littérature. Avec Jacques Derrida*, Galilée, Paris, 1996.

Ch. FERRIÉ, *Pourquoi lire Derrida ? Essai d'interprétation de l'herméneutique de Jacques Derrida*, Kimé, Paris, 1998.

Articles en français sur Jacques Derrida

Annuaire philosophique

A. BOUTOT, « Jacques Derrida : De l'esprit », 1987-1988, Paris, Seuil, 1988.

L'Art vivant

J.-M. BENOIST, « Le colosse de Rhodes », 54, déc. 1974-janv.1975.

Les Cahiers du chemin

H. MESCHONNIC, « L'écriture de Derrida », 24, 15 avril 1975.
J. STEFAN, « Sur l'archéologie du frivole », 28, 15 oct. 1976.

Critique

M. DEGUY, « Husserl en seconde lecture », 192, mai 1963.
G. GRANEL, « Jacques Derrida et la rature de l'origine », 246, nov. 1967.
F. LARUELLE, « Le style di-phallique de Jacques Derrida », 334, mars 1975.
F. LARUELLE, « La scène du vomi, ou comment ça se détraque dans la théorie », 347, avr. 1976.

Digraphe

D. CAHEN : « Introduction à l'entretien avec Jacques Derrida » [Rubrique « Vers la déconstruction »], 42, déc.1987.

Études

F. GUIBAL, « Philosophie, langage, écriture », 5, mai 1972.
G. PETITDEMANGE, « Jacques Derrida. Le rappel à la mémoire », 4, oct.1989.

Les études philosophiques

J.-M. BENOIST, « “Présence” de Husserl », 4, 1968.
G. GIOVANNANGELLI, « La phénoménologie partagée. Remarques sur Sartre et Derrida », 2, 1992.

Les Lettres françaises

J.-J. GOUX, « La dissémination de Jacques Derrida », 1455, 11-17 oct. 1972.

Philosophie

J.-L. MARION, « La percée et l'élargissement. Contribution à l'interprétation des Recherches logiques », 2 et 3, 1984.
P. DE MAN, « Rhétorique de la cécité. Derrida lecteur de Rousseau », 4, 1970.

La Quinzaine littéraire

F. WAHL, « L'écriture avant la parole ? », 2 mai 1966.
F. CHÂTELET, « Mort du livre ? », 15, 31 oct. 1967.
F. WAHL, « Forcer les limites », 32, 15-31 juill. 1967.
L. FINAS, « Derrida "marque" Valéry », 15-30 nov. 1972.
J.-M. BENOIST, « L'inscription de Derrida », 182, 1er mars 1974.
G. LASCAULT, « La peinture d'Adami telle qu'on l'écrit », 16 juin 1975.
P. PACHET, « Une réélaboration de la théorie freudienne de l'inconscient », 253, 1er avr. 1977.
R. MAJOR, « Spéculer sur Derrida avec Freud », 325, 15-31 mai 1980.
P. PACHET, « Amour et philosophie », 325, 15-31 mai 1980.
J. LACOSTE, « "L'improbable débat" de Derrida avec la philosophie anglo-saxonne », 550, 1er mars 1980.

Revue de métaphysique et de morale

R. SCHERER, « Clôture et faille dans la phénoménologie de Husserl », 3, juill.-sept. 1968.
R. BRAGUE, « En marge de *La pharmacie de Platon* de Jacques Derrida », 71, mai 1973.
M. LISSE, « Le motif de la déconstruction et ses portées politiques », 2, juin 1990.

Numéros spéciaux consacrés à Jacques Derrida

L'Arc

Numéro 54, 1973, « Jacques Derrida », éd. Catherine Clément.

Confrontation

Numéro 19, « Derrida », printemps 1988.

Les lettres françaises

Numéro 1429, 29 mars-4 avr. 1972. Hommages réunis par Jean Ristat. Numéro 4, déc. 1990.

Magazine littéraire

Numéro 286, « Jacques Derrida. La déconstruction de la philosophie », mars 1991.

Revue philosophique de la France et de l'étranger

Numéro 2, « Derrida », avr.-juin 1990, éd. Catherine Malabou, Paris, PUF, Paris.

TABLE DES MATIÈRES

II. CONTROVERSES

Achevé d'imprimer sur les presses de

BUSSIÈRE

GROUPE CPI

à Saint-Amand-Montrond (Cher)
en septembre 2003

POCKET - 12, avenue d'Italie - 75627 Paris Cedex 13
Tél. : 01-44-16-05-00

— N° d'imp. : 35379. —
Dépôt légal : octobre 2003.

Imprimé en France